01

奇瑞汽车股份有限公司党委书记、董事长

尹同跃

02

蔚来汽车创始人、董事长

李斌

03

长城华冠、前途汽车董事长

陆群

01 北京汽车集团有限公司党委书记、董事长
徐和谊

02 浙江吉利控股集团创始人、董事长
沃尔沃汽车集团董事长
李书福

03 长城汽车股份有限公司董事长
WEY 品牌创始人
魏建军

04 重庆长安汽车股份有限公司总裁
朱华荣

05 广汽集团执行董事、常务副总经理
吴松

06 上海汽车集团股份有限公司副总裁
蓝青松

赵福全研究院·汽车强国系列③

践行汽车强国策

赵福全 苏瑞琦 刘宗巍 编著

机械工业出版社

《践行汽车强国策》是赵福全研究院·汽车强国系列的第三辑，书中集中展现了2016年“赵福全研究院”第六、七季的九场高端对话。内容记载了赵福全与奇瑞汽车尹同跃、蔚来汽车李斌、前途汽车陆群、北汽集团徐和谊、吉利汽车李书福、长城汽车魏建军、长安汽车朱华荣、广汽集团吴松、上汽集团蓝青松九位汽车企业领军人围绕着产业发展、企业战略、品牌建设、技术路线及商业模式五大主题进行的深度探讨，展现了汽车业界领袖们对产业政策的建言和对未来趋势的分析，对品牌战略的积极实践和对技术路线的前瞻把握。本书融入了汽车企业领军人物进行企业管理的经验、对商业模式的尝试，也展现了他们坚定发展自主品牌的壮志、求贤若渴延揽人才的诚心。

本书适合汽车行业及其相关行业的企业管理人员、研究人员阅读参考。

图书在版编目（CIP）数据

践行汽车强国策／赵福全，苏瑞琦，刘宗巍编著.
—北京：机械工业出版社，2017.9
ISBN 978-7-111-57910-6

Ⅰ.①践… Ⅱ.①赵… ②苏… ③刘… Ⅲ.①汽车工业-工业发展-研究-中国 Ⅳ.①F426.471

中国版本图书馆 CIP 数据核字（2017）第 209815 号

机械工业出版社（北京市百万庄大街 22 号 邮政编码 100037）
策划编辑：赵海青 责任编辑：赵海青 母云红
责任校对：乔荣荣 责任印制：孙 炜
保定市中画美凯印刷有限公司印刷

2017 年 9 月第 1 版第 1 次印刷
169mm×239mm·17.25 印张·1 插页·245 千字
0 001—3000册
标准书号：ISBN 978-7-111-57910-6
定价：69.00 元

凡购本书，如有缺页、倒页、脱页，由本社发行部调换

电话服务
服务咨询热线：010-88361066
读者购书热线：010-68326294
010-88379203

网络服务
机 工 官 网：www.cmpbook.com
机 工 官 博：weibo.com/cmp1952
金 书 网：www.golden-book.com
教育服务网：www.cmpedu.com

有一种对话：酒逢知己，不吐不快

付于武
中国汽车工程学会理事长

作为凤凰汽车《赵福全研究院》被采访的嘉宾之一，同时也作为一位汽车行业的老兵，我在过去50年中一直参与汽车产业的发展，也见证了最近20年中国汽车工业的腾飞。今天我有很多感触想和大家分享。

实际上，中国汽车产业从来没有面临像今天这样的历史机遇。同时，也从来没有面临像今天这样的严峻挑战。机遇来自于我们连续七年坐拥汽车产销规模世界第一；机遇来自于中国制造业转型升级正在进行时，而汽车已明确作为重点领域之一进入“中国制造2025”战略规划；机遇更来自于当前席卷全球的新一轮科技革命，整个世界汽车产业都在重塑中。作为后来者，我国确实迎来了千载难逢的赶超机会。

但是与此同时，挑战也是空前的。能源、环境、拥堵、安全四大制约因素日益凸显，对汽车产业的可持续发展构成了现实挑战，尤其对于“跑步”进入汽车社会的中国，更是如此。特别是，尽管中国汽车产业取得了长足的进步，但总体上依然大而不强，集中体现在本土自主品牌汽车企业的弱势地位。

必须清楚：汽车对于中国，意味着国民经济的支柱与先导、制造强国的载体与抓手，汽车强，则制造业必强；意味着13亿人民的便利出行和社会资源的顺畅流通，是不可或缺的交通手段，也是新一轮城镇化进程的战略支点；意味着民生福祉的提升和稳定内需的基石，享受汽车生活是众多百姓心中的“中国梦”。因此，中国汽车人责无旁贷，必须把握机遇、应对挑战，突破制约因素，做强本土企业，让汽车产业为国家和人民做出更大的贡献。

正是在这种情况下，汽车行业内外的众多同仁都在思考应该如何加快建成汽车强国和健康汽车社会。总结历史，理清现状，展望未来，寻求突破，可谓正当其时，而且异常紧迫。

然而大家知道，汽车产业实在太过复杂，牵涉广泛，所以各方的观点往往莫衷一是，甚至大相径庭。整个行业可以说不乏各种交流与讨论，各类论坛、研讨会比比皆是，但是我觉得可能最需要的是，真正由专家提问、专家解答，在深层次碰撞思想、凝聚共识的一个平台，真正轻松自由、充分交流、畅所欲言，类似老友聚会的一种形式。

而凤凰汽车《赵福全研究院》就找到了这种形式，搭建起了这个平台，应该说这是一种了不起的独创，体现出了凤凰汽车追求高端的自我定位、前瞻思维的战略眼光。而我也有幸受邀参与其中，在交谈中，确实有深刻的问题和专业的互动，让我把自己心中所想有条理地和盘托出，也让我真正感受到了酒逢知己、不吐不快的畅快。我觉得这种机会太难得了，这个平台太重要了！

《赵福全研究院》栏目上线后，我得到了很多领导、专家从不同层面的反馈。与我的感受一样，大家都给予了极高的评价，更有很多人建议将这些讨论进一步系统整理成册，发挥指导行业发展的更大作用。令人欣喜的是，凤凰汽车顺应了大家的需求，在机械工业出版社的大力支持下，开创了网络媒体反向借助书面媒体进行持久传播和记载历史的新纪元。每一年度两到三季的访谈内容，经过作者认真的书面再整理和系统总结，形成了“赵福全研究院 · 汽车强国”系列丛书，逐年推出。确实难能可贵。

在此，利用这个机会我想对凤凰汽车策划和发起这件事情的所有领导、同事表示由衷的感谢和赞赏。感谢凤凰汽车《赵福全研究院》项目组的全体同志认真策划选题，积极邀约嘉宾，把各项工作进行得井井有条。欣赏具体操盘此事的苏瑞琦同志，工作细致入微、一丝不苟，让这个构思逐渐细化和完善起来。同时也为受邀担任主持嘉宾的福全院长点赞！福全是我的老朋友了，也是各位受访嘉宾的老朋友。他是有着特殊代表性的行业翘楚，无论海外还是国内，技术还是管理，产业还是学术，都有独特的经历和深厚的积淀，也是大家公认的汽车界金牌主持人。有他的担纲掌舵和亲力亲为，这一场场极具价值的巅峰对话才得以如此精彩纷呈、振聋发聩。还有福全长期栽培的小刘（刘宗巍）博士，他的专业整理和文字功底，让如此饕餮盛宴清晰顺畅地跃然纸上。

也对所有参与访谈的嘉宾、发行本书的机械工业出版社，以及关注支持凤凰汽车《赵福全研究院》栏目和“赵福全研究院·汽车强国”系列丛书的全体同仁们，表示感谢，大家辛苦了。

我相信，这套集聚汽车业界顶级专家心声的系列丛书，将为国家建言献策、给企业指点迷津，其战略价值将历久弥新、不断彰显。我也希望凤凰汽车的全体同仁以及福全院长能够百丈竿头更进一步，把《赵福全研究院》这个高端对话栏目持续办下去，并不断总结成书。它不仅应该成为汽车行业深刻思想碰撞的平台、系统战略指导的源泉，也应该成为中国汽车发展史的宝贵记录，记载中国汽车强国的艰辛历程和中国汽车人的拼搏与探索！

谢谢大家。

序二 Preface

媒体定位与内容价值

刘　爽
凤凰汽车新媒体首席执行官、执行董事
凤凰卫视有限公司运营总裁

高端访谈栏目《赵福全研究院》自 2014 年 4 月份北京车展正式推出，之后以每年二到三季的速度有序展开，持续得到了海内外众多同仁的广泛关注和积极反馈。

通过这个栏目，各位专家以和赵福全院长对谈的形式，把多年沉淀下来的真知灼见倾囊托出。除了在凤凰多媒体全面推送以外，我们还将每年的访谈内容进行深度加工，编撰形成了"赵福全研究院 · 汽车强国"系列丛书，每年向行业奉献这样一册饱含珍贵观点和意见的汽车强国建言书。

有很多人曾问我，在互联网时代，每天产生的信息数以亿计，辛辛苦苦做一个系列的纸质书籍究竟意义何在？但我觉得这是一件非常严肃，而且很有必要的事，在这件事上我们未尝有一丝的怠慢。

"中国制造 2025"提出了建设制造强国的战略规划，汽车产业位列重点领域之一，值此全球制造业转型与中国建设汽车强国的关键期，如何加快建成汽车强国和健康汽车社会，一直都是备受热议的话题，有过讨论，当然也不乏争执。

作为媒体，凤凰汽车希望搭建一个具有公信力和影响力的平台，汇聚行业观点，进行思想碰撞，《赵福全研究院》正是顺应了这一重要需求，致力于打造汽车界的“老友记”，努力为汽车行业最核心的疑问寻找答案。为中国做强实体经济，推动汽车这一支柱性产业的健康发展，贡献我们的力量。

这是一个信息爆炸同时知识碎片化的时代，虽然我们能更快地接触到最新的信息，但在深度关注某一具体领域时，太多的信息和线索反而带来了麻烦。如何串联这些信息，使我们可以在面对这个时代时，更清晰地把握脉络。这个时候，证明严谨、观点详实，更专注于内容本身的书籍，成为更好的选择，我想这也是“赵福全研究院·汽车强国”系列丛书的最大意义。

在这样一个信息多终端的时代，我们当然希望依靠内容差异性和稀缺性抢占先机，但与此同时，凤凰网作为媒体，始终在思考如何让受众可以更专注于好的内容。好内容的意义在于，首先去伪存真，使媒体保持公信力和权威性；其次启人心智，推动社会的发展和产业的进步。我们相信，优质的内容永远是受众最需要的，优质的内容永远是媒体的原点。

最后，值此本系列又一本新书问世之际，我要特别感谢清华大学汽车产业与技术战略研究院院长赵福全教授的倾力付出，感谢每位做客《赵福全研究院》栏目的行业领袖和企业精英的全力配合，正是因为各位的共同努力，才有机会将“赵福全研究院·汽车强国”系列丛书不断付诸出版。谢谢大家！

前言 Preface

本书是“赵福全研究院·汽车强国”系列丛书的第三册，从第一册《洞见汽车强国梦》，到第二册《探索汽车强国路》，再到这本《践行汽车强国策》，这个系列丛书不仅包含了更多不同领域精英的真知灼见，愈加丰富和厚重起来，而且解答强国疑难、铭记强国之路的自我定位也日渐清晰，并构成了从“洞见”到“探索”再到“践行”的内在逻辑。

正如大家所知，本书依然拓展于我和凤凰网合作的《赵福全研究院》高端访谈栏目，这个栏目始自 2014 年 4 月，旨在打造一个汇聚行业领袖，深度交流，碰撞思想，为国家、产业和企业发展建言献策的车界“老友记”平台。栏目一经推出，就备受行业同仁的支持与赞许。也正是应大家的强烈要求，我们决定将该栏目的内容进行编撰总结，除了收录精心修订的“高端访谈”对话实录之外，更添加了提炼归纳的“论道车界”建言献策，并形成固定的范式，以每年一册的系列丛书形式付梓出版，以飨读者。其中，《洞见汽车强国梦》包含了“赵福全研究院”第一、二季共九场对话，《探索汽车强国路》包含了第三、四、五季共八场对话。这两本书出版以来都颇受好评，也让我们感到欢欣和鼓舞。

这本《践行汽车强国策》包含了 2016 年“赵福全研究院”第六、七季的九场高端对话。在这一年里，我们策划了自主品牌整车企业领军人专场，邀请的九位企业家分别是：

奇瑞汽车股份有限公司党委书记兼董事长尹同跃，蔚来汽车创始人兼董事长李斌，长城华冠、前途汽车董事长陆群，北京汽车集团有限公司党委书记兼董事长徐和谊，浙江吉利控股集团创始人兼董事长、沃尔沃汽车集团董事长李书福，长城汽车股份有限公司董事长兼 WEY 品牌创始人魏建军，重庆长安汽车股份有限公司总裁朱华荣，广汽集团执行董事兼常务副总经理吴松，上海汽车集团股份有限公司副总裁蓝青松。

不难看出，这是一个由主流车企大佬组成的“超豪华”嘉宾阵容：既有执掌大型国企继往开来的领军人，也有带领民营企业披荆斩棘的企业家；既有数十年摸爬滚打于传统车企的“老江湖”，也有近期跨界热潮中新创车企的“新生代”；既有乘用车企业，也有商用车公司。而他们共同的特点就是都在自主品牌车企一线直接操盘、统领全局，决定着各自企业的未来和命运。他们代表着中国汽车强国战略最主要的践行者，而他们的观点也很大程度上反映了中国车企未来的路径选择。

围绕着产业发展、企业战略、品牌建设、技术路线及商业模式五大主题，诸位嘉宾毫无保留、直抒胸臆，其中有对产业政策的建言，也有对未来趋势的分析；有坚定发展自主品牌的壮志，也有求贤若渴延揽人才的诚心；有对品牌战略的积极实践，也有对技术路线的前瞻把握；有企业管理的经验，更有商业模式的尝试。尤为难得的是，在新旧车企谁能赢得最终胜利、汽车代工是否可行、品牌提升是应该推出新品牌还是提升旧品牌等诸如此类行业普遍关注的重要问题方面，嘉宾们的观点都不尽相同，甚至在某种意义上形成了尖锐的交锋。不同角度的真知灼见更进一步反映了汽车产业的高度复杂性。虽然这极大地增加了我们编撰“论道车界”篇的难度，但也让我们对这些问题有了更加系统而深入的思考。正如我在“院长心声”中所言，汽车产业是一个庞大而复杂的产业，任何尝试都没有绝对的正确与错误。中国汽车产业发展到今天，正需要各路英雄“八仙过海各显神通”，这些创新实践无论最终成败，都将是中国汽车人对汽车强国策的有益探索和积极践行。我们大家都应该用一颗敬畏的心去支持和鼓励这些伟大的开拓者及践行者们。也只有大家共同努力践行，我们的汽车强国梦才能早日实现！

当前，新一轮科技革命背景下产业重构的趋势日益明显，新能源汽车的快速发展初露端倪，对智能网联汽车的重视程度不断提高，而两者的相互融合，更加大了本轮变局的不确定性，产业空前复杂，路径众说纷纭。但也正是这样复杂纠结的局面，给作为后起之秀的中国汽车产业带来了前所未有的发展机遇。我们必须系统思考、加紧行动！机不可失、时不我待！在汽车产业跨界创新、融合发展、后发赶超的过程中，唯有系统全面的战略思考才能为我们的实践指明方向，也唯有坚决果断的勇敢实践才能让我们的战略真正落地。从这个意义上讲，这本《践行汽车强国策》恰逢其时，书中的思想特别是这些企业家们的宝贵实践具有重要的参考价值和现实的指导意义。

建设汽车强国绝非一日之功，各方的通力协作和持续实践必不可少。我们希望“赵福全研究院·汽车强国”系列丛书，能够以各方专家的智慧和观点，为全行业践行汽车强国策提供参考和指引，坚定信心和勇气。同时，也记载和见证中国汽车人为建设汽车强国所付出的艰辛努力。请大家一如既往地支持我们，我们一定继续努力，把这套丛书不断编撰出来、累积下去！

清华大学汽车产业与技术战略研究院　院长

2017 年 6 月 20 日

目录 Contents

第二部分　论道车界

附 录 嘉宾简介

第一部分

高端访谈

01 对话尹同跃——自主情境与奇瑞逻辑

赵福全：凤凰汽车的各位网友，大家下午好！欢迎大家来到北京车展凤凰汽车《赵福全研究院》高端访谈栏目，今天下午我们非常荣幸地邀请到了奇瑞汽车董事长尹同跃先生，来参加我们的第一轮访谈。欢迎尹总！

尹同跃：各位网友，大家下午好！非常高兴能够参加《赵福全研究院》栏目，这是中国汽车界最高水平的访谈了。

赵福全：我和尹总是老朋友了，也是同龄人。回国之后我们交往也比较多，记得我刚认识您的时候，您还是满头乌发的俊朗青年，现在也是早添华发了。同为汽车人，我能够想象这些年来您带领中国自主品牌奇瑞汽车开疆拓土、拼搏厮杀的艰辛。应该说，您亲身见证了这近 20 年中国汽车产业发展最辉煌和最艰难的时刻，也目睹了中国汽车产业在改革开放后所取得的显著成绩。想当初，您从一汽车间主任的位置被挖到芜湖来，而那个时候芜湖在汽车产业里没有任何地位，缺厂房、缺技术、缺人才；而如今，您带领奇瑞汽车做到了年产销接近 60 万辆这样大的规模，应该说树立起了自主品牌汽车的一面旗帜，曾长期是大家学习的榜样，非常了不起。从我个人的角度来看，我认为您是中国实行改革开放政策后，带领自主品牌奇瑞汽车从无到有、从小到大、不断成长和进步的领军人和践行者。尽管在这个过程中您也遭遇了很多困难甚至非议，但我想对于自己的人生，您还是有理由自豪的，因为奇瑞的发展您功不可没！今天的奇瑞已不只是企业自身的财富，还是芜湖的财富、安徽的财富乃至整个中国汽车产业的财富，更是我们摸着石头过河、创建发展自主品牌的艰难历程中，可以回顾历史、展望未来的标志性成就。

当然，现在讲历史可能还为时尚早，我们也才 50 多岁，还正当年，还有更多的梦想可以去实现。在追逐梦想的过程中，请您和各位网友交流一下自己在奇瑞这19年的风风雨雨，谈一谈您的感觉、感受和感悟。

尹同跃：中国汽车产业发展到今天离不开众多同行的努力与拼搏，赵院长放弃国外优越条件回国，先后加入华晨汽车、吉利汽车建立研发体系，现在又加入清华大学组建战略研究院，为全行业贡献自己的才智，我本人也是非常敬佩的。刚才赵院长给了我很多肯定，实际上，我觉得自己也只是在中国汽车行业里发挥了个人的作用。

我的汽车人生可以划分为两个大的阶段。一是在一汽这段时间，这对于我来说是非常重要的。一汽是国有企业，当时主要生产的是红旗轿车，这奠定了我最初对于中国自主品牌汽车的感情；后来我也参加了一汽-大众的前期筹备工作。这个阶段我主要是学习了国有企业的体系，为后来的企业管理积累了宝贵的经验，同时，也向德国企业学习了怎样造汽车、开发汽车，以及如何引进国外先进的管理制度为我所用。

二是从一汽回到家乡安徽加入奇瑞，这应该说是我人生最大的转折点。这个阶段又可以分为三个时期。第一个时期，1997年芜湖开始创立奇瑞汽车的阶段，正如赵博士所说的，当时芜湖做汽车的基础几乎是零，要人没人，要技术没技术，要钱没钱，而且资质也没有。多亏了当时一汽为我们输送了一些领导干部和核心技术，这才让企业开了个头，慢慢做到了2001年，国家也在目录上给予了支持，企业开始销售汽车。第二个时期，2001年到2010年这10年，是奇瑞汽车高速发展阶段，做到了自主品牌汽车第一的位置，发展确实非常快。第三个时期，2010年之后我们开始进入转型阶段，实际上2007年时我就思考过这个问题，低质低价的战略已经不适合中国汽车产业新的发展态势了，当时我就问自己，中国汽车工业的出路到底在哪里？奇瑞的出路又在哪里？

赵福全：想转型到开始转型，然后到转型产生效果，这是需要有一个过程的。

尹同跃：对，之前花了三年时间思考怎么转型，而整个转型的过程又花了五年的时间。也就是说，从2010年到2015年，我们才真正完成了自己的转型。前不久在上海又一次请教了我的老领导陆林奎陆总，他比较赞成我们现在的发展路径。他认为一家企业做大是容易的，可以不惜血本地低价销售，但是要做好产品是很难的。生产高品质的汽车来增强我们自主品牌汽车的影响力，占有一定的市场份额，这正是我们作为中国汽车人的真正梦想。

实际上，2007 年到 2010 年那段时间，我们正在考虑下一步到底怎么走时，首先就考虑到品牌问题。中国已经进入了中等收入国家的行列，老百姓生活质量显著提高，消费水平也在不断升级，人们追求品牌的意愿越来越强，而低质低价对于品牌的伤害是最大的。

赵福全：从无到有已经解决了，必须要解决从有到好的问题了。

尹同跃：是的，为什么很多国家陷入了 5000 美元的“中等收入陷阱”，我们的理解是本国用户越来越需要有品质、有品位、有品牌的产品，但是本国制造不出这样的产品，用户的目光就转向了国外企业，购买他们的高品质产品，也就是所谓的内需变外需的问题。中国汽车市场是有巨大的内需的，但在合资品牌与外资品牌的激烈冲击下，自主品牌的生存空间不容乐观，如何才能真正掌握内需？或者像日本和德国一样把外需变成内需，把全世界的需求都变成自己的需求呢？答案就是品牌。我们当时也做了很长时间的调研，发现品牌的基础实际上就是品质，如果品质不能保证，谈何品牌？我们的研究还发现，工业文明发展到一定的阶段，很多大企业最后都实现了一致化，产品品质一致化的背后是体系和流程的一致化。这一点不管是德国、美国，还是日本，大家的理解都是一致的。所以从 2010 年开始，我记得那天是 5 月 1 日，我们召开了内部动员大会，号召大家努力去做品牌，大家也都认同了这一转型方向。但是具体怎么做呢？对于品牌的理解，很多人的想法是不一样的，在合资企业工作过和没有在合资企业工作过的人，理解是不一样的；在国内企业工作过和在国外企业工作过的人，理解也不一样，当时确实是摸着石头过河，处于摸索阶段。

最终，我们确定是从体系、流程着手。过去，奇瑞在体系建设、流程管控方面是比较弱的，体系和流程并没有真正成为约束企业行为的行动准则，具体落实到产品打造上可能完全是另外一种方式。就好比虽然有一本拳谱摆在边上，但是自己打拳时还是自由式，并没有按照拳谱的套路去打。所以，我们花了很长时间去打造新的体系、流程，最终我们创建了九个体系。创建新体系的过程当中，我们也牺牲掉了自己的行业地位，这个结果我们当初也预估到了。当时就是决心破釜沉舟了，抱着做不出好产品就不上市的想法，将原来的很多产品都停掉，而聚焦去做几款产品，标准抬得很高。这个转型的过程特别艰难。记得我们在大连建工厂，当时都要急疯了，看到别人不断推出新产品，而我们没有新产品上市，经销商很着急，我们内部也很着急，处于非常焦灼的状态。

赵福全：这是转型必须面对的阵痛。

尹同跃：没错，我记得当时在新的体系和流程下终于做出了瑞虎 5，准备上市之前，请日本专家来做质量验证把关。非常清晰地记得日本专家用指甲抠车把手的里面，说抠了之后这里有个印，不行。如果在过去，我们可能不会觉得这是什么大不了的毛病，但是现在日本专家提到这个问题不符合流程中的验证标准。我们既然已经下定决心转型，就不能说你的标准不对，不需要整改了。我就说，好，我们支持你，重新做！做到位！再检查时，日本专家又说材料配方要重新调整、重新认证，等等。看到这样的情况，我心里也非常着急，但是还是要忍住，想破茧成蝶必须要经受住这种痛苦。

赵福全：理解！一方面您要面对市场急需产品的销售压力，却苦于“无米下锅”；另一方面决心做精品就要投入时间和精力，经受住新标准的考验。

尹同跃：庆幸的是我们熬过来了，应该说也达到了目标。2015 年，J. D. Power（美国的一家市场研究与咨询公司）对我们的产品进行评测，在新车质量评测中，我们得到的分数是 105 分。

赵福全：这个分数已经不单单可与自主品牌汽车竞争了，和合资品牌汽车也能一较高低了。

尹同跃：和合资品牌汽车很接近了，他们大概是 102 分，我们差了一点点。在自主品牌汽车里，和我们自己的观致比，还有些差距。回想过去的五年时间，我们牺牲了销量，换来了质量的脱胎换骨，换来了团队对质量的理解，换来了团队对品牌的理解。

赵福全：也换来了信心。

尹同跃：现在有好的产品、好的品质了，我们再来换回销量，换回利润，换回行业地位，我们这是“V”字形的发展模式。今年销量预计会有比较大幅度的增长，预计增长30%应该是没有问题的。

赵福全：这个数字远远超过市场平均预期了。

尹同跃：而且这个增长还不包括我们的合资企业。

赵福全：打下牢固的基础后，如果今年的销量就能够达到这样的增长目标，明年、后年就更值得期待了。

尹同跃：未来几年，每年实现30%的连续增长，我是非常有信心的。

赵福全：如果没有打下坚实的基础，今年卖得好可能也只是昙花一现，依然要对未来的命运产生担忧。

尹同跃：是的，赵博士是业内权威人士，看得非常清楚。所以，我认为这才是我们做强自主品牌汽车的路径。刚开始推行品牌战略时，由于大家对品牌的理解还不是那么深刻，而我们在芜湖的销量占比又比较多，甚至芜湖市政府的领导也比较着急。我当时就和他们说，我们要考虑得长远一点，不要只考虑今年、明年，品牌战略推行到现在终于看到了一点成绩，大家很高兴，我们对今年的销量增长非常有信心。

赵福全：耐得住寂寞，甚至牺牲了当初的市场地位做到今天，这是很不容易的。

尹同跃：尤其是还需要面对多方的不理解，来自于社会、政府的压力是非常大的。

赵福全：您自己在推行品牌战略时，可能也有犹豫的时候吧，但是还是选择了坚持。

尹同跃：对！因为我内心很清楚，走到今天这一步肯定会经历很多痛苦，必须咬着牙坚持下来。只是这个痛苦超过了我原来的预期。

赵福全：为什么有的时候我们说不换理念就换人呢，就是因为理念是多少年形成下来的，是很难改变的。原来我们对于汽车的理解还不够深刻，说起来好像做汽车很简单，但真正做到位是非常困难的，而且还必须要有一个成长的过程。

尹同跃：3 月 18 日我们推出了艾瑞泽 5，当时上市时，考虑到这几年中国汽车市场增长比较快的是 SUV（运动型多用途汽车）和 MPV（多用途汽车），轿车市场已是负增长，我们对这款产品的预期是比较保守的。没想到因为我们这款产品做得很精致，造型也很漂亮，质量、性能也做得非常好，一经推出就供不应求。用户才是最懂车的。

赵福全：尹总在奇瑞的这 19 年，见证了奇瑞从无到有、从有到好的发展过程。这个过程实际上也是摸着石头过河、不断探索进步的过程。造车不是一件简单的事，需要有勇气、有决心，才敢于去做。在您的带领下，于汽车产业几乎零基础的芜湖建厂房、招人才，不断探索，最终生产出自己的汽车，甚至打造出了创造自主品牌汽车纪录的奇瑞 QQ。而随着社会不断前行的步伐，奇瑞也要不断突破与创新，提升自己以适应产业发展的潮流。在这个过程中，我能理解您是最难的，您本身也需要一个认识的过程，对于造车比技术更深邃的要素，比如品牌建设等，都要不断有新的领悟与抉择。而且即便做出了抉择，短期内也并不能看到效果，需要时间来验证。这段时期，我想对于您来说也是压力最大的时候，销量上不去，是否就会降低品质要求，产品差不多就抓紧投放市场了？究竟是选择眼前的短期利益，还是坚持追求长远的效益？这是艰难的坚持。现在，您的品牌战略终于首战告捷，迎来了春天。在这个过程中，您有没有担心过因为销量下滑而丢了乌纱帽？

尹同跃：没有，因为我有一位非常好的领导，就是詹夏来书记，他对汽车有很深的理解，很支持我选择这个方向，执行品牌战略。他非常清楚打造出有市场竞争力的自主品牌绝不是一朝一夕的事情，需要通过高品质的核心产品来支持品牌不断往上走。这期间，他也背负了巨大的压力。我想一些股东和政府领导可能对我也有不满，总是说你的时间不多了，但是最终我们都坚持下来了。所以说，我非常感谢地方政府对我的信任。

赵福全：重压之下还依然坚持自己的战略选择走到现在，还是深信品牌战略一定会迎来自主品牌的春天。那么，是什么让您坚信自己带领团队所做的事情是非常正确的呢？仅仅就是源自于您个人的信心吗？

尹同跃：一方面，我觉得中国汽车产业虽然这些年来不断发展壮大，但是如果一直走同质化的路线，做低质低价没有特色的产品，就会陷入低价恶性竞争，未来的损失可能更大，对社会也是不负责任的。另一方面，我们是学汽车专业的，算是科班出身，而且在大公司里也锻炼过，多少接触过国外的那些大品牌汽车，我想对于汽车的理解，我们还是有自己的认识和信心的。在这种情况下，坚持做自己的品牌，也是要给子孙后代留一份基业，不能只考虑短期内的 GDP（国内生产总值），品牌才是最大的财富。

赵福全：在骨子里坚信自己的选择，敢于打破常规，进行创新突破，而不是人云亦云地随大流，我认为这是您作为一位企业家和领军人非常难能可贵的品质。通过对中国汽车市场进行充分的调研，通过深入思考产业的走势，您判断中国汽车产业的发展已经进入新阶段，必须带领奇瑞进行转型，抓质量，塑品牌。特别是在奇瑞销量出现下滑的情况下，依然顶住众口铄金的压力，寂寞地坚守，甚至不惜牺牲自主品牌汽车销量第一的地位，坚持自己的选择。事实证明，这一切都是值得的，品牌战略对于奇瑞未来的长治久安具有深远影响，它所带来的价值也是不可估量的。汽车产业的发展有自己的规律可循，成千上万个零部件，涉及众多领域，牵一发而动全身，不能只关注眼前的短期利益，而应以企业乃至社会长远的可持续发展为重。在这个过程中，企业家要深深认识到自己的使命，身体力行，带领企业不断发展。当然，讲道理容易，真抓实干、执行到位并不容易，而要做到极致，更是需要“头悬梁、锥刺骨”的精神，其中的辛苦可能只有当事人自己才知晓。

您刚才讲到奇瑞推行品牌战略后，取得了很大的成绩。咱们不妨谈谈明天的车展，奇瑞这次会带来什么样的阵容？与之前参加车展的阵容相比，有哪些不同的地方呢？

尹同跃：这一次北京车展我们准备得还是比较充分的，展出的有热销的艾瑞泽 5，还有一款是即将于 2016 年 8 月上市的 SUV 瑞虎 7 ，沿用了奇瑞 TX 的造型。之前我们在日内瓦车展上获得了造型大奖，当时只有两家车企获奖，一个是宝马推出的宝马 X6 量产车，还有一个就是我们奇瑞的 TX 概念车。老实说，被提名的时候，我也没想到最后能获奖。

赵福全：日内瓦车展就是以创意作为看点的。

尹同跃：我们的造型设计总是被西方人诟病，说我们"山寨品"横行，没想到竟然把这种造型大奖给了我们。

赵福全：评委可能也有负面的认识，认为我们中国没有办法引领造型潮流。

尹同跃：记得那天晚上已经很晚了，我们造型师很激动地和我说把奖拿回来了。您也知道国内发奖挺多的，所以我开始也没有当回事。我问，是不是有很多奖就给我们也发了一个。他说不是，一共就两个奖项，宝马得了"年度最佳量产车奖"，我们得了"年度最佳概念车奖"。我一听那还是分量很重的，第二天与几位媒体朋友也交流了一下，大家也都挺激动。当然，可能很多人还没有完全理解这个奖项对于中国汽车的深远意义。

赵福全：真正了解汽车产业的，都知道日内瓦车展创意奖的含金量，就像汽车界的奥斯卡。

尹同跃：除了造型，性能也做得不错。我们希望这款瑞虎 7 能够把中国自主品牌 SUV 带到一个新的高度。此外，我们还将展示最新的新能源汽车技术。我们相信可以推出一款更好的新能源产品，目前纯粹的新能源汽车平台在国内并不是很多，大部分新能源车都是在传统汽车的基础上改造出来的。这款新能源车型，我们已经做出来了，大概 9 月上市，这次虽然没有展示样车，但这款新能源车的很多技术和创新点，都将在这次北京车展展出。

再就是我们对未来生活和未来的奇瑞车进行了探索，展出了一款概念车。这款车采用的很多技术创新点将会在后续奇瑞的产品上不断体现出来。我相信这次车展，我们所展示的奇瑞产品、技术、创新、品质、质量，都将不可同日而语。

赵福全：通过这次车展，奇瑞想传达自己正在造更好的车的理念，甚至是行业里最好的车。换句话说，要造有品位、有品质的车，这是奇瑞通过这次车展最想传递给消费者的信息。

尹同跃：同时，也想通过这次车展展示今天的奇瑞与过去的奇瑞相比，已经发生了脱胎换骨的改变，希望广大消费者们能够感受到我们的改变、我们的诚意，更多地感受到奇瑞汽车塑造自主品牌的内涵。

赵福全：我觉得值得期待。最重要的是通过这次车展可以向大家证明一点，奇瑞经历了过去的五年磨一剑，顶住了来自多方的压力，坚决进行转型，现在开始收获成果了。

尹同跃：当初，奇瑞向国人证明了自己能够造车，最终把自主品牌汽车做出来，给大家做了一个示范。今天我们想做第二个示范，我们要塑造自己的品牌。国外的那些大品牌，实际上当初也经历过这个阶段。我国目前已经到了打造自己品牌的阶段，制造出优质的产品，树立我们自己的品牌，是中国制造业未来的希望。我也希望中国的企业家们能够形成共识，提升产品品质，共同打造我们自己的品牌。

赵福全：我建议大家这次去车展好好看看奇瑞，真正感受一下奇瑞脱胎换骨的变化。另外，我观察到您最近这几年接受采访时，会用白板写下自己的思想和理念，包括谈流程和体系的重要性。我想做这种事情的董事长很少，说明您一边在思考，一边只要有机会就像传教士一样将您的理念传播出去。于您自身而言，其实这也是您不断加深理解和认知，最后变为己用的过程，明天的车展就是一个很好的检验。

尹同跃：过去的低质低价给我们的品牌塑造带来了很多的“后遗症”，我们为此也付出了沉重的代价，痛定思痛后决心进行转型。我们也希望广大消费者能够再次接纳我们，感受到我们品质的变化，一改往日对奇瑞品牌的认知。目前，亲身体验过奇瑞汽车的人都向我们反馈，说奇瑞汽车的变化非常明显，性能、品质有很大提升，感觉很不错。这次的益普索（Ipsos，全球著名的市场研究公司）质量排行榜上，我们排在前列，最差自主品牌汽车的榜单上再也没有我们的身影了，说明用户评价还是非常好的。

赵福全：“要想知道梨子的滋味，首先要尝尝梨子”，只有真正体验过产品，才能感知自主品牌汽车的变化。

尹同跃：没错，驾驶过奇瑞汽车的人，以及来奇瑞公司参观过的人，都感受到了我们今非昔比的深刻变化。我也接待过很多客人参观奇瑞的实验室，让大家近距离感知我们的成长与进步。

赵福全：我是离开了企业之后才有机会走进奇瑞的，近距离观察奇瑞的研发，体验奇瑞的产品，我个人认为这种进步还是非常显著的。

尹同跃：我有时候也在想，是不是我们的宣传工作做得还不够，因为，开过奇瑞汽车的人总是比听说过奇瑞品牌的人，对奇瑞的评价高得多。今后我们要努力让大家感知到真实的奇瑞，我相信时间会证明一切。

赵福全：是金子总会发光，但是需要一个过程。

尹同跃：有人说尹同跃是堂吉诃德式的人物，"明知不可为而为之"，说实话，我并不赞同这种看法。中国汽车工业发展到现今这个阶段，必须进行改革。不调整思路，不早做准备，未来我们将损失更大。必须摒弃以往急功近利的做法，踏踏实实打好基础，生产优质产品，塑造我们自己的品牌。我相信咱们中国人的聪明才智不输给任何其他国家的人，但中国人性格中有潜在的两面性，一方面有盲目的骄傲，另一方面又十分自卑，可能会导致我们不能很准确地把握中国汽车工业或中国制造业目前发展到了什么状态。有的说超过了美国，有的说比德国要差 100 年，其实都是很滑稽的判断。

赵福全：既不可以自暴自弃，也不能盲目自信。

尹同跃：就生产汽车来说，我认为我们现在已经是跟国外差不多处在同一条水平线上了。

赵福全：如果说大学毕业算是现在国外的水平，您觉得我们现在处于什么水平，大学二年级?

尹同跃：我认为是大三，或者说是大三下学期的水平。就奇瑞来说，J. D. Power 梅松林博士跟我说过，从 J. D. Power 新车质量评测指数来看，我们的车基本上已经达到国外的平均水平了。当然可能从两年之后来看还是有些差距，如果是从 6 个月或 12 个月来看，我们和国外已经没有太大区别。

赵福全：不光奇瑞自己做到，还需要供应商进行相应的提升。

尹同跃：供应商方面，我们中国供应商水平的提升也是比较快的。一方面，很多国外大品牌都进入中国市场，带动了中国供应商水平整体的提高；另一方面，很多民营企业发展速度非常快，特别是江浙这一带的零部件企业。比如昆山的沪光，过去起步时我们就去考察过，经过这么多年的发展，现在比一些欧美大厂做得还要好，已经成为大众的主要供应商了，当然也是我们奇瑞的供应商。不得不承认，我们很多零部件企业的进步甚至超过了整车厂的进步。

赵福全：您还记得第一次参加车展是什么时候吗？

尹同跃：大概十年前吧，带着我们奇瑞的产品一同来参加车展。

赵福全：还记得展示了几款车吗？

尹同跃：大概就展出了 QQ、瑞虎 3 或者是东方之子，因为是第一次参加车展，展示我们自己的产品，当时是很激动的。那个时候，车的外观看上去像那么回事了，但车的品质和现在比有着很大的差距。现在我们不仅关注外观造型，更注重内在品质的提升，通过平台化、模块化来造车，不放过任何一个细节问题。

赵福全：换句话说就是苦练内功。

尹同跃：对，而且我认为也取得了实际的效果，现在和国外品牌相比，造车水平应该是相差不大了。

赵福全：十年前，能把车造出来、能参加车展已经是相当令人自豪的事情了。而今天，随着中国汽车工业的不断发展，奇瑞汽车也在与时俱进，不只关注造型，更注重核心技术的研发，注重产品品质的提升，这就是我们自主品牌汽车的成长与进步。

尹同跃：应该说不是十年前了，差不多是奇瑞刚起步时，当时我们提出的口号就是要造中国车。那时候中国轿车几乎有被放弃的感觉，当时大家普遍认为，汽车是西方文明发展的产物，中国交通不发达，石油匮乏，不可能像外国那样大规模地普及家用汽车，中国只造卡车就行了。我记得当时国家经委对汽车行业的调研，我们也参加了，给出的调研结果是到 2000 年中国需要 100 万辆轿车，后来的发展表明这个判断基本上还是靠谱的。但当时我汇报的时候，领导还说我们的调查结果缺乏根据，怎么可能这么多，问我们油在哪里、路在哪里？所以说，那个年代能把车造出来，让老百姓买得起，确实已经是很了不起了。而现在我们的口号是要造比别人还要好的中国车。

赵福全：只有先将产品做得比别人好，才有可能接近和超越别人的品牌。

尹同跃：我们一开始走了弯路，现在转型塑造品牌，必须通过产品力的提升来弥补品牌力的不足，我认为这也是中国汽车工业发展到现阶段理应选择的提升路径。当年，日本汽车无论是产品力还是品牌力，都无法令其在美国市场立足，但日本人很会变通，他们在考察美国汽车的生产线后，并没有直接采用美国人的汽车生产模式，而是另辟蹊径，选择适合自己国情的生产方式，也就是后来备受推崇的精益生产，最终让日本汽车在美国站稳了脚跟。韩国汽车也是一样，为了能够在北美市场占领一席之地，现代汽车甚至采取迂回路线，先进入加拿大然后再打入美国，在价格及保修等方面采取了很多极端措施，最终使韩国品牌在美国获得了认可。这条路也是中国要走的，只不过我们可能要花费更多的辛苦、心血，将产品做得比别人更好，才能弥补先天的不足。

赵福全：没错，当初的低质低价是为了能够打开市场，打开销路，一旦市场打开之后，还依然走低质低价路线是很难获得长久发展的，必须通过产品力的提升打造强有力的品牌，才能长期占领市场。

实际上对于奇瑞的转型，大家也充满了期待，寄予了厚望，因为奇瑞在国人心中曾经长期就是自主品牌汽车领头羊的代名词。然而，品牌重塑谈何容易，绝不可能一蹴而就，我相信您在这个过程当中，肯定也遭遇过各种阻力，但为了能够真正塑造出自己的品牌，您始终将品质放在第一位，甚至不惜牺牲行业领头羊的地位，不怕丢掉乌纱帽，最后您坚持到了今天，确实非常不容易。我认为这是中国企业家都应该学习的，心中有定力，才能走得远，走得久。

谈到奇瑞，还有两个话题我们不得不面对。第一个是合资问题。奇瑞在自主品牌汽车方面做得风生水起时，为什么突然考虑和捷豹路虎合资？大家都觉得不可思议，是不是奇瑞觉得合资更赚钱，还是觉得自主的路走不通了？确实也有各种各样的不解和非议。您今天能否敞开心扉地谈谈，奇瑞与捷豹路虎合资的真实意图到底是什么？奇瑞又得到了什么？

尹同跃：是的，当初进行合资的时候，一些老同志和政府领导是非常不满意的。他们认为，奇瑞是我们国家自主品牌汽车的一个代表，现在连奇瑞都去合资了，真说不过去。

赵福全：您肯定又要顶着巨大的压力，因为您是董事长，决策权在您这里，企业的命运非同儿戏，自主品牌汽车的大旗也责任重大。

尹同跃：这是因为品牌重塑的困难超过我们的预期。做汽车的工程技术部分，我们觉得还是有办法的，实在不行就挖人过来做，还是有办法把产品技术做好的。但是品牌不一样，一是西方国家生产汽车的历史比我们长得多；二是西方人的生活方式和中国的差距很大。我们怎样才能做出世界级的品牌？这不是说看看书或者请咨询公司分析分析就可以了。所以，我们最后得出结论，需要接国外的地气，感受不同的生活方式与消费理念，就决定做一个合资品牌，一方面是想借助国外的大品牌来提升自主品牌的影响力；另一方面也希望通过这样的合作渠道来培训我们的干部，转变他们的老旧观念。当初，我们在独自做自主品牌时，总是会感到缺乏一种国际性的视野，又不能总派很多人去国外学习。后来正好有了这样一个契机，我们考量再三，最终决定合资。这可能和我自身当初的经历也有关，我想我能够走到今天，很重要的一点就是在一汽-大众时向德国人学到了很多东西。

赵福全：您的意思是想找一个伙伴式的老师，互相借鉴、共同进步，尤其是学习国外企业品牌和管理方面的经验？

尹同跃：是的，没错，这是主要原因。当然，还有很重要的一个因素，是不是对合资公司的利润不看重呢？实际上我们也很看重。

赵福全：我认为也应该看重，这也是一种商业模式。

尹同跃：这也证明了品牌的重要性，为什么同样的一辆车，都是四个轮子，人家可以卖几十万，你只能卖几万。

赵福全：通过这几年的合作，获得经济上的互利，我想这是毫无疑问的。但是内部学习也一定要达到目的。如果说，您选择合资最主要的目的是学习品牌塑造，那么您觉得实现了这个目的吗？有人说为什么不从捷豹路虎直接招几个做品牌的人过来帮奇瑞做品牌？也有人质疑捷豹路虎的品牌真的会拉升奇瑞的品牌吗？

尹同跃：我认为，我们与捷豹路虎的合作非常成功。国内也有很多合资企业，大致可以分为两种：一种是国家引进的合资企业，一种是企业自己选择的合资企业。无论哪一种，就像何光远部长曾经说的，一定不能忘记初心，合资是为了帮助自主。但是往往一合资就把自己的身份忘记了，很多企业合资之后就产生了依赖，自主这一块反而可有可无了，这是很大的问题。我们与捷豹路虎的合资是不忘初心的。实际上，奇瑞在最早的时候有一个更大的机会，有一个非常好的品牌想和我们奇瑞合资，战略框架协议都签了，但是它开出的条件是奇瑞自己不要干了，就和它一起干。安徽省政府当时也希望这家很大的企业进来，支持安徽经济发展，但是最后我们还是拒绝了。如果自己不干，就没有必要从一汽-大众出来了，出来就是为了自己干，打造中国自己品牌的汽车。要自己干，但是不排斥合资，合资是为了更好地支持自主发展。

我们与捷豹路虎合资，取得了显著的成果。一是团队得到了巨大的锻炼，在一起培训、开展工作基本上没有什么障碍；二是干部来回交流非常方便，奇瑞派了大约50名干部去合资厂培训、交流，这些干部回来之后还是挺不一样的，他们的造车理念发生了根本性变化，对于流程、体系的重要性领悟得更加透彻，也将国外那种更加开放的合作精神带回了自主品牌，我认为这些都是非常好的现象。

赵福全：深入的培训和广泛的交流，使奇瑞的团队发生了脱胎换骨的变化。

尹同跃：对。另外，为什么捷豹路虎的利润很好，而自主品牌汽车要想获得这样高的利润却是很难的事情？这就是品牌的作用，尤其是豪华品牌的作用。为什么会出现捷豹路虎这样的豪华品牌？因为英国人崇尚的就是那种很优雅、有情调的生活方式。现在中国也要逐渐向这种生活方式转变了，这就有了诞生中国豪华品牌的基础。

赵福全： 从商业运作的角度考虑，奇瑞为了企业更好的发展，为了反哺自主品牌，也为了给地方政府带来国内生产总值的提升，选择了合资路线，这本身无可厚非。但是大家还是担心搞合资会牵涉奇瑞太多的精力，包括财力、人力、物力等方面，压力想必也是非常大的。

尹同跃： 早期确实压力非常大，一方面我们自己是在转型，另一方面还要供养两个贵族学校的孩子。捷豹路虎后来毕业了，上班了，总算还能补贴一些家用，但观致还在上学。

赵福全： 虽然前期牵涉了一些精力和投入，但是现在来看还是很值得的。那段时间奇瑞整个产品线收缩，销量下滑，一时舆论四起。而如今可以看清楚了，您是为了突破品质的瓶颈，以壮士断腕之决心，甚至不惜牺牲销量和行业地位来做精品。但是当时就有人质疑，是不是因为很多资金都投入到观致和合资企业中，导致最后没有精力去做奇瑞自己的产品了？

尹同跃： 不是这样的。赵博士应该很清楚，由早期的逆向开发流程转到正向开发流程，不是一朝一夕的事情，开发全新的平台、建立全新的流程都需要很长时间，前期的准备工作也非常重要，工作量巨大。无论我们做不做合资，这个过程都需要很长的时间，这是没办法缩短的。但是一旦开始走向正规，随着产品开发成本的下降、开发速度和开发效率的提高，早期投入的成本都会赚回来，而我们的产品质量将获得很大的提升。

对于企业的长远发展来说，我认为我们选择合资的道路是正确的，奇瑞公司不管是否与捷豹路虎或其他品牌合资，我们发展自主品牌的目标都始终铭记于心，那就是将奇瑞品牌打造成中国汽车的名片，成为在国际上都响当当的中国品牌。

赵福全： 非常好，这一点还是非常有必要利用今天这次机会和大家澄清的，否则可能有人不理解，不理解就会产生抱怨或者误解。和捷豹路虎的合资项目，现在听起来思路很清晰，而且基本上实现了您预期的目标，现在奇瑞正在学习如何提升品牌，资金已经开始回流，人才的交流互动也非常频繁，很好地支持了奇瑞品牌的发展。

另外一个话题，就是刚刚您也提到的观致品牌。大家都认为观致的产品绝对是优秀的，无论从造型、做工、品质，还是安全等各种性能来说，都非常不错。观致产品我也曾深入了解过，确实很好。但是最终的结果却是叫好不叫座。为什么已经有了奇瑞品牌，产品也越做越好，还要去尝试创立观致这样一个全新的品牌呢？这其中的原因，您能不能和大家讲一讲？另外，您创立观致的目的达到了吗？下一步究竟怎样来突破瓶颈？

尹同跃：很多人对观致的看法，和我们自身对观致的看法有很大的不同。到今天为止，我依然认为观致是我们非常需要的项目，也是成功的项目。为什么这么说？我们过去对品牌的理解实际上还是很肤浅的，我们认为有好的产品就能打造出好的品牌，销量自然也会跟着提上去。所以我们的团队聚集了世界顶尖的人才，基本上都是德国人，是非常专业的团队，观致汽车也因此确实做得非常好。但是从现在的结果来看，如同 Mini、Smart 等很多新品牌当年一样，想进入高端领域，过程都是很漫长的。一开始销量也就是几千辆，逐渐上升到一两万辆、四五万辆，最终才被认可。这个逐渐向上走的过程是任何新品牌都跨越不了的。我们原以为中国市场这么大，这个过程可以相对短一些，第一年销售上万辆，第二年十万辆，第三年二十万辆，但实际上这种想法是不成立的。欧洲的行业惯例我们没能突破，现在看也突破不了，这本来就是创造新品牌，尤其是豪华品牌的难点所在。

另外，我认为观致的品牌定位是很成功的。我们启用了宝马的团队，将观致打造成国外的品牌，事实证明这样做是对的。中国的自主品牌和合资品牌之间隔的不是一条线，是一条河，一条比较宽的河。自主品牌汽车做到最好也还是在河的这边，但是观致是在河的那边了。观致的成功在于它的目标客户已经和大众、福特是同一个级别的了，想买大众的人很少不知道观致，有的也会考虑购买观致。所以，我认为，观致在品牌上还是非常成功的，已经落在了合资品牌那个区间了。

这一点非常不容易。目前国内很多品牌都做得不错，但还是在此岸。而观致一开始就到了彼岸，剩下的就是接受时间的检验了。当然，这个过程中，我们也犯了很多错误。比如一开始就全面使用欧洲人，奇瑞的人几乎没有参与，因为想先塑造出品牌，不想让奇瑞参与。这样钱花得太多，说这款车是黄金堆出来的，一点不假。但是不管怎么说，产品做好了。

赵福全：产品优秀是毋庸置疑的。

尹同跃：从品牌来讲，再过五年，自主品牌汽车也很难达到观致这个水平，我认为这是非常成功的一点。至于今后，第一，我们在内部管理运营上要进行调整，此前在上海租的都是最贵的大楼，一下子包了四层楼，运营成本太高了，现在我们搬到上海世博会那边，便宜了很多。第二，要把产品线再丰富一下。第三，过去对 4S 店设置的门槛太高了，这样经销商网点就发展得比较慢，因此，未来会适当降低 4S 店的选择标准，或者采用相对来说比较灵活一点的方式。

赵福全：也就是说，您认为创立观致一开始的初衷是正确的，而且通过这段时间的实践，也充分证明了观致的品牌地位已经和自主品牌汽车不在一个层面了，同时产品也是优秀的。当然，也交了一些学费，走了一些弯路。如果要展望观致的未来，我觉得还是要通过销量来证明这是一个优秀的品牌。

尹同跃：捷豹路虎对奇瑞的贡献，主要是人才、品牌以及利润贡献。但是从销量的角度看，对我们的帮助不是很大，因为捷豹路虎太高端，平台太特殊，奇瑞也并没有直接利用这个平台。而观致对于我们来说则是一个非常好的平台，这个产品平台是可以直接拿过来为奇瑞所用的，奇瑞也能够帮助观致把量做上去，把成本降下来。观致现在只能年产四五万辆，明年可能是八九万辆，还没有达到规模化生产。但是奇瑞如果把这个平台做到 50 万辆，整个成本结构就会发生改变，成本可以下降很多，这就是共享的优势。

对于观致本身来说，现在有四款车，可以比较好地支持经销商的网络体系，经销商加盟的热度也比过去高了很多。经销商网络发展起来之后，销量自然会上来，今年我们的目标是希望现金流持平，这基本上是能够做到的。后面还将推出新能源汽车产品，以及其他一些产品将在明年、后年陆陆续续推出。现在还只有 C 级车，按照大众的标准是 A 级或 A + 的级别，后面观致还会有 B 级、A0 级，要做七八款车，我们还是非常有信心的。今年希望做到现金流持平，明年做到盈亏持平。

赵福全： 随着时间的推移，产品越来越丰富，经销商越来越多，网络承载力也会增强。同时通过平台共享把成本降下来，毕竟有奇瑞这边五六十万辆的销量可以作为支撑，将来观致有可能接近奇瑞汽车的成本，加上观致在市场上较高的品牌定位，未来观致的销量还是值得期待的。

实际上，观致的发展历程，我也一直在关注。一开始就提了很多很好的理念，比如说强调互联网的体验，以此将观致品牌推向一个新的发展高度，但事实证明这些理念似乎并没有发挥预期的作用。现在互联网造车强调的就是用户体验，而观致早就已经在实践了，为什么达不到预期的效果？是做得不到位，还是消费者不买单？还是其他的原因？从互联网消费体验的角度，您怎么看现在很多企业要做的事情，以及观致曾经尝试的事情？是因为我们做得还不够，还是因为这条路本来就有漫长的过程？

尹同跃： 观致大概是世界上第一家把类似苹果的触摸屏装上汽车的企业，中控台基本上没有什么按钮。

赵福全： 只是没有用特斯拉那么大的屏幕而已。

尹同跃： 后台也特别强大，前期已经打下了非常好的基础，投入也很大。之所以未达到预期效果，主要和团队变化有很大的关系。早期的一些开发人员太欧洲化，这样与中国年轻客户的衔接就不是很到位。现在我们在人员方面已经进行了相应的调整，在用户体验上也加强了一些力量。很多在网上能实现的服务，车载系统都支持，功能也非常强大，订餐、周边位置搜索、网上支付，包括 Uber 等很多功能在我们的系统里早就有了，但是由于在一些细节方面还没有处理好，加上操作系统比较复杂，用户体验时反馈不太好用，所以没能达到预期效果。

赵福全： 看来观致最困难的时候已经过去了，期待观致未来可以有更好的发展。

尹同跃： 对于观致品牌的质疑不仅仅来自于媒体和外界舆论，股东们也不太满意。前不久我们专门到观致工厂开了一次董事会，让奇瑞的董事们都到现场开会，我们将观致现在的产品情况、接下来的产品规划，以及工厂的运营情况都和大家说了，大家了解了以后觉得我们做得是对的。看了 DS、Smart、Mini 等品牌成长曲线的周期，我们和人家相比并不差，甚至还比人家好一点。好好沟通，有问题说清楚，股东们还是认可观致的。

赵福全：对于关心观致的领导和消费者，如果您要给大家做一个承诺，您会承诺什么？

尹同跃：观致是一个非常值得我们骄傲的中国品牌，尽管现在还不及一些欧洲品牌，但是这是我们中国汽车自己的品牌。而且，观致产品打入国际市场的机会也是非常大的，这次车展来了几百家国外的经销商，他们很多都要求做观致的代理商。我昨天和前天在芜湖和他们开了两天会，尽管我们的价格开得比较高，比奇瑞高很多，但观致的产品他们非常喜欢，也认为非常高端，并不逊色于宝马品牌，无论是造型、质量，还是驾驶性能。所以性价比是很高的，如果换个牌子说不定就卖到很贵了。

我认为观致一定会成为中国自主品牌汽车皇冠上的宝石，能够代言中国汽车品牌，代表中国汽车工业的进步，代表自主品牌汽车在品质和性能上的飞越，是有资格参加“奥运会”的。

赵福全：您作为领军人，相信一定能不辱使命。还有一个问题，现在一方面要打造奇瑞品牌，一方面又有合资企业，另一方面还有观致。您作为整个团队的核心人物是怎样分配时间的？虽然观致和合资企业都有人在代您管理，但是您总得花精力吧，能不能简单说一下。

尹同跃：从战略角度来说，我们把中国市场分成四块或者是五块市场。第一是豪华品牌市场，这个市场目前还在增长，今年中国的豪华车市场预计会超过美国成为世界第一。奇瑞捷豹路虎在中国是豪华品牌当中的第二阵营里的第一位，总体排在第四位，我们有希望进入第一阵营与奥迪、宝马、奔驰较量。我们和英国合作伙伴之间共同的一个目标，就是希望把奇瑞捷豹路虎打入豪华品牌的第一阵营，现在应该说形势还是不错的，今年的增长会非常快。

第二是豪华品牌以下比较高端的市场，包括大众、福特、丰田这一类品牌，我们的观致也要打造成这样的品牌，品牌还有不足，那就用更优质的产品来弥补。观致现在做的就是这件事，尽管起步很晚，竞争对手又太强大，但是我们还是要坚持做下去，可能需要多花一些时间。

赵福全：这一块市场每一个品牌都很强，而且数量也最多。

尹同跃：但是这个市场的容量也是最大的，所以我们的上升空间也很大。

第三就是奇瑞，我们希望把奇瑞做到和合资品牌中比较低端的产品一个水平。

第四就是凯翼，要抓住年轻的消费者。

至于说到我的时间分配，其实管理上也有平台化、模块化，我分配时间就是在内部做平台化，这样做很多事情的共享度就很高了。比如日本斯巴鲁有一个 TPM（指全员生产维护，Total Productive Main tenance）团队，这个团队把整个公司的生产系统都统一管理起来了。我们也有类似的团队，像质量就是一个团队在抓。我就是阶段性地听听报告，在工作启动时参加一下，阶段性地抽查一下，做得不好再调整一下，大概就是这样的情况。

赵福全：您主要是把握好大的方向。

尹同跃：是的，我要改正我的缺点，以前总是事无巨细，什么都管，现在整个团队是各司其职，这样我不至于像过去那么累，而且还可以有思考的时间。

赵福全：对于您来说最重要的就是把大方向把握住，而且要把大方向坚持下去。

尹同跃：对于领导来说，第一是定方向，现在方向已经定了。第二是把人才用好、用对，还要用得愉快，不能让大家在一起就产生激烈的化学反应。第三是找资源，比如这支部队需要炮弹，那支部队需要子弹，我们都要准备到位。

赵福全：刚才我们谈了这么多，奇瑞、捷豹路虎和观致这三个品牌的发展思路都是清晰的，定位也很明确，而且彼此之间还有互补，没有任何恶性竞争。尽管经历了一些波折，但曙光已经渐渐显现，应该说前途是光明的，希望就在眼前。

现在想和您探讨另一个话题。近期互联网造车风起云涌，您刚刚也提到了凯翼品牌，想利用互联网的一些理念，打造90后甚至00后消费者需要的车，满足他们的个性化需求。那么您怎么看互联网企业与传统汽车企业之间的竞争？未来互联网造车的一些理念能不能够为我所用，两者要如何竞争来抓住新的消费群体？凯翼品牌就是你们践行互联网造车理念的代表，那么和其他互联网造车的企业相比，凯翼有哪些不同的特点呢？

尹同跃：互联网行业很争气，中国所有行业中，可能互联网行业是做得最好的，在世界上已经处于领先地位，最起码应用互联网系统在中国已经做到很极致了。这个行业的团队值得我们学习，也值得我们期待，切不可轻视他们。尽管他们在汽车方面的知识和积累不如我们传统汽车行业的人，可能会把汽车想得太简单了一点。但是我觉得，他们的行业特点和思维可能会改变汽车行业的一些固有惯例。我们也担心互联网把我们“加”进去，所以也在不断地学习中，不排斥与他们合作。汽车行业本身有足够的包容度，或者说我们的自我修复能力是很强的，到目前为止还没有被任何技术所取代。

赵福全：历史证明各个领域的进步都被汽车采用或者说同化了，我们要借助他们的力量把汽车造得越来越好。

尹同跃：我们尊重他们，也愿意与他们合作。所谓互联网思维最大的特点就是合作共赢、资源共享，甚至是共生，我觉得这是一件非常好的事情。我与很多互联网企业的老板都是好朋友，大家也都有彼此合作的想法。但是目前我们还是想自己先去尝试一下，于是就有了凯翼这个品牌。

赵福全：有人认为我们与互联网企业合作是很正常的，汽车制造属于硬件，但也需要软件。虽然我们也有软件，但主要是来自于供应商，而互联网企业作为软件供应商会帮助我们把汽车做得更强大。未来汽车将由带有电子功能的机械产品，变成带有机械功能的电子产品，显然，有互联网的帮助，我们会做得更好。

但是互联网行业的很多人是不认同我们传统的造车理念的，他们想要颠覆我们，觉得我们造的汽车是无法满足未来消费者需求的。可是您觉得未来00后消费者有哪些需求是只有互联网知道，而我们不知道的，因此有可能导致我们被互联网企业颠覆？还是认为他们是在痴人说梦，不可能颠覆传统汽车产业？

尹同跃：我不认为他们是痴人说梦，但是也不像他们说得那么简单。一定会有互联网企业在做汽车的过程中摔跟头，甚至可能很多优秀的互联网企业都要吃苦头。因为，技术进步是循序渐进的过程，不可能一下子从一端就走到另一端。比如说新能源汽车，按道理油电混合度是逐步变化的过程，传统汽车企业认为应该是从10%到20%、30%，一直到100%，这样循序渐进地来做。但是互联网企业都想变成特斯拉，直接跳到纯电动模式，想颠覆原有的行业。可是特斯拉目前只有一家，而且相比于传统汽车企业，特斯拉也还并不算成功，因为到现在特斯拉还没有盈利。

赵福全：而且我认为互联网追求的一些用户体验，我们来做也可以做到。比如特斯拉造的电动汽车和传统燃油车相比，除了动力总成不一样，还有什么本质的区别吗？

尹同跃：互联网思维也需要逐步改变和增加内容的过程，而不是一下子就变成另外一种生活方式，和我们现在的汽车完全脱节，我认为是不可能的。从国家法规、用户体验来讲，都是一个渐进的过程。我们且拭目以待。

当然，我们也期待他们有所作为。靠我们这些传统汽车企业去追赶世界领先水平确实太困难了，但如果中国出现几个特斯拉，可能会帮助中国企业改变在世界上的地位，我希望他们成功。不过我认为这将是非常艰难的。

赵福全：这么说，您认为传统汽车产业的发展需要互联网的支持，但是简单说用互联网思维造车，会面临汽车本身巨大的挑战。我们有我们的优势，他们有他们的优势，两方应该优势互补，共同把汽车产业做得更健康。

尹同跃：互联网思维最大的特点就是共享，但是互联网企业造车是否一定真正具有互联网思维呢？如果他们能够把传统汽车产业的资源都有效集成起来，我认为他们成功的概率会比较高。

赵福全：我认为当今社会的发展趋势，就是在协作中竞争、在共享中获利，关键是谁能真正做到理想状态中的共享。凯翼是按照共享文化、个性化定制的理念来打造的一个新品牌，在您心目中，您觉得凯翼这个品牌的塑造，和奇瑞或者观致品牌有什么不同？

尹同跃：实际上，这和别的互联网企业造车还是不一样的，凯翼毕竟是奇瑞下面的一个子品牌。因为没有那么多的资源，所以投入并不多，但是这个品牌的特点很鲜明。主要是一群年轻人在做，团队都很年轻，特别是他们中很多人有很强的销售背景，像总经理郑兆瑞对市场的感觉就特别好，相信他们能够抓住年轻人的需求。他们就是在利用互联网的共享思维来造车的，最起码可以充分共享奇瑞集团内部的资源，进行无缝对接。这样见效快、投资少，我们认为成功的概率是非常高的。从目前的情况来看已经超过了我的预期，今年他们大概能够做到 15 万辆左右。

赵福全：从互联网轻资产的角度来看，凯翼应该说是做得最好的，不需要很大的投入就可以产出。但是也有很多人担忧，凯翼会不会越做越像奇瑞，最后并不能真正导入互联网思维来造车呢？产品做得好那是资产，但做得不好也是包袱啊。

尹同跃：我希望凯翼和奇瑞是左右手互搏，无论左手打败了右手，还是右手打败了左手，都是我们的成功，因为我们是一个身子。实际上，这两个品牌之间的差异是蛮大的，目标客户不一样，品牌定位不一样，使用手法也不一样。凯翼更多的是由用户来众筹，由用户来参与产品的开发，由用户来参与产品的定义的，这方面做得非常好，而且用户的参与度远远超过我们原来的预想。传统的汽车产业，多少有一点在家里面对市场进行判断的感觉，但凯翼是真正以用户为中心的，上百万人参与了产品的定义。

赵福全： 现在凯翼团队里有多少是来自互联网领域的人？

尹同跃： 我们在上海招了一个小团队，大概有百八十人，就是将一些志同道合的年轻人聚集在一起。不一定只有互联网公司过来的人才叫互联网人才，实际上有很多人天天都是和互联网团队在一起，受他们的影响也比较大。

赵福全： 拥有互联网思维是很重要的，但并不是说，你是互联网领域来的人，你就拥有互联网思维。从这个角度来说，凯翼完全可以拥有互联网思维，而且您现在左手有奇瑞，右手有凯翼，两个资源可以互补，两种思维可以互相挑战，共同满足未来的需求。

尹同跃： 这次也是凯翼第一次参加北京车展，请大家多关注。

赵福全： 我们也聊了很多了，最后一个问题，奇瑞的转型应该说取得了很大的成功，在这个过程中，您也是忍辱负重，不惜牺牲销量来把产品做好、做精，应该说现在也看到了曙光。而自主品牌汽车经历了前年的“12 连降”（指 2014 年国产汽车自主品牌市场份额连续 12 个月下降）后，2015 年由于 SUV 的异军突起，整个市场上我们的份额在回升，产品性价比和性能也都在提升，应该说，自主品牌汽车收复失地的步伐加快了。

尽管如此，我们的差距还是很大的。您觉得在未来十年或者更长的时间里，自主品牌汽车应该如何更快地提升，才能和合资品牌汽车同台竞技？我们还需要多长时间，才能真正和合资品牌汽车一较短长？

尹同跃： 就产品开发或者产品本身的性能而言，自主品牌汽车现在已经和合资品牌汽车处在同一条水平线上。毫不谦虚地说，奇瑞和日韩产品处于相同的水平。从用户角度来看，我们调查了江浙的一些发达地区，这些地方比较富裕，过去对自主品牌汽车的认可度比较低，大概只有 10%、20% 的人会考虑购买自主品牌汽车。但在我们最近的调查中，有 80% 到 90% 的人愿意考虑购买自主品牌汽车，我认为这是最大的改变，也说明了自主品牌汽车的进步。

我认为，今天的汽车工业和 2000 年前后的家电行业处在同样的状况，未来随着产品品质的提升，自主品牌汽车的市场份额将逐步增大，“12 连降”将一去不复返，不敢说把外国品牌全部赶出去，但是我们会逐渐成为中国市场上真正的主力军。

赵福全：谢谢尹总，和您交流后我对奇瑞的一些决策和举措理解得更深刻了。原来是雾里看花，现在是走进董事长的内心来倾听奇瑞为什么要这样做。我们不能只关注一些短期的结果，或者临时的现象，更要关注企业家的长远谋划。今天与尹总一个多小时的访谈，让我们对奇瑞更有信心了，尤其是奇瑞集团旗下的四个子品牌，各有特色，我们期待它们能创造市场销售的佳绩。

汽车不是简单的产品，汽车产业更是涉及领域广泛，可以说是整个制造业的缩影。汽车强，国家制造业才能强。互联网当然也非常重要，但对于 13 亿中国人来说，只靠互联网经济是不够的，必须要以实体经济作为支撑。而汽车产业作为实体经济的龙头，其发展将直接关系未来中国整个制造业的发展。您在奇瑞坚持了 19 年，带领奇瑞汽车从无到有、从有到好不断发展，将来从好到优、从优到精的发展还有很长的路要走，希望奇瑞在您的带领下，不忘初心，真正成长为中国自主品牌汽车的核心企业。

我本人非常敬佩您不断学习与坚持创新的精神，对于一位企业家来说，这是非常难能可贵的品质。奇瑞的转型虽然经历了不少波折，但结果证明您当初的抉择和坚持是正确的。我们期待奇瑞在这次北京车展实现华丽转身！今后希望您能继续坚持，相信时间会做出最好的检验！也请您多注意身体。谢谢尹总！谢谢各位网友！

尹同跃：谢谢各位网友，谢谢赵博士。欢迎您有机会再到奇瑞去看看，感受不一样的奇瑞！

02 对话李斌——迭代效应下的溢价风口

赵福全： 凤凰汽车的各位网友，大家下午好！欢迎来到北京车展凤凰汽车《赵福全研究院》高端访谈栏目，现在开始今天下午的第二轮访谈。非常荣幸我们请到了蔚来汽车的董事长、创始人李斌。

李斌： 各位网友，大家好！非常高兴能够参加赵老师的访谈栏目。

赵福全： 最近这段时间尤其是自去年以来，互联网企业参与造车的势头火热。而一方面，传统汽车企业往往觉得互联网企业不够懂车、难以造出好车；另一方面，互联网企业又认为传统汽车企业的造车理念已经过时了，无法满足 90 后、00 后新生一代的需求。目前，越来越多的互联网企业跃跃欲试，已经或者正在筹谋进军汽车产业。互联网与汽车，究竟是颠覆、融合，还是重塑？这其中也一直不乏争议。

应该说，中国汽车产业当前确实处在非常特殊的历史时期。能源、环境、拥堵、安全等问题，给我们带来了巨大的压力，而且这种压力在中国又显得特别突出。同时，以互联网为代表技术的新一轮科技革命，对传统制造业产生了很大的冲击，正在引发产业的转型升级和生态重塑，这种趋向在德国体现为“工业 4.0”，而在中国就是“中国制造 2025”。

在这种情况下，互联网造车在中国、美国等国家风起云涌。例如，谷歌（Google）无人驾驶汽车的研究很早就已启动，苹果公司的造车计划也渐渐浮出水面，中国的很多互联网及通信企业也都在进行尝试。包括一些原本在互联网领域赚了很多钱，也有机会获得更好发展的企业，现在也义无反顾地投身造车事业中来。蔚来汽车和李总本人，应该说就是互联网造车的典型代表之一。今天请李总过来，就是希望和您深入探讨：您觉得，汽车产业未来究竟会怎样发展？传统汽车企业到底胜算几何？为什么互联网企业会如此“踊跃”地造车？互联网汽车企业又有多少成功的机会？就您本人而言，易车网办得非常成功，在创业方面已经是很多年轻人的楷模了。在这种情况下，为什么不全身心地继续把易车网经营得更好，而是投入了这么多资金和精力来做蔚来汽车呢？

李斌：这是个比较长的故事。我是在 2000 年创办了易车网，在过去的十多年里都是以互联网的角度来看待和接触汽车行业。由于易车网的定位和工作内容，我也可以说是汽车行业的一员。因此，在汽车行业里面，我可能是最懂互联网的，在互联网行业里面我可能又是最懂汽车的。通过这么长时间的经历和观察，我对汽车行业也有了自己的思考和认识。

当前，大家都认为汽车行业即将面临重大的变化，但是大多的思考都还只是从技术的角度出发，比如说智能化、网联化、电动化，又比如说软件未来在汽车里面的比重会越来越高，等等。无论是传统汽车公司，还是新创的汽车公司，其实大家对于这些技术变化趋势是没有太多分歧的。传统汽车公司其实也在全力以赴地加强产品的迭代和升级，新创汽车公司毫无疑问必须做到更好，才有能力参与汽车市场的激烈竞争。

但是，我也在思考真正的机会到底在哪儿？是不是只有技术才是最核心的要素？从 2012 年开始，我逐渐认识到，汽车行业的变化应该从另外一个角度去看待，那就是汽车企业、汽车品牌和用户之间的关系，随着信息交流方式的变化会发生改变，进而改变这个行业。

我们通过观察其他行业就可以看得很清楚：比如互联网对电商的改变，沃尔玛是出现在电话和远程通信比以前更加方便的时候，因此可以成为全美国乃至全球跨区域管理的巨型企业，而沃尔玛之前的企业不具备这种信息交流手段。互联网出现之后，用户和购物平台之间的联系更加方便，所以出现了比沃尔玛风头更劲的亚马逊，而在中国也诞生了阿里巴巴和京东。因此，用户和企业之间交流方式的不同，会奠定一个行业变化的基础。

类比汽车行业又是什么情况呢？目前，许多汽车企业拥有上百年的历史，中国自主品牌企业比较新，也有几十年的历史，这些传统汽车企业基本上都是在互联网产生之前出现的。所以他们和用户之间的关系网以及产业链条，都是按照互联网出现之前的思维构建的。比如 4S 店专门有客户信息反馈的功能，以前我对此很不理解，觉得这种方式既低效又迟缓，这是因为我从创业开始就是做互联网的。但是如果从传统汽车企业当年的情况来考虑，就完全可以理解了，因为那个时候只能依靠4S店帮助厂家搜集用户的信息。

赵福全：要不然根本不知道客户关注什么。

李斌：所以在那个时代，赋予4S店这方面的职能，通过4S店去收集用户的信息反馈是最高效的。但是在今天来看，还需要这么做吗？用户的意见可以在微信上立刻就反馈过来，如果还用4S店这种方法搜集就没有意义了。

同时，传统汽车企业的整个产业链，是按照自上而下、细化分工的方式组织的。整车公司的重点在于生产制造，以及前端的产品研发。而与用户有关的环节，都交给了其他公司在做，包括4S店、保险公司、加油站以及金融服务公司，等等。所以，虽然整车公司是卖产品的，而且一年往往卖出很多，但是却和用户没有直接联系。在过去这样做是因为信息交流方式的局限，没有别的选择，而在今天这样的方式肯定就不合适了，所以我把这些企业称为1.0的汽车公司。

在互联网出现之后，全球新出现的汽车公司里比较有影响的就是特斯拉，成立于2003年，我称为2.0的汽车公司。其实，以互联网的视角来看，特斯拉所做的很多不同以往的事情都是天经地义的，比如直销，在互联网产业是理所当然的，放在汽车行业里，这件事情就成了石破天惊，特别在美国还需要一个州一个州地打官司，到现在还没有全部打赢。这是因为传统汽车行业在这方面已经有了很明确的规则了，原有的企业很难自行突破。实际上，一些传统汽车企业也在谋求改变，比如宝马i3就想在欧洲直销，但面临经销商的强烈反对而无法进行。另外，互联网企业注重软件，特斯拉的软件工程师是硬件工程师的两倍，而在传统汽车公司，是按照一个一个零部件去考虑问题的，软件只是硬件里的一个组成部分。以上这些都不是技术问题，而是技术之外的因素在发挥关键作用。就像沃尔玛并不是开发不出亚马逊那样的网站，在技术方面没有障碍，但沃尔玛还是无法成为亚马逊。

赵福全：这是因为既得利益者的反对和固有思维的延续。

李斌：现在已经是2016年了，我们提出要做3.0的汽车公司，因为整个时代都在变化。2016年和2003年又不是一回事了，如今已经是移动互联网的时代，这个时代到底将如何重新构建企业和用户的关系？我觉得这是比较深刻的问题，要基于技术的进步，但是更要超越技术进步的本身来思考。

我们看到很多已经不太合理的情况，例如，不管是特斯拉还是传统汽车公司，基本的逻辑还是在于卖新车，取悦新的用户。我们想，移动互联网时代是否还应该如此呢？汽车公司安身立命的根本其实是那些买了汽车产品的用户，如果努力和这些用户建立关系，努力服务好这些用户，是不是就可以有完全不同的回报？这种考虑在移动互联网出现之前，可能在经济上是不理性的，因为企业很难这样做，或者这样做不一定能得到足够的收益来抵消自己的投入。特斯拉往前走了一步，比如快速充电桩是免费的。但是再往前走，涉及与汽车用户相关的事情还有很多，能不能做到只要车辆出了问题就立即帮用户解决呢？我相信在移动互联网的时代，如果企业把整个重点全部放在服务用户上的话，用户一定会非常肯定你，而且会很方便地为你传播口碑，从而实现新用户的增加。

举个例子，北京雾霾比较严重，我家里就装了一台空气净化器，这台机器效果很好，结果我太太在微信群里面就帮厂家无偿推销出去了十几台。这就是移动互联网时代典型的场景，依靠对用户全心全意的服务和良好的用户体验来积累口碑，把整个公司建立在服务用户的基础之上，把产品做好，把服务做好，这就和以前的售车逻辑完全不一样了。也就是说，我们要做一家用户企业。

这个逻辑听起来可能并不是太“高大上”，但其实离开移动互联网技术普及和应用所带来的变化，离开电动汽车需要重新构建基础设施所带来的机遇都是难以做到的。所以，我认为“电动汽车+移动互联网”给了我们一个新的机遇，让我们可以重新定义汽车的产业链，重新定义汽车的用户体验，也重新定义车企与用户之间的关系，这才是终极的变革方向，而不仅仅是电动汽车、智能网联汽车产品形态的改变。

赵福全：所以您觉得，在这种新形势下汽车产业有了新的巨大商机，市场也有了新的巨大需求，应该抓住这个机会涉足汽车业，通过自己的全新理念和努力实践来满足这种需求，弥补这种空白。

李斌：这就像 IBM 成不了微软，微软成不了谷歌，谷歌成不了 Facebook 一样，一个时代有一个时代的企业，移动互联网时代一定会有移动互联网时代的汽车公司，而我希望把蔚来汽车打造成这样的公司。

赵福全：传统汽车公司不能转型成为移动互联网时代的汽车公司吗？可能会有一部分企业不能完成转型。

李斌：我认为绝大部分传统汽车企业都不能完成，不是因为他们没有资金、技术，甚至也不是因为他们没有看到这样的趋势，真正的问题在于他们的机制和文化都是基于传统建立起来的，较难适应新的时代。

赵福全：虽然互联网思维更强调用户的体验和服务，但汽车首先还得是一辆好车，如果没有一辆好车作为基础，我认为所有后续的体验和服务根本无从谈起。我感觉您更关注的是汽车卖出去之后消费者所关注的事情，认为在这方面传统车企做不到，或者做得不够，或者由于历史的包袱没有办法完成转换。

李斌：我觉得传统车企不是说造不出适合移动互联网时代的好车，而是他们只能按照惯性前行，有太多的既得利益和历史包袱。比如，在我们的模式里，所有和用户体验有关的环节一定都是自己来做的，这是现有的大部分汽车公司做不到的；再比如说脱离经销商体系，也是这样。

赵福全：这就引出了下一个问题，既然我们首先需要有一辆在市场上有竞争力的好车，然后再谈服务用户的商业模式，那么这辆车由谁来造呢？

李斌：这是另外一个更大的问题了。

赵福全：这也和后续的商业模式有关：是提供好的服务，车坏了就马上修好，还是说最好买一辆很少会坏的车？

李斌：您说得很对。我个人觉得我们谈创新、变革，首先要知道变革的到底是什么：哪些事情是需要变也可以变的，哪些事情是不需要变的，还有哪些事情是肯定没有现有企业做得好的。这就涉及企业在整个产业价值链中如何定位的问题。

我刚才讲，传统的汽车公司把更多的精力放在了制造方面，我们作为互联网企业，如果在制造方面去追求变革，建更“高大上”的工厂，用更多的机器人，管理得也更好，且不说这是很难做到的，就是能做到也不应该做这些事。我们把自己定位在产业链的两头，一方面根据用户的需求来研发、设计产品，另一方面注重用户体验，做好用户服务，我们一定是把精力全部放在这两件事情上。

在制造方面，我想不出能够怎样变革，怎样才能比现在的汽车公司做得更好。不要说宝马、奔驰，就是说比长城做得好，恐怕也需要生产出一百万、两百万辆汽车之后才能有这样的底气。在汽车制造方面，有必须尊重的基本规律。所以我并不觉得传统汽车公司将来会消亡，他们一样可以发展得很好，保持自己的制造优势。但是新创公司也可以找到属于自己的位置。现有汽车公司和新创公司之间，大家应该分工协作，应该融合共赢。

赵福全：这和刚才您讲的不太一样了，之前您提到在移动互联网到来之后，未来汽车产业将进入以服务用户占主流的时代，而传统汽车企业成功转型的机会很小。

李斌：我仍然是这么认为的，准确地说，是传统汽车企业转变成为以服务为核心的用户企业的可能性非常小。

赵福全：但传统汽车企业仍将保有继续造车的功能，未来整个汽车产业链中有设计车的，有造车的，还要有服务用户的，而不只是简单的卖车了。这样产业链就分为了三段，而您要做的是两头，一头是设计，一头是用户体验或者说服务用户。您认为在这样的商业模式里，传统汽车公司在服务用户这一环节是没有竞争力的，因为有太多的历史包袱。但是，传统汽车公司也在设计汽车。从设计的角度，您凭什么会比他们设计得更好呢？

李斌：当然，我非常尊重传统汽车公司在研发和设计方面的沉淀。客观地说，如果今天让我们去造一款传统的燃油汽车，无论发动机、变速器，还是其他很多核心零部件的研发，都还是很难的，壁垒非常高。

但是，现在有了电动汽车，在这件事情上大家基本是在同一条起跑线上，而且我们可以招揽到全世界最优秀的人才，可以投入得更加坚决，也就可以和最好的公司去竞争。所以说，电动汽车给了我们这样一个机会。

赵福全：咱们细细分析一下这个问题。您觉得传统汽车因为有长期的投入而建立了较高的壁垒，所以很难后来者居上。从历史发展的角度看，我个人也同意，未来最终有一天电动汽车会成为主流，全面代替燃油汽车。但是这个时间可能会非常漫长。在此之前，即使电动汽车方面有优势，是否足以战胜燃油汽车优势明显的传统企业？另外，我不太认同的一点是，谈电动汽车有优势，是电的方面，还是车的方面？电动汽车也不是简单的电池、电机、电控（即三电），同样要有车身、底盘、电子电器和内外饰，所以好的电池厂并不能造出好的电动汽车，还是传统汽车企业把电池买来用好才能造出好的电动汽车。

从这个角度来说，是否集成了全球最优秀的资源做研发，就可以和传统汽车公司处于同一条起跑线上？在电池、电机等方面，我能够基本认同，但是在其他方面，诸如车身、底盘、制动、转向，等等，您凭什么能做得一样好？现在发展电动汽车就有一个误区，觉得可以弯道超车，但是即使有最优秀的电池，如果造不出优秀的传统汽车，还是很难造出优秀的电动汽车。三星的电池已经很好了，但是三星成为不了奔驰、宝马。所以，在电动汽车领域，我也不认为您和传统车企是在同一条起跑线上。

李斌：您是汽车研发的大专家，对于汽车技术肯定有更深刻的理解。实际上，我们看到汽车工业在研发领域也处于高度分工的状态。像制动、转向，等等，不可能都是我们自己去做；我们只做最核心的研发，比如刚才讲到“三电”的研发，这方面我们当然会投入最主要的精力去做。在其他方面，我们集中了最优秀的资源，像设计方面有宝马 i 系列过来的设计团队，经验非常丰富；轻量化等方面，也组建了非常强的专业团队。同时，我们还有高水平的外部合作伙伴，包括很多顶级的零部件供应商。我们会思考，哪些事情是我们要去变革创新的，哪些事情是要遵循原有的基本规律的。在设计方面，确实除了“三电”之外，其他很多东西都要遵循基本规律，所以我们要从全球去找资源，去整合、集成这些资源，这正是我们在走的道路。就像您说的，对于转向这样的技术领域，我不需要革新，也没有必要去革新。实际上，传统汽车公司也不是什么技术都自己做，他们也在做整合资源的工作。

但是有一点是不太一样的，就是软件的部分，我们自信可以比传统汽车公司做得更好。比如负责整个软件团队的是思科刚刚卸任的全球首席技术官（CTO）伍丝丽女士，她也是微软全球的董事。我们是在这样级别的专家领导下，搭建自己的软件团队的，相信比现有的汽车公司重视程度高很多。我们现在把车的设计和研发分为几个板块，外观、内饰的设计是一方面，核心的“三电”是一方面，还有刚刚您讲的所有车都要用的基础技术是一方面，再就是与软件相关的是独立的一个方面。我们要从这四个方面去策划整个汽车的设计和研发，这中间当然要有所为有所不为：哪些自己要去做，哪些要找合作伙伴来做，哪些必须比现有汽车公司做得好，哪些要力争做得一样好，都有思考和举措。不是说什么都能比现在的汽车公司做得好，那就成了吹牛，也不现实。

赵福全：我们不是第一次交流了，之前我也阅读、学习过您的思想和言论，客观地讲，我感觉在互联网造车的狂潮中，您是比较冷静的互联网企业家之一，对汽车业也还是心存敬畏的。对于整个汽车业的感悟，我认为您的理解还是很深的。这其中，最关键的是能不自己做的就不要自己做，能利用资源的就要充分利用资源。有一点我认为您确实有可能胜出，那就是您可以更集中精力做新能源汽车，而传统汽车企业对于新能源汽车是不做不行，但对于传统燃油车更是不能放弃。

李斌：这正是传统汽车公司最难的地方，我从来不认为这些公司造不出特斯拉那样的汽车，以他们的能力完全能够造出来。但是他们是否愿意花全部精力、把最优秀的团队放在这样的产品上，是不是给打造这样产品的团队犯错误的机会？这是一个很大的问题。

赵福全：传统车企确实有太多的事情必须兼顾。

李斌：有太多的选择，比如销量目标和排序，各个细分市场，等等。他们很难把最精英的团队都抽出来做新能源汽车。

赵福全：在这一方面您存在胜出的可能性，我对此是认同的，但是另一方面，还是需要定义好产品，设计好产品，并制造好产品。这里面有一个很大的挑战，优秀的设计图纸并不意味着就能造出优秀的汽车产品，在设计的过程中就要考虑如何把车造出来，实际上设计本身就包括了制造工艺和设备的选择与协同，设计团队和制造工厂之间要有密切的配合，而在您还没有一个具体的工厂时，要怎样实现这种协同与平衡呢？

李斌：这确实是一个很严肃的问题。从展示出来的概念车到能行驶的功能样车，再从小规模试生产的工装样车到大规模量产车，中间每一个环节的每一个进步，难度都会递增很多。从最初的设计到顺利的量产，再到质量稳定的大批量生产，是非常困难的事情，我们对此抱有极大的敬畏之心。

赵福全：具体的解决方案在哪儿？假设有传统企业来帮蔚来汽车代工，那你们在制造和设计之间就需要互动，按我的经验来看，设计部门和工艺部门之间的吵架是免不了的。说得更直接些，设计出来了制造方面说造不出来，或者制造出来了很多东西都和设计的不一样，这都是很常见的情况。对于这个问题，您准备怎么解决？

李斌：从几个角度来说吧。第一，对这件事情我们有足够的心理准备，在设计团队开展工作时，不能天马行空。所以我们要找有经验的团队，而不是只有理论知识或者一心只想着颠覆的人。在设计的时候就要充分考虑生产和制造工艺的可行性，不要去提根本没有办法量产的方案，要尽可能避免，这需要团队的经验和理念去保证。我在这方面是经常做减法的，有时候团队提出一些目标，我说这不太可行，不要做了。当然，专业的判断和决策不是我一个人做的，但我会评估各种方案的成熟度，不够成熟的东西就减掉。在整个公司经常给大家讲这样的逻辑，不要天马行空，而要切实可行的方案。

第二，我们也组建了制造方面经验非常丰富的专业团队。这个制造团队不是管一线工人的，而是熟悉工艺、质量控制以及整个流程等方面的资深人员。现在已经有七八十人了，他们的主要经验就是在制造方面，负责和设计部门之间进行非常紧密地配合。

第三，就是和制造合作伙伴之间要非常紧密地交流，从生产线设计之初开始，包括一些工艺怎样做，工人应该怎样培训，都要紧密交流，我们希望建立起这样的机制。

总的来说，前面两个团队肯定都是自己的，制造方面必须依赖于合作伙伴。到底是完全合成一家人来做，还是分成两家来做更合适，其实没有绝对的对错。只要把顺畅沟通的平台建立起来，我不觉得有太大的区别，就像有的时候亲兄弟不分家也挺麻烦的。昨天我在见媒体时就说了一个例子，我要建一座楼房，是自己盖，还是找专业的建筑公司来盖，到底哪个效果更好，其实是不一定的。

赵福全：我听明白了，您准备雇一支造车经验丰富的团队，包括对工艺熟悉、有制造经验的团队，来帮助您设计车和协调造车。但是还有一个核心问题，您究竟根据什么样的制造设备及工人水平，也包括质量检测体系，来因地制宜地进行设计呢？这部分工作如果做得不够，就需要逼着生产制造设备为设计方案升级或调整，或者改变设计方案以适应制造水平。这个问题您准备如何协调？是按照合作伙伴制造设备的水平来设计你们的产品，还是将来合作伙伴会根据你们的设计方案来更新升级自己的生产制造能力？

李斌：现在大家都知道我们和江淮会有战略合作。

赵福全：也不一定指江淮，其他工厂也一样，到底是哪一方来适应另一方呢？

李斌：我们还是类比一下看，富士康既给苹果生产，也给小米生产，生产苹果手机和生产小米手机的工艺肯定是不一样的，甚至生产线也可能是不一样的，但是很多管理模式是一样的，富士康掌握着制造这个行业中很成熟的一部分要素，所以能够游刃有余。

从汽车产业来看，产品当然要有一致的技术标准。不管是与谁合作，最终合作制造出来的产品一定要达到我们自己的标准。不可能你现在的生产水平是什么样，我就根据你的能力来设计产品，这就本末倒置了。比如一个轻量化的车身，必须具备碳纤维的技术、全铝车身的技术，那就要达到这样的标准。如果生产线做不到，就要去升级，甚至去重新建设一个能够达到我们产品标准的先进制造基地。

从另外一方面讲，和我们合作的制造企业也一定希望有机会参与到先进制造中来，因为现在的产品可能不需要用到更先进的制造工艺和设备，而生产我们的产品就有了这种需求。我经常讲，不是中国企业造不出好车，而是因为我们的品牌定位不需要造那么好的车，这中间有制造升级的内在动力问题。当前整个中国都在谈先进制造，国家也出台了“中国制造 2025”，大家都在讲向智能制造升级，这是大势所趋。但是升级总要有一个契机，不可能一款售价 5 万元的车型还要用最先进的制造基地，而如果是一款定位比较高的车型，进行这样的升级就很自然了。

赵福全：这就又引出了一个问题，您也可以不回答，或者回答一部分。由于您做的是更高端的产品，现在代工的伙伴能力上有可能做不到，届时您会要求合作伙伴必须提升水平达到您的产品标准。那么这部分的投入谁来出？是您来投，还是合作伙伴投？假设您来投的话，为什么不干脆自己建一条生产线好了？如果让合作伙伴来投，他们会愿意吗？这样看来，互联网轻资产的造车模式是不是不一定能成立？

李斌：我觉得这个问题也可以从几个角度去讲，还是那句话，现有的汽车企业也在考虑做电动汽车。电动汽车是和原有汽车不一样的产品，比如像您讲的轻量化，轻量化对于电动汽车来讲比传统汽车意义大得多，这方面迟早要实现突破，是不是大家合到一起来做更好？这对于合作双方来说就不是简单的“谁投入多、谁投入少”的问题，而是合作投入、合作分担。比如生产线升级完成后，既可以给蔚来汽车生产，也可以自己用。

从这个角度来讲，不管第一笔钱是谁投的，本质上我们都可以分担成本。每家企业建一万辆的产能是毫无意义的，都会开工不足，产能就应该共享，建一个先进的更高标准的电动汽车生产线，把产能集中起来满足大家的需求，这从经济理性的角度分析是成立的。

现在中央也在大力提倡去产能，说明中国传统汽车产能已经有过剩的风险。在新能源这一领域，如果还是要求分别建新产能的话，这将是更大的风险。

赵福全：在这一点上我认同您的观点，应该把互联网企业造车作为提升现有产能利用率的机会。

李斌：一方面是现有产能共享共用，把制造环节专业化，这是一个方向。另一方面还有一点我觉得是非常重要的，就是不同的企业本来就应该有不同的优势。比如特斯拉的 Model 3 预订单很多，包括 Model X 也不少，为什么生产不出来？一家做软件的公司去做硬件制造，您觉得会有优势吗？

赵福全：并购别人的工厂，一开始快速起步是可以的。

李斌：也没有意义，我认为这就是一个大坑。因为我们对制造心存敬畏，从不认为我们自己去做就能比现在的企业做得更好。

赵福全：传统汽车企业的一些人和我交流时，也说李斌是比较靠谱的，知道哪些东西不应该做，知道哪里水很深，应该要把别人的优势用足。

李斌：没有必要自己全做嘛，我们也不是天才，“有所为有所不为”真的很重要。另外，我觉得文化价值观也很重要。比如苹果就是做两头——研发和体验，制造由富士康做。从价值观角度来看，这样做是有逻辑的。为什么？没有一种企业文化和价值观能够覆盖到产业链的各个环节——管理工人、做好制造要求高度的一致性，而管理用户体验需要照顾大家不同的感受，管理研发又需要鼓励大家的创新，追求有所不同，怎么可能一家公司建立一种价值观把这三件事情都覆盖呢？富士康有员工跳楼大家是一种感受，苹果公司如果有员工跳楼会有多震撼呢？这背后有更加深刻的因素。

赵福全：研发我们讲清楚了，虽然有些方面彼此也有不同的看法，但这很正常。然后谈到制造过程中如何互补、如何资源共享，你们可以投入，合作伙伴也可以投入，大家互相分担投入，也可以与 J 企业合作是一种模式，与 K 企业合作又是一种模式。这些也讲清楚了。

最后我们谈谈体验，您认为在用户体验方面是有胜算的，传统汽车企业有太多历史的包袱。但是这种优势传统企业不能利用吗？如果有一天传统车企被你们逼得把研发做得更好了，制造也是他们的强项，在用户体验方面，他们自己不容易做好，但是他们可以开一家子公司或者搞一个独立的事业部，让其负责用户体验。重赏之下必有勇夫，也许他们能雇到比李斌更聪明的张斌呢？这样您拥有的领先理念和商业模式不就一点优势都没有了吗？

李斌：商业模式不是仅靠概念描述就能够定义清楚的，从来都是要靠执行及其效果来体现的，而执行要靠机制和文化来支撑。一家以用户体验为核心竞争力的公司，就需要建立适应这种商业模式的机制和文化。传统汽车公司当然不是说不可以做这些事情，实际上现在传统汽车公司的实力都很雄厚，还有很多合资公司或者国有企业。但是，这些汽车公司早已形成了自上而下的机制和文化，这样的机制和文化是很难支持企业成为一家以用户体验为核心竞争力的公司的。所以，不是传统企业不想做，也不是因为没有资金、技术和人才，而是因为机制和文化不匹配。

赵福全：这一点我认同，但是一家大型的传统汽车企业，比如说通用公司，在整个产业价值链里面，研发上它不一定输给你们，你们也不一定赢得了它，就算旗鼓相当，看谁选择的方案更正确。制造本来就是它的强项。剩下的就是体验、服务的部分，对于这部分，或许依靠现有的经销商体系、全球分销网络实现转型很难。但通用为什么不可以招一批人来建立起新的机制和文化，按新的模式运作，通过资本把这个团队连接在一起呢？这个团队完全可以和你们一样，有着以用户体验为中心的文化和机制。

李斌：如果他们想做的话，只有这一条路，去重新建一个体系，那就是一家新的公司了。

赵福全：前面这两部分他们可以照用，后面这部分建新的，而你们是没有前面这两部分的。

李斌：前面的部分我们也都有。

赵福全：至少没有特殊的优势。

李斌：我觉得也有。比如研发，在软件方面我们肯定有特殊的优势；又比如制造，他们相当于既是业主又是施工方，质量管理要打折扣；而我只是业主，在质量管理上严格要求和监督施工方，所以我们的产品质量肯定比他们好。信息技术（IT）行业就是这样，最后自己生产产品的IT大鳄都会出问题；而自己做两头，把生产交给别人的，反而没有问题。

赵福全：我也系统思考过这个问题，但这是不是因为产品本身的特点不一样呢？比如计算机、手机，和汽车比起来都是很简单的产品，只相当于汽车上的一小部分零部件。

李斌：其实没有什么区别，只不过我们国家因为准入政策的问题，包括都是按照制造企业来管理汽车企业的，也包括进入门槛和资金门槛的限制，所以可能没有衍生出一些专业的第三方制造公司。实际上像宝马、奔驰，也让麦格纳代工生产过一些产品。目前汽车企业确实都是自己做制造的，但现状不代表未来一直会这样。

赵福全：富士康给小米、苹果代工是众所周知的，但是汽车经过了一百多年的发展，除了个别情况，像您提到的麦格纳代工过一些小品种产品以弥补整车厂的产能不足之外，为什么大家都还是自己进行四大工艺、整车生产线的投入，而且在多个地方复制建设新的工厂呢？国外并没有准入限制。

李斌：汽车行业比IT行业历史更长，变化也会更慢。从IT行业看，最早的IT公司也都是什么都自己做的，包括板卡、芯片都自己生产，之后才开始逐渐分工细化，开始有专门的生产方了。手机也一样，一开始摩托罗拉、诺基亚都是自己生产，而这些企业后来都失败了，现在智能手机还有哪家公司是自己生产的？华为这么强的硬件实力，都不自己生产。虽然IT产品与汽车产品的制造肯定是不一样的，但也不能说造芯片就那么容易，苹果的芯片还不得不交给三星生产呢，虽然它们是竞争对手。我觉得在本质上是一样的，汽车产业现状没有改变不代表未来不会发生改变，或者不应该改变。我认为恰恰是应该改变的。

赵福全：这或者是因为IT产品靠迭代更新，而传统制造业还是循序渐进的。

李斌：是的，汽车产业的变化肯定慢。

赵福全：刚才您提到了品牌的问题，那么像你们这种以用户服务为核心的企业，品牌的立足点到底是什么？昨天我参加了一个论坛，大家说软件为主的汽车产品在市场上将成为主流，也就是智能化的汽车。我认为，以前的汽车是拥有电子功能的机械产品，未来的汽车是拥有机械功能的电子产品。当用软件定义的汽车产品成为主流时，有人提出可能未来的品牌就要立足于软件了。如果是这样，您怎么定义蔚来汽车的品牌？

其实我更想问的是，您觉得大家购买苹果手机，比较认可苹果的品牌，究竟是因为苹果的硬件建立了品牌，还是因为软件建立了品牌？如果是软件建立了品牌，为什么有些小品牌的产品软件更丰富，但是并没有像苹果那样受追捧呢？

李斌：对。其实归根到底不能一定说是软件或者硬件原因，而是用户体验建立了品牌。

赵福全：用户体验靠的是什么呢？

李斌：用户体验是综合性、整体性的，很难说是具体的某一部分。比如拿智能手机来讲，现在为什么大家愿意买苹果？是因为总体上苹果的用户体验比别人好，既包括软件、硬件，也包括服务的一体化。比如说软件的高度一致性；又比如说对于用户界面（UI，User Interface）也就是用户界面的控制和审核非常严格，所以使用起来更顺畅、更方便；再比如说硬件有温润感，拿在手里感觉非常舒服；还有苹果直营店的体验肯定也不是其他品牌所能比的。所有这些给用户提供的是一种总体的体验。

这个总体的体验在有些方面也许不是最好的，比如苹果手机的通话质量不是最好的，摄像头像素不是最高的，处理器性能跑分测试也不总是最高的，但是总体体验最好。其实在汽车行业，最后用户也是关注总体体验。你的车不好，三天两头出现故障，软件再好也没有用。或者说你的车体验再好，但是服务一塌糊涂也不行。

赵福全：那么蔚来汽车的品牌立足点是什么呢？

李斌：我们一直说希望给用户提供一款高性能、高端的智能电动汽车，给用户提供愉悦的生活方式。我们希望用户买了我们的汽车以后，就相当于有了一张进入愉悦生活俱乐部的门票，希望给用户开启愉悦生活的大门。我们不简单定义自己为新创的汽车公司，而希望成为改变生活方式的公司，成为给用户创造汽车乐趣的公司，而不是把汽车当成普通的交通工具。

赵福全：特斯拉在这么短的时间内，品牌得到这么高的认知度，有没有经验可以借鉴？

李斌：在美国还可以。

赵福全：不仅在美国，在中国也可以。

李斌：知名度确实很高。

赵福全：对，品牌知名度也是很重要的。美誉度方面，我认为可能还有提升的空间。假设特斯拉是中国生产的，会不会有更好的效果？

李斌：我觉得不行，特斯拉即使在中国生产也不行。

赵福全：假设特斯拉是中国诞生的品牌，也发展到今天这种规模，您觉得品牌的影响力能达到这种程度吗？

李斌：我觉得有难度。从我的理解来看，特斯拉是“Designed in California. Designed for California”，但是美国的公司生来就是全球化的思考，这就是美国公司的特点。

赵福全：全世界都认为美国的东西就是世界的，全球的人都愿意去追捧。

李斌：相比之下，我们现在的思路是这样的：蔚来汽车是全球研发，一开始专注在中国市场，再逐步扩展到全球市场。不管怎样，一开始就说我们的产品在中国要卖到特斯拉的价格，我认为是不太现实的。

赵福全：从品牌定位的角度，您是想把蔚来汽车打造成中国品牌呢，还是想作为一个国外品牌然后在中国进行二次移植呢，另外，如何把品牌从一开始就支撑到较高的位置呢？我理解蔚来汽车是作为高端品牌来投入的，但是做高端，想是一回事，最后被消费者接受又是另外一回事。实际上，品牌很大程度上就是一种感觉，这种感觉必须通过对于产品的深刻理解和具体实现来传递给消费者。虽然您讲到要以服务为主，但这毕竟是汽车产品，这种产品又是要通过某个合作伙伴来代工的，你们的品牌特性如何体现在产品中呢？总之，关于品牌不知道您计划如何有效塑造？

李斌：这个问题非常重要，也很难回答。但是第一点，我们看到了一个时间窗口，我认为基本上就是从2018年到2020年这几年的时间，现在大家能够看到的一些相对主流的高端品牌，都不一定能在这个时间段拿出特别适合中国的电动汽车产品，这是我们时间上的一个机遇。客观来讲，如果没有这样一个时间机遇，我觉得确实会非常艰难。这就好比说如果现在宝马、奔驰、奥迪能推出和传统燃油车价格一样的电动汽车，您觉得中国电动汽车还有机会吗？

赵福全：比较难，现实的差距是客观存在的。假如苹果也卖到小米这个价格，小米只能再降价，那就亏本了。

李斌：所以我们不能超越现实去看待这个问题，必须把握住我们的时间窗口。我们本来就是中国发起的公司，不必非要在外面打造一个洋壳再回来，这种自欺欺人的事我们是不干的。我们是一家全球研发的公司，一开始在中国市场，之后再扩展到全球市场。日本汽车能做到，德国汽车能做到，我们为什么就做不到呢？我认为作为新创的、没有包袱的公司，我们当然有机会有能力做成这件事，这是第二点。

第三点，现在包括比亚迪的新能源车，比如腾势，从价格区间来讲有的已经上探到五万美元了，五万美元在美国就是雷克萨斯的价格。现在也是政策红利的时间窗口，因为即使不算补贴，在北京、上海等一线城市对新能源车的税收优惠、牌照优惠以及不限行优惠，这些就已经值十几万了，这就是新能源汽车的溢价空间。

最后还有很重要的一点，中国的消费者已经变得成熟了，更认产品本身了。华为有的手机也卖得很贵了，也包括其他很多国产的好产品，大家也开始愿意承担溢价了。现在正好又处在一个产品升级和品牌升级的过程中，汽车行业当然也有这个机会。不同于原来中国品牌的传统汽车公司，力图拔高自己而获得机会，我们是新创于电动汽车风口、智能汽车风口、产品和品牌升级风口的公司，我们只要在这样的时间窗口里把好的产品做出来，真正实现给用户的承诺，我们就有机会一举奠定自己的品牌形象。比如，蔚来汽车的车队在2015年就拿到了国际汽联电动方程式锦标赛（Formula E）历史上首个年度车手总冠军，我们现在就拿到了世界冠军，历史上的很多豪车品牌刚刚成立之初也未必有这样的成绩。

赵福全：这已经是在为50年后做储备了。

李斌：我们生来就是冠军。我们的超跑不是简单在车展上展示一下，而可以给大家开了，绝对是可以刷新赛道圈速纪录的超跑。然后就是量产车。我们这两年不只是在说，更是真正在做，而且很多已经做到了，为什么不相信我们呢？而且我们的车不会像特斯拉，也不会像奔驰、宝马、奥迪的新能源车那么贵，为什么消费者会不接受？

赵福全：李总讲得还是非常实在的，本来就是在打造一个中国品牌，只是用洋外壳包装一下是没有意义的。就是要集合全球资源，最终立足中国、走向世界，占领全球市场。丰田是这么做的，李总也想这么做。刚才您多次提到了时间窗口，那么您觉得这个窗口会有多长时间呢？

李斌：2018年到2020年。

赵福全：只有三年的时间，最长会到五年？

李斌：恐怕没有五年。

赵福全：这么说，您的压力也是很大的。

李斌：三年的时间窗口，国外的汽车公司也要应对中国的政策和法规的问题，他们的挑战也很大。其实我倒不是因为新能源汽车届时的补贴退坡，我觉得根本不必去考虑补贴问题，而是要考虑现有市场上的高端品牌新能源汽车产品推出的时间，在这几年中他们会不会推出这样的产品。

赵福全：所以您既乐观，同时又有一种极强的紧迫感。

李斌：必须如此。

赵福全：对蔚来汽车您一定寄予厚望。记得上次在一个论坛上，有人认为你们的成功希望已经大于50%了。一家企业在初创期就有50%成功的可能性，这就是值得投资的企业。如果是上市公司，可能大家会抢着买股票了。

那么请您给蔚来汽车做个展望，横轴是时间，纵轴是业绩，您觉得什么时间会推出第一款产品，什么时间能够实现盈利？又比如说年产五万辆会是在什么时间点，年产 20 万辆又会是在什么时间点？相信大家也寄予了厚望。

李斌：现在蔚来有很多供应商合作伙伴了，当然会和他们说我们的计划，包括产品战略，在什么时间推出什么样的产品都有完整的规划。对于我们来说，内心肯定是要给自己定一个很高的目标的。但是现在公开发布这样的规划还稍微早了一些。现在能说的就是，到今年年底能开的超跑就可以出来了，能够达到几百公里的时速，主要是小批量生产。

赵福全：展示样车？

李斌：可以试驾。量产车当然也有计划，但是量产车的时间表受更多的约束，供应商有一个门把手不按时交，整车都出不来。当然我们自己有比较激进的时间目标，毕竟时间窗口不等人，我们肯定要在时间窗口里面推出自己的产品。至于什么时候年产达到 5 万辆或 20 万辆，当然是越早越好，但是总体来说，我们希望到 2020 年能成为全世界销量最高的新创汽车公司。

赵福全：别的企业也在成长，这是一个很难的目标。

李斌：是的，也许那时候是 40 万、35 万，甚至 50 万，也许是 20 万、15 万。

赵福全：到时候我们要看看特斯拉 2020 年的销量，而蔚来要超过它，而且还可能有新的更多的“特斯拉”进入汽车领域。

李斌：这些是必须考虑的，我们有信心。

赵福全：最后还有两个问题，实际上我看到您要面临一个重大的挑战，即如何集全球资源打造好一款车。我自己多年来做研发感受到的最大挑战，就是如何解决优秀的人才放到一起的兼容性问题，以及如何凝聚核心竞争力的问题。尽管您有互联网的工作模式，可以全球互动、同步设计，但是这依然是很难的。您也曾经和我讲，过去一年出国 17 次，大部分时间都在招揽人才。现在人才都到位了，很多都是顶级的，都有互联网企业很好的待遇，他们也看好你们的平台以及提供的发展机会。但是您如何把这些人才有效整合为一个整体？作为创始人和董事长，应该说您也在做整个公司的运营，您怎样解决这个问题呢？

李斌：这确实是最大的挑战。

赵福全：也包括打造统一的企业文化。

李斌：这正是最大的挑战，我认为这比所有的挑战都大。因为人的事情永远是最难做的事情，不像某一项技术，掌握了就是掌握了。

首先，我们有非常强的认知，知道这是一个很重要的问题。所以我们在一开始找人时，就会刻意寻找那些价值观一致、容易磨合的人才，要考虑这个人是不是合适，而不是说挑选名气最大的。在招人时，我们特别强调志趣相同，想问题、看问题要一致。

其次，我们通过不断讨论来凝聚共识。比如我们去年搭建团队之初，就开始讨论要成为一家什么样的公司，大家共同认可的价值观到底是什么，要梳理形成什么样的共同的工作流程。就像打地基一样，之后不停地去迭代积累。现在我们每个月都会召开旨在统一大家思想和工作方法的会议，这一点非常重要。

最后，我们给大家提供一个解决问题的框架和方法。有冲突的时候怎么办，到底是自上而下化解，还是鼓励自行去解决问题。我们的办法是让大家回到共同价值观的基础上，共同面对问题、分析问题、解决问题，从而让大家真正协同起来。如果说我们的成功概率超过了一半，那主要就是因为我们形成了这样良好的工作氛围。

赵福全：这样的公司就不是简简单单为了把车造出来、卖出去，而是在按照百年老店来规划了。另外，李总也深深认识到人力资源最核心的工作不是招来人才，如果这些人才没有共同的价值观，不适应企业文化，就容易导致一山不容二虎，但如果两只虎都在努力保护这座山，就会形成合力。这是很多创业者应该向您学习的地方，很多企业忙于打开市场、获得盈利，而您在本可以集中精力把易车网经营得更好的时候，却毅然为了自己的梦想、为了践行自己的价值观而再次出征。

李斌：易车网现在经营得也不错。

赵福全：易车网当然可以经营得更好。但这其实也是您的另一种压力，因为您一定要在易车网的基础上把蔚来汽车做得更好。

最后一个问题，您有这么好的理念、这么好的人才、这么好的商业模式，但是在中国造车是需要资质的，这个问题到底怎样解决，您希望政府能给你们什么样的支持？您觉得互联网企业不是在为中国汽车产业制造麻烦，而是在为汽车产业解决问题，甚至可以把产能用得更好，更上档次。具体有什么希望想要呼吁，可以利用这个机会讲出来。

李斌：谢谢给我这个平台来让我呼吁。如果说要求小米必须自己建厂才能卖手机，那就永远没有中国这么繁荣的智能手机产业出现，更不会有这么多的创新公司出现。

在汽车资质这件事情上，我们当然正在积极申请。在研发方面要证明自己有能力，但是我们也知道按目前的要求，还需要有制造能力才能获得资质。

我们希望政府能换一个角度看这个问题，是不是有制造合作伙伴，就可以给一家新创公司叫自己名字的机会，我是蔚来，你就应该让我叫蔚来，虽然这个车是别人帮我生产的。我觉得这才是真正鼓励创新的方法，也是响应中央提出来的“去产能”和“万众创新”要求的举措，更是实践“中国制造 2025”国家战略的路径，因为要让制造更加专业化，也要在研发和用户体验这两方面实现更多的创新。

实际上，我倒觉得如果新创公司要建立自己的生产基地，政府反而应该去看看是不是合适。因为这中间可能有地方政府招商引资的一些考量在里面，也有一些创业公司筹集资金的考量在里面。从国家战略的角度来讲，对于到底在哪些事情上鼓励创新应该有清晰的政策导引。我认为应该围绕着研发和用户体验去鼓励创新，特别是不应该把制造作为创新的一个先决条件，这就是我的呼吁。

赵福全：非常好！时间过得很快，和李总聊得很开心，讨论得也很激烈，这是一个碰撞的过程，对于我来说也是一个学习互联网思维的过程。

相信通过这一个多小时的交流，大家能感受到李总的梦想，以及为了梦想执着的追求，同时也能感受到李总与很多互联网造车企业的老总是不一样的。就像他自己说的，在汽车行业里看好像是互联网的人，但是在互联网行业里看又好像是汽车的人。李总对互联网的优势和汽车产业的复杂性，都有一些很深层次的理解。我觉得，对于未来的判断他的思路是清晰的，特别是对于传统汽车产业一百多年的积累，他有着一颗敬畏的心。

我个人认为，当前中国汽车产业的发展已经和世界同步，所以我们必须适应世界潮流。新一轮的科技革命必然重塑汽车产业，汽车要加入更多的智能，这就需要更多互联网产业的精英来参与。汽车作为移动工具的本质属性不会改变，但如何让汽车拥有更多的智能，真正成为人类的伙伴，确实不能只依靠传统汽车业的同仁们来完成，而是需要更多业外精英来参与创新的浪潮。

因此，说谁颠覆谁都是错误的，一定是相互融合，一定是大家合作。研发可以考虑整合各方资源，形成自己的特色；制造可以考虑充分利用产能，有效分担投入；而从用户体验的角度，我觉得其实没有办法能够简单定义什么才是用户最需要的体验，只能“仁者见仁、智者见智”，但只要消费者愿意买单的就是成功的产品，销量高的就是良好的用户体验。我们切不可用固有的观点来看待不断进步中的汽车产业。从这个角度讲，我认为汽车产业需要更多像李总这种互联网行业的人才，一方面抱有敬畏之心，另一方面更敢于冲击、挑战经历了一百多年沉淀的汽车企业。传统自主品牌汽车企业经历了二三十年的发展，已经有了长足进步，现在我们也期待着中国汽车产业能够出现更多的蔚来汽车，打造新的自主品牌。当然这个过程中恐怕很多人最后会成为“先烈”，但这些尝试以及这些人才进入汽车领域本身就是对中国汽车产业的巨大贡献。二十年前，谁也不会想到中国能诞生今天的阿里巴巴，而我相信汽车产业未来也会诞生新的“阿里巴巴”和“马云”。

此外，我认为国家必须用新时代的新眼光来重新审视我们的产业政策，比如说资质认证能不能更开放一些，让很多轻资产的企业也能够带着创新的思想、带着资金，投入到创造有中国特色的汽车品牌的事业中来，从而为中国汽车产业的创新发展贡献力量。而不是简简单单衡量是否拥有了四大工艺、是否具备了生产能力。时代在变，中国的汽车产业政策也要改变。

李克强总理多次提出，要让更多的人参与创新，其实让互联网产业参与造车是最大的创新。在汽车产业，“轻资产、重体验”的模式本身就是一种创新。我们希望国家、政府能够更多地支持像李总这样的创业者，支持蔚来汽车这样的新创企业。中国的汽车产业不只需要传统的企业，也需要新创的企业，更需要传统企业与新创企业的密切合作。

再次感谢李总！

李斌： 谢谢给我们这样一次机会！

03 对话陆群——“新晋老兵”的契机与路径

赵福全： 凤凰汽车的各位网友，欢迎大家来到北京车展凤凰汽车《赵福全研究院》高端访谈栏目。我们非常荣幸地邀请到了长城华冠和前途汽车的董事长陆群，请陆总和网友们打个招呼。

陆群： 非常荣幸今天能够受赵福全院长邀请，来到凤凰汽车这样一个平台上和大家交流。

赵福全： 我与陆总是老朋友了，您做设计公司这么多年，伴随着中国设计公司从无到有的发展过程，长城华冠也做到了很大的规模。尤其在自主品牌汽车过去十几年的成长过程当中，您都全程参与，包括协助车身开发、底盘调教，也包括很多车型的造型设计都是源自于您的团队。应该说作为设计公司的董事长，您是非常成功的。

最近一两年新能源汽车越来越受到广泛关注，而您也开始进入到造车的行列，现在您也是前途汽车的创始人、董事长。我知道此次车展中，前途汽车也来参展，有一款尽显设计能力的展车。据悉这款新能源跑车后续将很快投向市场。而此前您在苏州对外宣布，要建设新工厂来制造前途汽车，以实现量产，不知道您这样做的想法是什么？

在您之前我刚刚和蔚来汽车的董事长李斌对话，李总是做互联网公司起家的，他认为未来智能电动汽车发展过程中需要的很多因素都是传统汽车企业不具备的，因此他希望可以做出一份贡献。而传统汽车企业大多认为，未来的汽车无论再怎样智能化、电动化，也离不开车身、底盘、转向、制动等机械的部分，而这些都是传统汽车企业的优势所在。作为设计公司的老总，您对于车身的结构、底盘的性能等关键汽车技术肯定有很深的理解，但是既没有传统汽车企业的制造设备，又没有互联网企业造车的信息网联技术，为什么要在这个时候选择进入整车领域呢？

希望您能和大家谈谈自己的想法。

陆群：您这个话题很尖锐，最近经常有人在问我们类似的问题。和赵院长一样，我也是学汽车出身的，知道很多学汽车的人的终极梦想就是造自己的车。但是对于我来说并不完全是这样的。如果仅仅是把做前途汽车当作个人情怀、个人梦想，那就真的是把这件事看低了，也做低了。实际上，我们选择造车很大程度上来自于对整个产业的判断，尤其是对当前这个历史机遇期的判断。

第一点，从时间维度上看，汽车发展到今天已经有130多年了，而在我看来，目前新能源汽车带来的变革将是这130年来最大的一次变革。这个变革不仅仅是发动机变成电池和电机这种动力系统的变化，更是新能源汽车动力系统变化所导致的汽车产品成本结构的变化，以及对于材料、工艺、轻量化等核心技术的一系列新的诉求，这将使原来以钢板冲压焊接为核心的四大工艺，乃至整个汽车产业结构受到很大的冲击。同时，原来汽车行业里以发动机为代表的主要核心技术，以及核心部件的门槛可能都会受到冲击，因为发动机可以不用了。在这种情况下，设计和制造电动汽车将对整个汽车产业链产生巨大的冲击。我们不喜欢用“颠覆”这个词，但是这一定是一次非常大的冲击。在过去的130年，汽车技术的进步每天都在发生，但是如此革命性的变革，我觉得是前所未有的，这也是我们这一代汽车人有幸迎来的机会。

第二点，在新能源汽车尤其是纯电动汽车发展的浪潮下，巨大的中国市场一定会成为全世界最重要的电动汽车市场，从而为研发、生产、制造等所有产业环节提供基础。实际上对于全球汽车产业来说，每一次这种产业结构或者产业地域性布局的改变都是重大机遇。过去有人讲“弯道超车”，仅从技术的角度来讲我不太同意，我认为技术上没有“弯道超车”的可能，就是要扎扎实实去做，但是产业的新机遇目前的确是降临在中国了。

第三点，就是刚才您讲到的互联网，其实互联网和新能源汽车并没有必然联系，在传统汽车上也可以做智能化、网联化。但是恰好这两者在时间上重叠在一起，使得这次产业变革来得更加猛烈。互联网主要可以介入汽车的消费领域，比如从汽车的销售、购买到使用，以及车和车、车和路之间的互联，这将使汽车的消费方式、使用模式、用户体验等，相比过去的传统汽车发生很大的变化。

所以说，汽车产业无论从前端的设计环节、制造环节，还是到后面的销售、售后环节，乃至产品全生命周期的服务，都在发生重大的变化。在重大变革的机遇期，我们不来做这件事，谁来做呢？我们不抓住这个机会，什么时候还会再出现这样的机会呢？这才是我们为何决定在这个时间点介入汽车制造领域做前途汽车的根本原因。

从另外一个角度来看，刚才您讲到我们既没有传统汽车厂的制造基础，又没有来自互联网行业的网联和信息技术，这样看来好像我们是两边都不沾，但其实正相反，我们两边都沾。一方面，我们一直给汽车行业做技术和研发服务，可以说是除了汽车企业自身之外最懂汽车技术的团队，包括互联网行业在内没有任何其他行业会比我们更懂汽车，这是我们最大的优势。同时，我们又没有传统汽车企业的包袱。刚才讲到产业结构会发生重大变化，原来的资产、设备在过去是财富，今后就可能变成累赘了，成为“船大难掉头”的负担。也就是说，我们来自汽车行业，但是又不背负传统汽车行业的包袱。另一方面，我们作为以技术和研发立足的公司，很早就开始进入汽车电子、汽车智能化和网联化等专业技术领域，不仅自身不乏积累，而且现在也有很多外部的资源可以很好地对接。从这个意义上来说，我们并不是没有互联网企业的技术和资源，反而是更早就接触到了这些技术和资源。因为我们原本就是做设计开发的服务型公司，必须有一定的技术储备，而且要始终领先行业一步，否则根本没有办法给用户提供服务。如此看来，我们可以说是在汽车行业里最不传统的人，又是汽车行业之外最懂汽车的人，正好是在这两者的交叉点上，这就是我们的优势。

赵福全：作为汽车人，我很认同您讲的这些观点，但如果我站在互联网人的角度来挑战您，可能会认为您不具备互联网思维，所以您不懂得什么是用户体验，不懂得怎样打造新的产业生态，对此，您怎么看呢？

陆群：您这个问题非常好！您谈到了互联网思维，我认为互联网思维是一种“思维”，并不是一种人，并不是来自互联网公司的就一定有互联网思维，也不是说来自传统企业的就一定没有互联网思维。我完全同意互联网思维是很重要的这个观点，但是我认为互联网思维和互联网企业这两者并没有必然的联系。如果说互联网思维是开放，是重视用户，是从用户的需求来重新定义汽车产品功能的，那么我觉得我们就具有这样的思维。相反，即使某些人是来自互联网企业的，但是如果思维方式是自说自话、以自我为中心、封闭不开放，那我觉得他们也并不具备互联网思维。

赵福全：正如陆总所说，在互联网企业里有一部分人的思维并没有那么开放、共享，而传统企业中也有人一直在强调开放、共享，这一点很重要。很多人都觉得似乎一个人曾经有过某种背景就会有这种思维，其实思维是因人而异的，并不是螃蟹在阳澄湖的水里放了一会儿，就有阳澄湖大闸蟹的味道了。

如此说来，前途汽车就不是简简单单做汽车设计了，而是要在量产设备上大量投入，要建自己的四大工艺，还要建零部件体系。当前，新一轮科技革命也带来了资源组合方式变化的可能，或者说生产模式将由集中式变成分散式，所有的资源都将网联在一起，这样就可以更容易地借助别人的资源了，所谓的“轻资产”可能会成为未来的主流，比如我刚刚问李斌董事长，他就表示蔚来汽车要走轻资产、寻求合作伙伴代工生产这条路线。在这种情况下，很多人不太理解您的造车路线——自建工厂这不还是传统造车的概念吗？怎么要造未来的电动汽车了，却反过来又要投入四大工艺、生产设备和工厂建设了呢？毕竟中国汽车产业的产能已经不小了，还有必要再自己重新投入吗？能和我们交流一下您的想法吗？

陆群：正如我之前所说的，我们不是来自互联网行业的，但并不承认没有互联网思维。我们来自传统汽车行业，对此我一点都不觉得不好意思，相反认为这是引以为豪的事情，因为这意味着在造车方面我们有很深的沉淀。为什么我们要投入四大工艺、生产设备，要自己建工厂，原因就在于我们懂得汽车行业的核心所在，我们对这个行业有很深刻的理解和认识。在这里我想首先讲清楚几个问题。

第一，产能过剩。我也认为中国汽车产业产能存在过剩，但是究竟是什么样的产能过剩呢？我认为是行业里面的垃圾产能过剩，是造不出好车的产能过剩，现在被闲置的产能都是粗制滥造的产能，是没有竞争力的产能，而能够造出好车的产能始终是稀缺的。生产高品质的产品、真正能够和跨国公司品牌在品质上竞争的优质产能过剩吗？我认为一点儿不过剩，甚至是稀缺的。同时，即使有优质产能能不能为你所用也是一个问题。

第二，我们认为新能源汽车将带来汽车产业结构上的全面变化，特别是由于产品成本结构的改变使汽车对于轻量化的要求完全不同，这也导致了对汽车的轻量化材料、工艺和工装设备有了新的要求，比如说相比传统钢板材料，大量轻质化的材料如铝镁合金、塑料、碳纤维等开始越来越多地应用到电动汽车上。在这方面，我们必须站在未来发展的角度来看待这些变化，必须紧紧围绕着新的材料和新的工艺来安排整个生产过程。您刚才反复提到了四大工艺，实际上我们当然在做四大工艺，但却不是传统的四大工艺。传统四大工艺是钢板的冲压、焊接、油漆和总装，而我们现在做的是复合材料、碳纤维、铝合金的制件与焊接，以及新材料的涂装、总装。拥有新四大工艺的产能目前在中国有吗？不仅中国没有，全世界都没有。在这种情况下，我们除了自己建设新工厂之外别无他途。我们也很愿意做到轻资产，也希望能找到富余的优质产能来为我们代工，而不是自己投入新设备、建新工厂。但目前的工厂所具备的工艺、设备以及整个制造体系，都只是针对现有的汽车，不具备制造未来新型的电动化和网联化智能汽车的能力。

所以，我们的想法很明确——有这样的产能我们很愿意利用，但是今天看不到，那我们就自己来做。

赵福全：所以说，我们不能简单地用同一种思维、概念来判断企业的决策是否正确，而是要从多角度挖掘其内涵，才能理解企业所做决策背后的战略思考。现在确实提倡轻资产，但轻资产并不意味着使用别人的设备和工厂制造与原来一模一样的产品。如果有人能够提供你所需要的制造能力，那自然不必投入，但是不能因为没有而降低自己的标准。

所以，你们打造前途汽车所做的投入，并不是在重复别人的投入，而是在投入一种全新的制造能力，这种制造能力除了自己投入外无从获得。至少从你们的判断来看，这是未来汽车分支一个可能的方向。

陆群：我们也觉得产品技术很重要，但是除了产品技术之外，制造技术也有大量技术诀窍。我们需要在新的工厂里，把未来电动化、网联化、智能化汽车整个制造过程的技术诀窍都摸索出来，真正掌握，否则也不敢外包给某个工厂去代工。试想如果苹果没有对富士康生产能力的认可，敢让富士康代工吗？即使技术含量相对不高的耐克鞋，如果代工工厂对工艺、质量管控没有足够的认识和能力，耐克敢让它们去代工挂耐克牌子的鞋吗？代工说起来很简单，但是其实技术含量很高，难度一点都不小。

赵福全：这真正体现了您对汽车行业深层次的理解，也体现了您对未来汽车产业发展趋势的判断。简单的冲压、焊接工艺可能不再满足未来新能源汽车制造的需要了，而再好的用车体验也要基于高品质的汽车产品本身。您判断目前全球没有企业有能力帮你们代工，来造出您理想中的前途汽车。您所打造的前途汽车不是在重复传统汽车产业的老路，而是在没有其他办法的情况下，要去蹚出一条新路。这也是您愿意或者说不得不投入新的四大工艺，买设备、建工厂的原因。我个人认为，这种思考和做法在业界不见得所有人都能够理解，所以今天做这个澄清是很有必要的。

刚才我们从研发到制造谈了很多问题。其实未来造车还有一个很大的问题在于，几乎所有互联网造车的企业都觉得传统汽车企业对用户体验掌握得不够、对用户服务做得不好，或者说是由于背负着历史的包袱、有既得利益者的阻挠而导致没办法转变、做得更好，比如4S店经销体系。从这个角度来看，刚才您也谈到自己的团队具有互联网思维，那么是不是能在用户服务方面有一些创新？您怎么看待在用户体验及服务方面，互联网企业对传统汽车企业的质疑和挑战？包括建设未来全新的汽车产业生态链等概念，您有什么独特的想法或高见？又有哪些具体的举措呢？

陆群：高见肯定谈不上，但这一点确实值得探讨。赵院长在汽车行业是资深专家，今天正好借此机会和您探讨一下未来将要发生的事情。我觉得这其中有几种可能性。第一，很多人说传统汽车企业不重视用户体验，我觉得这个判断是不对的。在传统汽车设计过程中，我相信包括您在内的研发领军人，在领导产品研发直至投产的过程中，无时无刻不在关注着如何让用户满意；而像J. D. Power这些调研机构也在随时调查用户满意度，并向汽车企业反馈。所以并不是说传统汽车企业就忽视用户体验，只不过现在依托于移动互联网有了新的可能和机会。过去在办公室、家里都能实时在线，在汽车里却不能，成了互联网的孤岛；而随着4G以及后续5G技术的发展，移动的车辆也有了实时在线的可能性，在行驶过程中就可以通过联网获得各种各样的服务，既包括体验、导航等初级服务，也包括车辆诊断、信息反馈、预警、安全保障等更高级的服务。所有这些功能都将完全呈现出一种崭新的面貌，因为车的数据可以被实时获取和分析处理了，对于汽车企业来说，这是第一个很大的变化。

第二，由于移动通信技术的发展和应用以及互联网思维的影响，汽车行业现在有一个热门的关键词就是汽车共享。在汽车共享的模式下，可能会衍生出新的机会。未来汽车不再是一个人长时间的拥有，而是变成多个人短时间的拥有，甚至是单次的拥有，从而大大提高汽车的利用率。这将带来对汽车产品的重新定义，需要我们认真思考。在我看来，今天汽车的使用方式是很大的浪费，用户花钱买了汽车，但是有很多功能对于这辆汽车的所有者来说都不是必要的，至少不是本次出行所需要的。今天所有的汽车，不管多么强调个性化，在我看来95%仍然都是同质化的，因为需要对综合功能进行妥协。如果汽车不再是目前这种长期拥有的模式，是不是可以针对单次出行，或者针对某种常规出行的场景，把单一功能或少数功能做到极致，而不是追求所有的功能而不得不有所妥协？如此一来，汽车产品就会被完全重新定义。相应的，市场也将发生变化，现在的小众市场会更加得到重视，形成多元化的细分市场，机会就会出现。洞察到机会，然后从产品、技术出发对汽车功能进行重新定义，用户体验就会完全不同。因为用户体验不是一个名词，而是一系列实实在在的功能，要提供用户所需要的功能，先要把这些功能充分识别、重新定义出来，我觉得这才是未来汽车用户体验的真正变革。我们现在正在做这件事，就是要重新定义汽车。

前途汽车现在做的绝不是今天的主流车，因为我们认为今天的主流车到明天可能都不再是主流了。今天越主流的汽车就越是对综合功能的妥协，因为所有的功能都要具备，所以每种功能都不是极致，这是一种“随大流”的主流。但是未来恐怕不是这样了，因此我们在造车时会根据自己的判断，把某些特定功能做到极致，而把那些用户使用过程中不那么关心的功能弱化甚至取消掉，从而完成对汽车的重新定义。

赵福全：我认为您说的这一点非常重要，我们不能简单把用户体验概念化，应该具体化，弄清楚究竟用户关注的体验是什么，传统汽车为什么做不到或者为什么不做，特别是未来的用户体验究竟是什么。如果能够清楚地定义未来汽车的用户体验，我们就可以通过具体的车型设计、配置定义，最后提供令消费者满意的用户体验。

您也谈到了现在的汽车其实存在很多浪费，包括现有的汽车使用方式本身都是一种浪费。买一辆车一天拥有 24 个小时，可能只用两个小时，剩下的 22 个小时都在停车场。汽车使用率低不仅导致汽车产品价值的降低，也会造成社会资源的极大浪费，从而对整个产业构成严重制约。因此，我一直认为，汽车共享是未来必然的发展方向。

您认为未来很多方面会发生改变，这里说的未来应该不是一两年吧。刚才也谈到了要对未来的汽车用户体验进行重新定义，不是概念化，而要有具体功能的体现，我对此也非常认同。据我了解，前途汽车现在已经开始建厂了，一个很现实的问题就是你们准备什么时候推出第一款车，这款车和现在的汽车产品会有多大的差异？所谓未来的用户体验如何在这款车上体现？另外，您讲到希望打造满足个性化需求的汽车，不过这种个性化需求会有多大的量呢？如果没有量，又如何实现降低成本、最终达到盈利呢？因为毕竟您也要面对股东和投资者。希望能介绍一下你们的想法和计划。

陆群：我们现在已经开始建厂，产品推出也会加快，不会等到三年以后。未来企业到底能走多远，我不敢妄下断论，但未来也需要从今天一步一步走过去。我们的第一款车计划在2017年下半年投产，2016年年底就会试生产，从生产线上的试生产到真正交给用户大概会有半年以上甚至一年的时间，这其中我们要进行大量的优化测试和完善工作。

第一款车就是我们今天在展的跑车，很多人觉得这款车太过小众，在今天确实是，但是未来可能就不那么小众了，因为人们对速度和操控的追求是与生俱来的，我们希望通过电动化，使得更多的人可以享受到新型的跑车体验。我觉得这是一个机会，也是电动汽车和传统汽车不一样的地方。后续第二款和第三款车正在开发中。第二款车预计会在第一款车投放市场之后的一年之内投放，也就是会在2018年投产。那款车是非常另类的，和今天大街上的所有车都不一样，但是现在还无法透露细节。我只能这么讲，这款车是少数功能的极致，而不是综合功能的妥协，是我们想法的真正体现。而且这将是一个平台，上面会有几款车，都已经列入我们的产品计划，后续当然还会开发其他车型。

经常有人问我究竟在做什么车？是在做B级车、C级车还是D级车，是在做轿车、MPV还是SUV？但是我觉得这种分类本身，就已经落入传统汽车功能定义和用户体验的模式里去了。既然说了未来汽车会是一种全新的用户体验模式，那么一定是按A、B、C、D这种级别划分吗？一定是按轿车、SUV、MPV这种类型划分吗？汽车为什么一定要定义成A级、B级、C级、D级，一定用轴距尺寸区分？为什么不能是宽度尺寸？为什么不能是高度尺寸？又为什么不能有更多的跨界和重新组合？如果说要做颠覆性的智能化、网联化的汽车，结果一讨论却又落入到传统汽车的定义中，那就不要宣称是互联网思维了。

赵福全：你们所定义的用户体验具体有哪些体现？我们知道跑车不是简简单单的动力性、操控性、推背感，那么前途汽车2017年计划投放市场的第一款跑车产品，能够带给用户怎样的体验呢？与传统跑车相比有什么不同？而这些传统汽车可能没有做到的用户体验，是因为他们没有技术、能力，还是因为他们没有愿望来做呢？

陆群：从性能上讲，一款跑车的体验绝对不简单体现在推背感上，这也是我们不欣赏仅以百公里加速衡量跑车性能的原因。之前我们在微信上曾对这个问题有过争论，对方说将来电动汽车搭载大型电机百公里加速可以达到二点几秒，我说这不可能，这不仅涉及电机大小，还和轮胎有关系，这是一个基本原理。这种说法根本没有考虑到轮胎与道路的附着系数，以为用一个特别大的高千瓦数的电机就可以实现二点几秒的百公里加速，这其实是一个初中物理问题。

更重要的是跑车仅有加速性能是不够的，操控、安全、制动、转向都一定要足够好、足够精准，否则就不会有好的体验。之后还要考虑是不是有空气动力学的问题？当速度高到一定程度时，下压力够不够？所有这些有没有做过模拟仿真和空气动力学实验？可靠性够不够？当开到200 公里每小时时要对驾驶者的生命负责。再接下来，我觉得很重要的体验是精致度，也就是说，是不是足够好，是不是足够有品质，是不是足够有品位。然后我们才能谈如何把车做得炫酷，在附加功能上下功夫，等等，这些的优先级都应该放在后面。如果基本功能都没有做到，何谈良好的用户体验呢？如果车子一开到 120 千米每小时就开始发“飘”，那会有什么好的体验呢？我觉得所有的体验都是一项一项的具体技术，最后所呈现出来的功能。

赵福全：这么多的细节、这么多的技术诀窍，看来简单请别人代工生产可能确实有挑战。您本身是做工程公司起家的，也没有制造经验，如今要打造前途汽车，要怎样实现超越呢？

陆群：这是要靠时间去堆积的。您知道我们在 2012 年的北京车展上就展出了电动跑车的概念车，在 2014 年北京车展上展出了原型车，在2015 年上海车展上前途品牌展出了早期的工程样车，而在明天开幕的2016 北京车展上，我们要展出的是工程化已经基本完成的样车，所有的零部件全部是按照经过验证的工程图纸做出来的。当然，这距离量产还有距离，因为还有相当一部分零部件不是工装的。

汽车开发需要进行大量的设计、验证，包括模拟仿真和实车试制试验验证，这一系列工作要一轮一轮地反复，最后才能做出好的产品。我们原来其实就是做这件事的，有足够的储备。当然我们也不仅仅依靠自身的能力，现在也有两类外部资源来支持我们：一类资源是高水平的供应商，像博世、埃驰等大牌的系统级供应商都是前途汽车开发的重要参与者；还有一类资源是国外大型工程设计公司，包括在操控、安全等方面经验非常丰富的老牌公司，他们也在和我们一起打造产品。这两类资源可以保障我们的产品最后能够达到刚才所说的性能和品质，给用户良好的体验。当然，这个过程中一定是以我们为主，由我们来主导开发。

赵福全：在打造前途汽车的过程中，您觉得面临的最大挑战是什么？是资金问题？是人才问题？还是如何让前途汽车稳扎稳打地顺利投产，继而在市场上打开局面？

陆群：对于我们来说，设计车和制造车很难，但还是有经验可循的，真正的难点在于销售车和树立品牌。我们想要打造一个自主的、高端的、新能源的汽车品牌，这个目标的实现面临着销售和市场的压力。而在这种压力背后，其实最根本的挑战是理念上的挑战，包括我们自身的理念、合作伙伴的理念、调动资源的理念，也包括消费者、政府政策制定者和很多相关协作方的理念。当然，我们在努力引导这个理念，尽量说服各相关方，包括消费者在内，来接受我们打造品牌的理念。从这个角度讲，我们是走在前面的，不过我觉得这仍然是难度最大、风险最高的地方。

实际上，刚才说的技术问题通过花时间、花钱都是可以解决的，资金问题也是可以解决的，因为如果你所做的车是实实在在的，而且有持续的成果或者进步呈现出来，资本方是看得到的。

赵福全：做一款优秀的产品确实很难，但是要得到市场的认可，产品推出之后要让消费者愿意买单而且持续买单，这个挑战的难度更大。刚才您讲到自己也有互联网的优势，比如更加开放的思维，同时也没有历史的包袱，但是毕竟您是传统汽车行业出身，是不是或多或少会有一些传统企业的惯性？比如在销售体系建设方面，传统的4S店模式未来或许不再是汽车销售网络的主流了，也可能要采取类似特斯拉的直销模式，我想听听您在这方面打算怎么做？您觉得应该怎样充分利用互联网的优势，把产品快速、便捷地推向市场，同时又建立起前途汽车的品牌呢？

陆群：我觉得一定是几个要素的结合。第一，一定要和用户面对面的交流。什么是体验？什么是感知？归根结底是用户情感的体现，这种情感必须面对面才能深入地理解，这不是在线交流能够取代的。

赵福全：这不是回到常规了吗？

陆群：我是说一定要有这个要素，不是说不用在线方式。实际上第二点，我恰恰认为一定要利用互联网渠道，例如电商模式。

其实，我们如果拥有这样的体验中心和互联网的电商模式，就不会去建4S店。4S店是什么？4S店很大程度上是传统汽车企业生产的库存、资金的蓄水池，当然也提供了售后服务的保障，这就是传统4S店。我们要把4S店的功能拆分开来，弄清楚在做新能源汽车、智能网联汽车时哪些功能仍然是必要的，比如售后服务、修车保障。而又有哪些功能不是必要的，比如说正常的保养，因为电动汽车和汽油车的保养频次差不多是10倍的关系，如果汽油车5000公里做一次保养，那么电动汽车可能50000公里做一次保养就可以了。而且未来制造系统会越来越柔性，因此就没有必要再向4S店压库存，让4S店成为产量的蓄水池了。另外，在做新能源汽车、智能网联汽车时，由于用户体验要求的提高，可能还会有一些新的功能需要赋予4S店，比如软件在线升级等。所以与重新定义产品同步，我们也需要重新定义4S店的功能。未来的4S店一定要有体验中心，而且这个体验中心不再只是为了卖车，不是用户在购车时来开一下、坐一下，而是要提供一种全生命周期的体验，用户只要成为我的车主，这里就永远是你的家。这个体验中心必须提供持续的服务，而且如我刚才讲的，这种服务必须是面对面的。

过去汽车企业非常看重销售环节，是因为这是产生利润的环节。而现在我们认为，销售不仅是产生利润的环节之一，更是持续提供用户服务的环节，而后者正是我们必须要做好的事情。所以这就不仅仅是4S店转型的问题，更是汽车企业重新定义自身的问题了。

赵福全：这里有一个核心的问题。未来的电动汽车可能所需服务会减少，比如机油不用换了；而且质量更可靠，维修保养频次降低了；还有很多服务可以在线解决。这样的话您讲到的持续服务具体是什么服务呢？升级软件不是在线的吗？软件要收费吗？如果不是这些服务，还能服务些什么？

陆群：过去用户把车买回去之后，与整车厂的连接就变得很弱了，基本不再联系了。

赵福全：是整车厂不愿意联系用户，抛弃了用户，还是用户已经不需要整车厂的服务了？

陆群：过去一旦把车钥匙交给用户，后面很大程度上就与用户失联了，不到几千公里回来保养时，可能都见不到用户和这辆车了。因为不在线，整车厂想帮也帮不上忙。但是现在不一样了，车主在用车过程中的所有情况，整车厂通过互联网基本上都能了解，因此整车厂能够更懂车，也能更懂用户，所以就可以提供更多的支持性服务。

实际上，用户在乘车过程中，开车本身不是目的，顺利出行、到达目的地才是目的。在出行过程中，除了开车以外，其他乘客坐在车里可能无聊地玩手机，也可能打盹，除此之外还能做很多事情。我们为什么不能提供更好的体验？在整个用车期间都可以进行跟踪并提供服务，而且这种服务一定是多样化的、持续升级的，如果不能持续与用户互动的话，就无法提供最好的服务，这也是要强调汽车网联化的原因。

赵福全：这里又有一个新问题。在汽车整个生命周期里，原来所讲的服务不外乎车辆的维修和保养，而未来的服务则是要在车辆使用过程中提供所需要的各种各样的支持。但是在这些支持里有多少是前途汽车自己能提供的？又有多少涉及新的产业生态，甚至需要整个社会大环境来支持？这个大环境能为前途汽车想要的服务做好相应准备吗？

陆群：我特别同意您刚才所讲的产业生态这个概念。一方面我们的品牌一定要给用户提供独一无二的体验，但是从另外一个方面来说，整个汽车生命周期里所需求的支持，绝对不能局限于某一款车或者某一个品牌，否则就又封闭起来了。我们现在正在做的车载互联网系统就是开放的，因为前途的车将来不能只和前途的车对话，我们希望和路上所有品牌的车都能对话，这才是最好的用户体验，才能提供最好的服务，所以一定要开放。当然，我们必须界定清楚哪些要严控、哪些要开放、哪些要共享，比如涉及安全、性能等的部分一定要严格管理起来，而能够开放和共享的部分，一定要和其他服务的提供商、其他品牌的汽车制造商，充分互动，有效分享，共同提供所有可能的用户服务。这绝对不是某一个品牌、某一家汽车公司自己就能够实现的，这也是我们为什么在和很多企业共同合作的原因。

赵福全：产业生态应该包括整个用车的大环境。那么能不能再具体一点讲，从策划前途汽车未来商业模式的角度，您希望国家、行业给您提供什么支持？比如在大环境里面，需要有大数据平台和交互中心，而且应该独立于整车厂之外，同时也需要有智能交通的信息环境。这样的产业基础绝对不是一家企业，甚至不是一个行业能够做得到的。但是只有这样才能使 A 公司、B 公司、C 公司推出来的汽车产品能够提供极致的用户体验。

陆群：我们现在不苛求国家政策，我认为国家无论从法律还是从政策上，都很难做到一定就是最领先、最创新的，有时候就是要跟着产业的发展走，只要不成为阻碍就好。更主要的还是汽车企业本身，无论是传统车企还是新进入者，无论是常规造车还是互联网造车，无论是自己生产还是找人代工，都没有关系，只要是在实实在在地做事，大家就都是在做很有意义的尝试，就都应该以开放的心态加强合作。

赵福全：条条大道通罗马，每一种尝试、每一分努力都不应该否定。

陆群：大家只要努力往前走，对于电动汽车和互联网汽车的发展就一定是有帮助的。更重要的是，我认为所有做电动汽车、互联网汽车的企业应该破除互为竞争对手的概念，我本人更愿意把他们称为“同盟军”。

现在经常有人说你必须和哪个企业竞争。外来者进入汽车行业是不是带来了竞争？我觉得不是这样的，尤其是做新能源汽车、智能网联汽车的都是新兴力量，所有这些努力都是积极的。也许有的路走得通，有的路走不通。即使最终没有走通，我认为也是非常有意义的尝试，所以我把大家视为“同盟军”。而那些反对或者阻碍新能源汽车、智能网联汽车发展的人，我觉得他们才是我们的竞争对手。或许某种意义上并不存在绝对反对的声音，但是理念上的革新总是缓慢的。所以大家更应该一起来做，越开放、越平台化、越共享，就越有利于新型产业生态的发展，这才是互联网思维。总是防着别人，什么都自己做，只为形成自己的小圈子，我认为这不是互联网思维，甚至比传统还传统。

赵福全：最后一个问题，我们知道企业经营最终是要获利的，汽车是追求规模化的产业。您说的个性化以及把用户体验做到极致，等等，可能只能针对某一个或者某一类用户，但是如果没有量、没有规模，怎样降低成本呢？而且您也讲到前途汽车要做全新四大工艺的投入，此外供应商体系、研发能力也都要投入，最后新的销售网络也要投入，这么大的投入要如何实现回报呢？您对前途汽车盈利的时间表有怎样的展望？毕竟，您也要面对股东和投资者很高的期待。

陆群：我们是有考虑的，我们打造前途汽车当然不能自娱自乐，只是干着过瘾，一定是有商业逻辑的。做企业就一定要赚钱，赚钱是做企业最大的道德。我们的第一款车会是一款定位比较高的跑车，但是后面的车型会是非常有价格竞争力的产品，虽然可能很“另类”，但应该是能上量的，而且即使在没有补贴的情况下，价格也是寻常百姓买得起的。到那个时候我们的销量就可以上去了，我们希望在2017年第二款车投产之后的一年，最多不超过两年，就开始盈利，而不是漫长的烧钱过程。

赵福全：时间过得很快，非常感谢陆总。您这么多年的积累是品牌的积累、经验的积累，也是资源的积累，现在您也聚拢来了很多和您有着同样梦想的人才，应该说，你们的团队充满胆识，大家一起努力在搏一次发展的机会。最终可能会很成功，即使不成功，也会为汽车产业的发展进步做出应有的贡献。在这个过程中，您也一定会收获良多，至少这一轮波澜壮阔的难得机遇，您参与了，实践了，也努力了。其实，成功无所谓大小，也永远没有封顶，只要成功进行了尝试，就值得称道和祝贺。作为汽车人，我祝福您，支持您！

同时通过今天的交流，我感觉到您是冷静的，特别是您在研发和制造过程中，将大量采用铝、碳纤维等材料，以及相应的工艺和设备，这就已经脱离了我们传统汽车业冲压、焊接、组装、涂装的常规过程，这些都是非常难得的。

如果我们要做个总结，我想说，传统汽车产业的人也会给互联网产业注入新鲜血液，不能说传统汽车人就一定没有互联网思维，也不能说互联网人就一定不会是传统汽车业的思维方式。刚才我和李斌董事长交流，他就一再说自己对传统汽车有着很强的敬畏之心。其实，我们传统汽车业的人同样也应该对互联网抱有敬畏之心，最后两者整合在一起，道路就会越走越宽，事业也就会越来越成功。

最后利用这个机会，祝愿陆总在从汽车设计公司董事长向整车制造公司董事长转型的过程中，能够越走越好！道路是曲折的，但是前途是光明的。再次感谢陆总参与凤凰汽车《赵福全研究院》栏目，谢谢！

陆群：谢谢赵总！

04 对话徐和谊 ——刮骨魄力映现后发优势

赵福全：尊敬的各位网友，大家好！欢迎来到凤凰汽车《赵福全研究院》高端访谈栏目。今天我们非常荣幸地请到了一位重量级的嘉宾，他就是北京汽车集团董事长徐和谊先生。欢迎徐总！请徐总和网友们打个招呼。

徐和谊：非常感谢福全院长邀请我参加这次访谈，另外，也想借这个机会和平台，与广大网友共同交流一下我对汽车产业未来发展的一些个人看法。

赵福全：谢谢徐总。我们也是老朋友了，原来我在华晨、吉利工作时，就曾和徐总一起参加过节目，比如《杨澜访谈录》和其他一些高端访谈栏目。应该说，我们之间有过很多次交流，但是像今天这样一对一的深入交流还是第一次。

徐和谊：对，头一次。

赵福全：据我所知，您一开始是政府领导出身，14 年前加盟了北汽集团，从经营管理合资企业开始，到九年前全面执掌北汽集团。徐总是一位有魄力、有情怀的企业家，北汽集团在您的领导下驶入了蒸蒸日上的快速发展轨道：奔驰的销量节节攀升；现代新的工厂也在建设中；尤其是北汽自主品牌发展的速度惊人，由原来在自主阵营中几乎没有行业地位，到今年可以做到 40 万辆的规模，非常不容易；三年前又成功推动北汽集团在香港上市，通过资本运作来加强企业运营能力，将北汽自主品牌一步步做到今天的水平，成绩斐然，令人钦佩，也获得了行业的高度认可。

今天特别想和您交流一下：在您 14 年的汽车职业生涯当中，作为企业家、掌舵人，您的艰辛与困难，我们不难想象，这当中也肯定有很多故事。借这个机会，请徐总与广大网友分享一下这些年深耕汽车产业、发展自主品牌的感触和心得。

徐和谊：正如福全所说，我来到北汽已经 14 年了。实际上，我最早是在钢铁企业工作，也在政府部门待过一段时间，最后来到汽车行业，一直工作至今。在汽车产业工作，最大的感受就是汽车行业的市场化程度非常高，竞争非常激烈。相比之下，钢铁行业的竞争就没有这么激烈，市场化程度也没有这么高。同时，汽车行业的国际化程度也比较高，只局限于一个国家或区域的市场是不行的，必须放眼全球市场。此外，汽车行业和当今世界各个领域的其他产业，特别是一些创新技术的产业都存在着直接或间接的联系，可以说处在全球经济和技术发展的最前端，不像有些行业，在技术的发展上存在一定的滞后期。

赵福全：您的感受和汽车产业的特点非常贴合，汽车的产业链条长、涉及范围广、关联行业多，人才、资本和技术都高度密集，是民用产品中价值最高的，也是受关注程度最高的产业之一。

汽车产业的复杂性也让创新与改革非常困难，往往“牵一发而动全身”。不难想象，您在北汽推行创新与改革时遭遇的困难。一方面是中国汽车产业整体大而不强的大环境压力，另一方面是北汽自主较为薄弱的基础现状，还可能受限于体制和机制。那么，对您来说，感觉最难的地方是什么？

徐和谊：两难。第一难，北汽是个老的国有企业，有 58 年的历史，基本上经历了我们国家从新中国成立以来到今天的各个阶段，所遗留下的一些历史包袱和问题就比较烦冗，在推行改革的过程中如何解决这些包袱和问题，确实很难。而且北汽又身处在首都北京这样的政治中心和特大型城市，解决历史遗留问题的难度相对就更大一些。

第二难，北汽这些年倾力发展自主品牌，但我们基本上是从零做起，特别是乘用车体系要学的东西太多，我们又缺少经验、人才和技术，所以要想实现自主品牌的追赶，甚至在某些领域取得超越，真的很难。

赵福全：您分享的这“两难”，不曾处在您这个位置上的局外人恐怕很难完全体会。不断向前发展和进步，是所有企业都必须面对的核心问题。在发展之初，企业就必须考虑清楚“我是谁”、我具备哪些基础条件，就必须面对所谓的历史积淀问题。而历史积淀又有“精华”和“糟粕”之分，“精华”部分，我们必须传承与发展，“糟粕”部分则有可能成为我们发展之路的绊脚石，必须尽快清除；而像理念、文化和体系等方面的差距很难在短期内弥补。在这样的历史背景之下，发展自主品牌本来就已经困难重重，但我们还不是简简单单地比原来做得好就行，因为中国汽车市场强手如林，各国车企在中国遍地开花，我们还要不断追赶他们。因此发展自主品牌真的非常艰难！而北汽自主能够在短短几年时间里，从无到有发展到今天，这个成绩确实来之不易。以我自己的感受为例，我回国至今有 13 年了，曾几何时，我们在讨论自主品牌时是不会想到北汽的，但是今天我们在谈自主品牌时，包括一些外国企业在考虑中国自主品牌竞争对手时，北汽都是不容忽视的一个重要对象了。北汽能有今天这样的发展，徐总可以说功不可没。

接下来，请您展望一下中国汽车产业未来的发展，未来十年您觉得汽车产业将会发生怎样的变化呢？

徐和谊：我就从自己从业十几年的经历来谈一些个人的感受，一己之言，仅供参考。纵观130 年的世界汽车发展史，我们可以看到，过去汽车产业始终围绕着产业规模化，降低成本，提高产品安全性、舒适度，以及节能减排等方面，主要是在汽车行业内部，进行不断地自我完善和进步。

但是进入新世纪以来，伴随着 IT 产业的快速发展，整个汽车行业发生了质的变化，已经不仅仅是在行业内部围绕着汽车技术进行创新，而是拓展到外部，发生了五个比较明显的变化。

第一，整个汽车产业链模式和产业格局在发生巨大变化。在新一轮科技革命的浪潮下，大家能够最明显感受到的就是互联网对商业模式的影响，并且这种影响已经渗透到汽车领域，带来了整个汽车产业格局的深刻变革。

第二，产品形态在发生巨大变化。原来在汽车行业内部主要以硬件为核心进行产品性能和技术水平的不断完善与提升，现在逐渐从硬件向软件方向扩展，大量IT、互联网行业的产品和技术，比如各种芯片，被广泛应用到汽车产品上，带来了汽车产品形态的显著改变。

第三，消费模式在发生巨大变化。数字、共享、体验等成为未来使用汽车的新常态，像滴滴打车、Uber这样的网约车服务，已经广泛应用到老百姓的日常生活中。此外，过去买车先到4S店问询，现在则是先上体验店，之后就直接在网上下单了。

第四，汽车企业思维也在发生巨大变化。过去我们生产汽车，思维模式总是局限于如何提高一辆车的总体性能，主要是从制造的角度思考一系列问题。现在受互联网思维影响，汽车企业也强调满足客户的需求是第一位的。

第五，整个传统汽车产业都在发生巨大变化。以北汽为例，我们两年前就从集团层面明确提出，要由一个传统的制造型企业向制造服务型和创新型企业转型。过去我们的着眼点全部集中在制造上，现在要努力实现“制造+服务”的全面转型升级，因为这是整个产业的大势所趋。

以上这五个变化，我认为将在未来十年以及更长的时间里，引领汽车产业的变革与发展。

赵福全：从徐总的这番话看得出，您对未来汽车产业发展的认识非常清晰、冷静。传统汽车企业本身对于产品品质、性能提升的追求是永恒不变的，也唯有打造出更高效、更节能、更环保、更安全、更舒适的汽车产品，才能不断满足消费者不断提高的需求。但是在今天，我们不能仅仅关注内部的、自身的变革与发展，还要充分认识到外部世界日新月异的变化，及其带给汽车产业超乎想象的深刻影响。如IT、互联网产业跨界进入汽车领域，他们全新的造车理念和思维模式已经对传统汽车产业产生了巨大影响。今天，我也非常高兴地听到您作为传统车企的领军人有如此深刻而清醒的认识，并且身体力行，带领北汽人进行相应的战略调整和优化来应对未来汽车产业正在发生的巨大变化。

基于这样的大背景，我们应该如何发展自主品牌呢？您带领北汽人在市场、研发以及商业模式等方面都做了很多创新与变革的尝试，请您和大家分享一下北汽的经验。特别是针对北汽向“制造+服务”型企业的全面转型升级，做了哪些具体工作呢？

徐和谊：刚才谈到了“两难”，第二个“难”就是干自主。原来没有干自主之前，我没有预计到自主这么难做，原以为凭借在合资企业所积累的一些经验，也培养了一些人才，应该大同小异吧，但完全不是这样。

做合资，产品、技术、管理、品牌等基本上都是“拿来主义”，迎合中国市场消费者的需求适当地做一些微调就能投产销售。但是做自主完全不一样，品牌得从零开始，供应商和经销商网络的建设、核心团队的打造、产品的研发、生产制造能力的形成，等等，一切都得从零做起。各个方面都是“摸着石头过河”，每走一步都步履维艰。好在行业里有一些老大哥先行一步，他们积累了很多成功经验，也有一些失败教训，我们可以借鉴学习，这对我们实现快速起步和发展非常重要。

中国汽车产业要想由大变强，不干自主，是一点可能性都没有；中国汽车产业要走出国门、实现国际化，不干自主，是一点可能性都没有；发展新能源汽车，不干自主，也是一点可能性都没有。艰难的自主品牌发展之路，应该走，也必须走，这是“凤凰涅槃”的必经之路。

最近习总书记提出“重走长征路”，我结合汽车行业也进行了深入学习和思考。以北汽为例，从2007年筹划干自主，到2009年开始发力，再到今天取得一定成绩，我觉得这是“第一次长征”。从现在起，我们要“重走长征路”，开始“第二次长征”了。过去我们在自主之路上积累了一些经验，也进一步看清了自己的不足，现在我们要拿出“重走长征路”的气魄，以坚定的信心来重新出发。未来的自主之路依旧艰辛，还需要经历一个漫长的阶段，才有可能走到一个新的高度，可以和国际大牌汽车企业一较高低，真正做强中国汽车产业。

赵福全：徐总这番话，我听了真是感慨万千。您做过钢铁产业，对汽车产业的复杂和困难肯定比他人更加深有体会。即使有做合资企业的经验积累，但真正去做自主时，还是感受到“巧妇难为无米之炊”的巨大压力。摸着石头固然要过河，而摸不到石头也要过河，这种困难可想而知。

您还谈到中国要想把新能源汽车做好，也必须走自主之路，我觉得这些话真的是肺腑之言。尤其是您结合习总书记提出的“重走长征路”，强调北汽自主品牌要在已有基础上继续努力，开始“第二次长征”，勇攀新高峰，充满了豪情与斗志。

前两天我们一起参加《汽车商业评论》十周年庆典活动，您当时朗诵了《七律·长征》这首诗，非常精彩。当时想这是您表达能力和语言张力强，现在看来这正合您现在的心境，是有感而发。我想广大的网友也都感受到了您的自主情怀。

接下来，我们进入下一个话题，就是新能源汽车。应该说，您是在大家都不太看好新能源汽车时，就举全集团之力来发展新能源汽车的，目前北汽新能源汽车已经取得了可圈可点的成绩。在新能源汽车准入的产业政策出台之后，第一张入场券就给了北汽，这也表明了国家层面对北汽发展新能源汽车所取得的成绩的认可和鼓励。

那么，请您简要总结一下北汽新能源汽车的发展情况，分享其中的经验、教训，同时也对北汽新能源汽车的未来发展做个展望。

徐和谊：北汽新能源汽车是七年前开始筹划发力的，当时确实没有人看好，整个行业对于发展新能源汽车的关注度都不是很高。但北汽身处首都北京，当时北京已经开始整治大气污染问题了，环保就成为北汽发展新能源汽车的一个间接契机。所以北汽就按照北京市委市政府的指示要求，开始建设新能源业务板块。当时我们是下了很大的决心要真干、实干、大干的，并将新能源汽车作为未来的两大增长点之一（另一个增长点是通用航空）。按照现在的话说，北汽是用了“洪荒之力”——倾全集团的力量，来打造北汽新能源汽车业务，抽调了很多精兵强将，最终在北京市政府等多方的帮助下做起来了。

万钢主席曾先后三次来到北汽新能源视察。他评价说，北汽新能源汽车是我迄今看到的规模最大、产业链最完整、核心技术都基本掌握在自己手里的第一家。应该说，我们因为之前的坚定决心，赢得了先机。但是今天其他企业也都追赶上来了，我们虽然有一点点先发优势，也取得了比较好的市场表现，但先发优势能持续多久，如何让北汽新能源汽车继续保持在国内领先，进而在国际上真正做强中国的新能源汽车产业，这些都是摆在我们面前非常紧迫的大问题。

目前，中国新能源汽车主要有三大发展方向。第一是新能源汽车的核心技术，除了大家熟知的“三电”外，还有轻量化技术，轻量化在新能源产品中的应用效果最直接、最明显。而且不仅新能源汽车需要轻量化技术，传统汽车也同样需要，我觉得轻量化应该是未来汽车产业的一个大课题。第二是整个行业的智能化，未来在新能源汽车领域可能会应用得更广泛、更直接。第三是汽车产业的新业态，预计在新能源汽车领域，新商业模式的变化、创新也将比传统汽车来得更快、更猛。

对于北汽新能源来说，我们首要的还是投入“三电”技术的攻关与发展，“三电”里面最重要的是电池。现在我们和国际、国内多家领先的电池企业紧密合作，不是采购链条上下游的买卖关系，而是形成了紧密合作的伙伴关系。我们的战略规划就是要掌控世界最前沿的电池技术，不仅要掌握，还要能控制，就是说要有自己最好的电池。

电机也是如此。我们专门选择了德国的西门子，与其进行深度合作，正式成立了合资公司，组建了研发团队，并且产品已经正式下线，可以说这是世界上最好的电机。

控制系统方面，我们和清华大学、北京理工大学等国内在控制领域研发处在前沿的一些院校、科研单位和企业，也都建立了紧密的合作关系。目前已经拥有具有完全自主知识产权的技术和产品，现在正在开发第四代的控制系统，2016 年年底就能搭载到整车上。第五代的控制系统也已经在研发了。我们的水平不输给任何一家企业，甚至在某一些领域可能还超过了大家耳熟能详的一些洋品牌，所以控制系统也是北汽未来发展的撒手锏之一。

除了这三块，在轻量化以及刚才谈到的其他几个方面，我们也在大胆尝试往前走。可能因为我不是学汽车出身的，不是非常懂车，反而让我在新技术尝试方面不会那么纠结。

赵福全：作为董事长，太懂技术也不见得有利。

徐和谊：我不是太懂技术，所以在决策上我可能魄力就比较大一些。在新技术的大胆使用上我一直是激进派，从来都是力主超前尝试。可能有我这样“搅局”的决策者，对新生事物的发展也有好处。包括商业模式的创新，我也是非常支持和鼓励的。现在企业内部一批 70 后的领导人纷纷走上重要岗位，他们为企业的发展带来了新的思想与理念，我对他们的工作也是全力支持的。

赵福全：不拘一格用人才。

徐和谊：中国有句古话，“用人不疑，疑人不用”。既然用了就大胆地放权，给他们创造好的环境，鼓励支持他们的工作。如果发现不行，那就把位置让给更合适的人。

总之对于北汽来说，我们计划不仅要保持北汽新能源汽车目前在国内的行业领先地位，还要争取做到全球第四位，这是我们“十三五”规划中一个很清晰的战略目标。

赵福全：我一直认为“赢在战略，输在战术”，北汽新能源现在取得的成功，是与当初的战略决策密不可分的。企业发展成功与否，很多时候就直接取决于领军人的眼光和决策。七年前行业对新能源汽车充满争议，甚至是不看好的偏多，而彼时您就坚定地看好新能源汽车，觉得这是机会。同时，看准了机会是一回事，能否真正落地又是另外一回事。而北汽做到了，不仅自己真干，还说服了一批供应商一起携手努力。没有您的决心、魄力和实干，北汽新能源汽车不可能取得今天的成绩。

您刚才讲到了新能源的“三电”技术。实际上也有很多人和我讨论“三电”的问题，到底电池是买，还是投？如果投，又应该怎么投？不投可能失控，投的话又担心技术生变或力不从心。而您有自己明确的想法，就是不仅仅要参与、掌握，更要控制。因为您认为，发展新能源汽车只靠简单地买来电池进行组装，不掌握核心技术，是难以确保长远发展的。

此外，您清醒地认识到先发优势是短暂的，一定要将新能源汽车的实力真正建立起来才能最终赢得市场。因此，北汽不仅在“三电”上进行了清晰的布局，更在轻量化、智能化等方面也同时发力，构建全方位立体的发展体系，并且确定了全球范围内的战略目标，力争做到全球第四，这是非常明确而重要的定位。

接下来，我想问徐总另外一个问题，就是换电模式的尝试。曾经有一段时间换电模式备受关注，但后来发现换电也有很大的困难，所以在一定程度上遭到了否定。但是最近我注意到，北汽开始在北京的出租车群体中推行换电模式。不知道北汽为何有这样的举措，又为何选择出租车这样的特殊群体？未来北汽新能源汽车在其他城市推广，也会在出租车群体采取同样的换电商业模式吗？甚至更进一步，北汽有无计划在自己现有的平台上，对私人用的新能源汽车也推行换电模式？

徐和谊：当董事长确实不容易，忙和累还在其次，最主要的是做决策时，介入深了不行，介入不深、瞎决策更不行，有的时候真的不敢决策。不过相比传统动力，我对新能源汽车这块业务的了解要深得多，因为我学得多一些，所以在决策时我就更大胆一些，话语权也更多一些、重一些。

发展新能源汽车，我觉得清晰的思路非常重要，不管是国家、政府，还是行业、企业，都要明白我们推广使用新能源汽车的根本目的。其中排第一位的，我认为是要解决环境污染的问题，甚至能源结构问题都可以放在环保后面。尤其是人口高度集中的大中城市，大力推广新能源汽车，以解决大气污染问题是非常紧迫的。根据环保部门监测的数据，造成城市大气污染的源头有工业污染、无组织排放、施工扬尘、汽车尾气等，其中汽车尾气大约占大气污染物总量的20%～30%，大体上是这样的比重。此外，汽车尾气是最接近地面的大污染源，其他污染源大都是高空排放。在两米以下的底层空间，污染物被吸入到肺里的比重更高，因此汽车尾气的危害度恐怕还要高于20%～30%，解决汽车尾气排放是非常重要的。

那么在大城市中，哪些汽车的尾气排放贡献度更大呢？主要有三个领域，分别是公共交通、出租车和城市物流用车。这三类车的使用强度，也就是每天行驶的里程数，要远远大于一般的社会车辆和私家车。以出租车为例，此前曾有一个权威的调查，结论是1:7左右，就是一辆出租车的排放相当于七辆私家车。当然，因为城市大小不一样，数据也会有所差异。此外，出租车基本都是行驶在市区人口密集的地方，很少跑去郊外，所以出租车排放的污染是最严重的。

因此，大力推广新能源汽车，我认为要优先在这三个领域下功夫，广泛应用到公交、出租车和城市物流用车上，而不是优先普及应用到私家车上。在这三大领域，北汽决定先集中应用到污染危害最大的出租车上。但是出租车两班倒，每天要跑接近20个小时，而即使快充也要占用很多时间，这样就会影响出租车的使用效率。为此我们专门花了几年的时间，做了国内外市场的大量调研，也做了很多前期的准备工作，最后为出租车市场专门推出了一款纯电动产品，既带充电模式，也带换电模式。大家知道特大和大型城市的土地资源非常宝贵，要建大量的充电站谈何容易，停车都没有地方，何况充电呢！换电也必须解决这个问题，我们就去找了加油站的出资方——中石化和中石油。我们可以说是一拍即合，决定着手对北京城区密集分布的加油站进行改造，每个加油站里腾出一小块地方，大概二三十平方米，建一个换电站，出租车来了之后开进去，两分多钟就能换完电池。

赵福全：比加油时间还短？

徐和谊：基本和加油时间一样，换完电池就可以直接开走，得到了出租车司机非常好的反馈，也解除了里程忧虑问题。先集中在出租车领域推广还有一个重要原因，这涉及商业模式的问题。大家都知道纯电动汽车的电池成本很高，大概接近全车的一半。而新电池和旧电池的寿命相差甚远，谁会买了一辆新车开去换电，把新电池换成旧电池？因为买车之后，我同时又是车上这块电池的所有者。换了电池后，我的好电池跑到别人的车上去了，这怎么行？这种商业模式在私家车领域是肯定走不下去的。

但在出租车上就可以实现，因为北京就几家大的出租车公司，出租车都是属于这些公司而不是个人的，所以可以在一个相对封闭的范围内进行换电，反正新电池和旧电池都是出租车公司的。

当然，肯定有很多的网友关注私家车未来能不能换电？我的答案是能，不过这得等产业发展到一定的程度，至少还要再等几年。

赵福全：到什么程度呢？

徐和谊：肯定是在2020年以后了，等到国家对电动汽车的财政补贴完全没有了之后。那时候个人购买新能源汽车时，很可能只是买这辆车，而不买电池。从这个角度讲，我认为这也是未来非常好的机遇。

赵福全：创业的机会。

徐和谊：没错，当电池集中属于某一所有者之后，私家车就可以进行换电。这就像我们家里换煤气罐一样，罐不是你的，而是煤气公司的，你去换气，只需要交气钱。未来你开新能源汽车时，电池不是你的，电池是电池所有者的，你开到换电站去换电池，根本不关心电池新旧的问题，而是关心电池里充的电量够不够。而且充了多少度，就支付多少度的钱即可。这样的商业模式下，换电就可以广泛应用到私家车领域了。当然，这还要有一个过程。

赵福全：在此之前，可以先用出租车来培育市场、积累经验，同时也可以不断完善我们的商业模式。

徐和谊：对。

赵福全：您刚才自谦说不太懂汽车，只有新能源方面学得比较多，更有话语权。实际上在我这个学技术出身的人看来，像新能源汽车这样全新的产业，不仅仅需要对新技术进行了解学习，更需要用新的理念和思维来引领企业发展。企业的领军人要有全局观念，既要看得清，更要认得准。看得清不是要去研究电池的薄膜，研究控制的逻辑，更不是去研究电池的某一种新材料等细节，而是要在大的方向上进行把关，做好决策。同时，任何新事物总是机遇与挑战并存，正所谓“无限风光在险峰”，因此又需要领军人的胆识与情怀。一方面，要响应国家政策，成为国策战略的推行者；另一方面，又要实实在在开发出满足客户需求、适应市场行情的产品。这些都和技术有关，但更重要的是运筹帷幄的能力和勇往直前的勇气，否则难免裹足不前，企业最终也会在领军人的纠结、徘徊中错失良机。

比如刚才谈到换电模式，曾经热了一段时间，某些很有名的外资企业也曾在这方面做了大量推广工作，为什么后来不行了？因为总想着一下子就实现“世界大同”，梦想一夜之间所有整车厂的电池都能互换，但这就涉及标准、通用性、电池新旧以及电池所有权等一系列问题，所以这条路就走不下去了。但是北汽经过深思选择抓住一个特定领域来推行换电模式，这个群体只使用而不拥有车辆。这些特定消费者，也就是出租车司机，不承担任何前期的投入成本，同时又解决了困扰他们的充电难和充电时间长的问题，这样的换电他们当然乐于尝试。这些战略层面的决策，正是领军人需要思考的问题。而一旦目标确定了，如何开发出更好的产品，推行更好的服务，就是战术问题了。

徐和谊： 是的，战略选择确实是董事长应该做的事。

赵福全： 我认为您做得很到位。相信看到我们这个节目的北汽供应商、经销商们，应该毫不怀疑北汽做自主和发展新能源汽车的决心了。我给您的建议是，贵在坚持。因为新能源汽车从长远来说既是国家战略，更是企业未来。

下面我们换一个话题。您刚才也谈到了新能源本身也可以和智能化进行融合，但现在很多IT、互联网企业正在跨界进入汽车产业，智能网联技术正是他们想“颠覆”汽车产业的撒手锏。我知道北汽在这方面也做了很多尝试，包括和硅谷一些企业的密切合作。今年在北京车展上，北汽也展示了自己的自动驾驶技术，相信后续还有更多的成果展现给大家。那么，您怎么看未来智能网联汽车的发展？自动驾驶将在这其中发挥什么作用？IT、互联网企业与传统汽车企业又将是怎样的关系？

徐和谊： 这又是一个现在社会上比较关注的热点问题。我说说个人的一些观点，一己之言，不代表北汽。

现在很多互联网企业想造车，争相涉足汽车领域，我觉得这是个趋势，挡也挡不住。我也观察了一段时间，有些互联网企业是有自己的战略和套路的，有些却有点乱了。怎么叫乱呢？互联网企业造车首先要搞清楚自己的优势是什么，也就是所谓的撒手锏。同时要想清楚传统汽车企业的优势是什么、劣势是什么。

现在有些互联网企业进军汽车产业，不仅要在开发产品和用户体验上做工作，甚至大张旗鼓要像传统汽车企业那样建工厂，做四大工艺，构建整个供应链，铺设全新的网络销售渠道。当然，也不能全盘否定他们的策略，但是建工厂、做四大工艺，这是传统汽车企业最大的优势，恰是互联网企业最大的劣势。在强手如林的汽车市场，你不设法弱化自身劣势，而是要以劣势与别人的优势竞争，这怎么行得通？这些话我想有些人可能是不爱听的。但真的要同台竞技制造汽车，他们恐怕将会跌得很惨。

赵福全：没有抓住问题的主要矛盾？

徐和谊：对，我认为未来的发展趋势应该是互联网企业与传统汽车企业进行很好的融合，发挥各自的优势，共同打造我们的智能网联汽车。这不仅是在中国，也是全球的发展趋势。同时，双方有效合作也将成为中国发展智能网联汽车在全球的最大优势。

赵福全：实现 1 +1 =3。

徐和谊：可能会走出一条有中国特色、别人未曾走过的道路来。同样，对于传统汽车企业来说，也要认识到以智能、网联技术为前提的自动驾驶等，是我们最大的不足，或者说是劣势。只靠自身力量是很难实现赶超的，必须借助信息产业的优势资源。我非常高兴地看到，不管是《政府工作报告》，还是我们主管业务部门出台的行业发展规划、政策，国家都在反复强调工业化和信息化的深度融合。

工业化和信息化的深度融合、协同创新，具体到汽车产业来说，目标是明确的。北汽这几年就一直在不断加大与 IT、互联网企业的深度合作。前几年是和乐视，现在主要是和百度，当然还有其他一些企业，就不一一讲了。我们在今年北京车展上推出了自动驾驶的动态展示，后续还会不断有新的成果展现给大家。

赵福全：那次展示的影响力还是很大的。

徐和谊：前不久，我们还在辽宁的盘锦红海滩旅游度假区，推出了无人驾驶车辆的商业运营。在特定的封闭旅游区里设置了 30 公里的线路，投入我们的无人驾驶车辆，这也是国内目前唯一真正投入商业运行的无人驾驶汽车。我们选择这条海岸旅游线路来试行无人驾驶，为游客更好地欣赏景色提供方便。

赵福全：同时又是积累经验、数据的过程。

徐和谊：是的，积累经验非常重要。在乌镇举行的世界互联网大会上，我们和百度共同开发的无人驾驶车还将进行示范运行，一共有二十几辆车。我们一直在坚持做一些尝试和探索，但是我觉得中国的无人驾驶之路还很漫长，虽然已经引起了社会的广泛关注，但它涉及太多的复杂问题，真正推广应用到私人汽车上还需要很长的历程。

赵福全：确实，无人驾驶涉及太多复杂的问题，而且很多还是汽车产业自己解决不了的，像整个基础设施、信息平台都要进行相应的重新规划和调整。

徐和谊：没错，不只是车辆自身的升级，还包括道路环境、基础设施等全方位立体网络的升级。当然，这些问题国家如果投钱，也容易解决。最大的问题还在于能否建立健全的法制社会，形成知法守法的社会风尚。如果人人都能遵守交通规则，无人驾驶的普及就会简单许多。否则，做出几辆无人驾驶的汽车很容易，但是却很难广泛应用。

赵福全：实现真正的市场化还是很艰难的。

徐和谊：比如说红绿灯，在没有装摄像头的路口很多人都敢闯红灯。

赵福全：无人驾驶车遇到不守规矩的车辆，就只能不断制动了。

徐和谊：这样混乱的交通体系下，无人驾驶怎么能有好的体验。消费者要买了无人驾驶汽车就倒霉了，基本上就停在那儿了，走不动啊，谁都跑你前面去了。

赵福全：但是智能网联不是简单的无人驾驶，还有其他丰富的内涵，因此也被 IT 企业认为是机会所在。

徐和谊：我觉得智能网联是非常贴合实际的，深受消费者欢迎，也是未来发展的主流。有人问我，徐总，你是干汽车的，未来的汽车会是什么样的？我总结了三句话，未来的汽车是高度智能化的产品，一是真正成为人类可移动的办公终端，二是让消费者享受到快乐的出行，三是不给社会环境带来任何污染。

赵福全：听了您谈智能网联汽车，我觉得您对未来汽车产业充满了期待，您既脚踏实地地做好眼前的市场，又在为未来的发展做着积极的技术储备。比如自动驾驶，虽然距离真正实现全面商业化的道路还很漫长，但北汽已经在攻关、在积累。对于 IT、互联网造车企业和传统汽车企业之间的关系，我认为您的观点也很客观、理性。双方都要认清自己的优劣势，未来必须走相互融合、协同创新的发展之路。特别是“以卵击石”绝不是合适的竞争策略，必须清楚地认识到自己是谁、强在哪儿、弱在哪儿。未来社会不存在一家企业就能包打天下的可能，企业要想获得长远发展，必须扬长避短，必须以包容的心态积极地与不同行业、不同企业进行合作，最终实现共赢。这也是国家推动工业化和信息化深度融合的战略目标所在，是实现“中国制造2025”的必然路径。

最后一个问题，经过这么多年的努力，北汽在自主品牌上取得了有目共睹的进步，刚才您也提到要拿出“重走长征路”的精神，再次出发。那么从整个国家和行业的角度出发，您认为自主品牌汽车未来如何才能取得更大的突破?

徐和谊：从宏观的角度来看，中国加入世界贸易组织（WTO）之后，对于汽车产业设置了一定的宽限期。但是这个宽限期是有限的，我认为到“十三五”末就会有所变化。这也意味着进入到2020年以后，很可能竞争的态势要比现在更激烈，这个“海”会更红。

同时，国际大牌汽车企业给我们的竞争压力日益增强，留给我们发展自主品牌汽车的时间也是有限的。因此，抓住“十三五”这几年宝贵的有利时机，全力把自主品牌汽车提升到更高的水平是当务之急，否则到时候我们很难和人家正面较量。

自主品牌汽车经过过去这十多年的摸爬滚打、酸甜苦辣，已经闯出了一条具有中国特色的中国民族品牌汽车发展之路。总体来看，这十多年的工夫没有白费。现在部分企业的一些产品甚至已经可以和合资企业的产品相提并论了，当然，这样的产品还比较有限。自主品牌汽车的总体水平仍然处在市场的中游偏下，低端的产品更多一些。但正是这十多年的积淀，为我们未来四五年把握产业发展的战略机遇奠定了良好的基础。

然而，我们面临的挑战也更多更大，不仅仅是提升产品品质的问题，品牌的塑造也越来越成为现实问题，而且这将是一个漫长的过程。品牌塑造靠什么？我认为取决于两个要素：第一是质量，这是品牌最根本的基础，没有过硬的产品质量赢得消费者的信赖，何谈品牌塑造；第二是诚信，做企业一定要讲诚信，不能只看眼前的利益，或者为了某个目标不讲诚信地做事。大家知道当前整个产业都在转型，向服务经济转型。而服务靠的是什么？也是诚信。只有诚信，才能让人家对你的品牌放心和信任，才能认可你的服务。海尔从20世纪90年代的默默无闻到现在成为业界翘楚，甚至享誉国际，这一路走来也是历经风雨，称得上是品牌塑造的典型案例。

赵福全：当年“砸冰箱”的事迹广为传颂。

徐和谊：为什么海尔最终能够取得那么好的口碑？狠抓产品质量，诚信加上好的服务，慢慢地把品牌做上来。我们打造自主品牌汽车，也要走这条路，以“质量+诚信”，一点一点地进行培育，努力做好每一个环节。

赵福全：您描绘了中国汽车产业的愿景，也提到了很多挑战和问题，但是我们中国汽车人“不怕远征难”，一定会不懈努力。那么展望五年之后，您期待北汽会是什么样子？要实现怎样的目标？

徐和谊：“十三五”规划的目标是年销售收入要达到6500亿元；年产销量要达到450万~500万辆，进入世界100强（我们今年是排在160位）；同时，在世界汽车行业中要进入前12（我们现在的排名是第16位）。在新能源汽车方面，我前面也提到了，要做到世界第四，国内纯电动第一。

国家在“中国制造2025”中已经为制造业提出了非常明确的发展目标，汽车产业也要在2025年前初步跨入强国行列。我希望到“十三五”末，整个中国汽车产业要走完由大变强征程中一半以上的路程。到那个时候，中国自主品牌应有更多更好的产品投放到市场中来，可以与诸多合资企业的产品正面较量。而在这其中，北汽应该成为主要的贡献者，或者说主力军之一。

赵福全：非常感谢徐总。北汽未来的梦想是远大的，目标是具体的，举措是系统的。时间过得很快，一个多小时转瞬即逝，今天和徐总谈得非常开心。广大网友应该也和我有同样的感受，徐总能够带领北汽人，把自主品牌汽车迅速做到今天的水平，同时合资企业也做得很成功，这是有理由的。作为一家大型国有企业的董事长和领军人，他对企业战略的判断是明确的，决心是坚定的，思路是清晰的，这其中融入了很多他个人对产业深层次的理解和思考，而不是简简单单的“人云亦云”、跟风前行。对于新能源汽车市场的开拓，对于自动驾驶的未来预测，对于自主品牌应该在哪些方面加快发展，他都有自己清醒的认识。

难能可贵的是，在取得的成绩面前，他没有止步不前，而是要发扬长征精神，带领北汽人“重走长征路”，要为树立中国自主品牌在世界上的强势地位而不断努力。他提出发展自主是我们的必经之路，否则中国汽车产业何谈未来。他也谈到了品牌塑造的重要性，提出以“质量 + 诚信”来培育自主品牌。

徐总还描绘了北汽五年之后的发展愿景，在全球汽车企业中的排名要从现在的 16 位进入到 12 位，尤其是新能源汽车要成为世界第四，这是非常具有挑战性的。但是，从另外一个角度来看，所有认同、关心和支持北汽的同仁们，也将因此受到很大的鼓舞。

“红军不怕远征难”，“而今迈步从头越”。在此，也利用这个机会祝愿北汽集团在徐总的领导下，能够再次远征成功，取得更大的成绩。有兼具胆识和魄力的领军人，有坚持做自主的核心企业，再加上新一轮科技革命带给我们的空前机遇，我相信中国实现汽车强国梦只是时间问题，甚至这一天的到来会比我们想象得更快。

最后，感谢徐总和大家分享真知灼见，也希望大家始终关心自主品牌，关心北汽，支持像徐总这样有情怀的企业家。谢谢徐总！

徐和谊：谢谢！

05 对话李书福——贯通发展与情境应用

赵福全：凤凰汽车的各位网友，欢迎大家来到广州车展凤凰汽车《赵福全研究院》高端访谈栏目。今天我们非常荣幸地请到了吉利汽车董事长李书福先生，请李总和大家打个招呼。

李书福：大家好!

赵福全：作为老朋友，今天非常高兴能够在这个节目里与书福董事长相见。这么多年来，吉利汽车在您的领导下可谓成绩显著，尤其是近年来新品不断推出，产品销量不断攀升，并购之后沃尔沃的发展越来越好，销量攀升，盈利也在增加，同时吉利最近又发布了新的高端品牌Lynk&Co。此外，在智能网联汽车领域，沃尔沃也走在了行业的前面。大家都说吉利有很多故事可讲，也都非常期待今天我和您能够有一场深层次的交流。

首先请您和大家分享一下您对汽车产业，以及对吉利未来发展的看法。

李书福：今天的世界汽车工业正在发生深刻的变化，新的力量正在推动汽车工业朝着更加智能化的方向发展。传统的汽车工业因为受到互联网造车势力的刺激而奋起直追，认识上也有了跨越式的提升。现在汽车产业正处于一个“战国”时代，大家都在相互拼杀，可能要经过10～15年的调整，才能最后平静下来。这10～15年时间产生的影响，可能相当于过去汽车工业发展的100年，将决定世界汽车工业未来的走向。

赵福全：为什么未来10～15年传统汽车企业将会受到这么大的冲击呢？另外，互联网企业有哪些优势使得他们有资格参与这场竞争？据我所知，传统汽车企业也在发力，像沃尔沃，虽然企业规模不大，但是在智能网联汽车尤其是在自动驾驶领域取得了巨大的进步，成为整个产业的先行者。您觉得未来10～15年里，传统车企要如何保住引领地位？同时互联网企业在这场竞争中胜出的机会有多大？

李书福： 现在还不好下结论，我的看法是未来10～15年将是一个决定性的时间段，有很多高科技企业将在这段时间内进入汽车领域。

提到高科技企业，可能大家最先想到的就是互联网汽车公司。但其实传统汽车企业现在也已经进入了高科技企业的行列，传统汽车企业并不意味着敲敲打打、用榔头造车，它们现在也和互联网汽车公司一样，对高新技术领域有非常深刻的理解和非常巨大的投入。

这两股力量，预计经过10～15年的较量，就将分出胜负。未来世界上不会有太多的汽车公司，现在的情况是大约15～20家汽车公司决定了整个世界汽车工业的格局。以后也一样，甚至到那时公司的数目可能会更少。所以未来这十几年是非常重要的时间段。

赵福全： 您作为传统车企的领军人，旗下既有吉利这样的自主品牌，又有沃尔沃这样的世界豪华品牌。曾经也有很多人并不看好吉利造车，但是经过这么多年的打拼，吉利现在非常成功。而如今您提出未来15年传统车企将和新生力量之间有一场决定命运的博弈，那么这将是一场你死我活的较量吗？还是双方互相融合、最后不分你我的合作？传统车企在这个过程中胜出的概率有多大？企业具体应该怎样做，才能在未来15年的竞争中最终胜出呢？

李书福： 我觉得有相互较劲的一面，但是更准确地讲是两种力量相互影响、相互渗透、相互融合，直至殊途同归，最终的目标都是使汽车更加智能化、电动化、轻量化。无论是传统车企，还是互联网公司，谁也无法脱离这一基本规律。从这个意义上讲，我认为汽车还将是汽车，而不会是互联网。未来结果很有可能是，传统汽车企业通过应用智能化、电动化和轻量化技术而取得更好的发展。当然这只是我个人的观点，不一定正确。

因为并不是一个软件就能够变成一辆汽车。软件其实就是数字，数字加上芯片才能成为一个零件，再加上车辆的各种硬件才能成为一辆汽车。软件或者说数字是无形的东西，就像一个人的思想，思想加上大脑才能形成脑袋，脑袋加上身体才能变成一个人。光有思想，没有脑袋，这种思想书本里多的是，是没有用的。

很多人对于软硬件的认识还不是那么透彻，光有想法是不能变成商品的，而把想法变成现实是一个很艰难的过程。汽车工业的发展有自身的规律，谁也无法违背基本规律。我对世界汽车工业的发展有自己的判断，未来应该还是传统汽车企业的天下，而不是互联网公司的天下。

赵福全：您给传统汽车人鼓了劲，也打了气。硬件是基础，虽然软件很重要，但是脱离了基础后，软件就将是无本之木。我曾经在《中国汽车报》上发表了一篇文章，其中谈到智能机器人和智能稻草人都智能，但是显然，没有强大的机器人做后盾，光有智能是不够的。

不过另外一方面，未来汽车肯定会越来越智能化，需要大数据、云平台，也需要人工智能等方面的技术。您觉得传统车企如何在这些领域的竞争中胜出？因为只做车身、底盘、制动、转向等，肯定远远不够了。

李书福：这是两个完全不同的时代，传统汽车企业如果不抛弃过去的惯性思维，将很难适应未来汽车工业的发展。比如未来可能所谓的底盘都没有了，这样所谓的平台也就没有了。汽车企业必须同时拥有软件和硬件，拥有可以不断迭代升级的模块化技术，打造出我们所说的互联网汽车。

互联网汽车不是把汽车的屏变成手机的屏，实现语音对话、导航、上网就可以了，这只是简单的娱乐信息系统而已，所有的汽车都可以安装，但这不是智能汽车。智能汽车要把车载娱乐信息系统变成在线的，实现车车之间、车路之间以及车与各种信号之间的连接。智能汽车要实现完全无人驾驶，使汽车变成服从于人的智能机器人，解决人们对于智能交通的各种需求。这需要对整车的架构进行重新规划和设计，完全推翻传统意义上的汽车概念，硬件不一样了，软件也不一样了，而且硬件和软件一旦规划好了以后，是可以迭代升级的。

迭代升级 10 年、15 年以后，汽车的基础依旧，就像安卓（Android）系统在不断升级，但是 50 年以后它还是安卓系统。汽车工业的发展架构确定了，以后就不会再被推翻，只是在这个架构上不断迭代升级。

现在苹果和谷歌等公司想做的就是汽车领域可迭代升级的软件系统，为全世界的汽车公司提供软件系统服务。但是这要看它们的软件能不能和汽车公司的硬件架构相协调，以及汽车公司在规划基础架构时是使用自己的软件系统，还是直接使用第三方提供的软件系统。这个问题现在还没有定论，大家都在探索，都在努力，也投入了很多资金。

毫无疑问，全球汽车公司都希望把命运掌握在自己手里，而不是交给互联网公司。因为把命运交给互联网公司，将会变得非常被动。例如不久前欧洲三家汽车公司收购了地图公司 Here，将地图掌握在自己手里，就是这个道理。此外，互联网公司是不懂整车架构设计的，汽车不是简单地写几段代码、编几个程序、纸上画一画就能造出来的。要把想法变成实物，要让硬件能够运行得灵活自如，让用户体验良好，远不是那么简单。这两类不同形态的企业要整合到一块，我觉得还需要时间。

赵福全：汽车的本质不会改变，它是一个以硬件为基础的出行工具，同时软件也会让硬件如虎添翼，给汽车的内涵和外延带来天翻地覆的变化。真正的智能汽车不只是简单地实现上网、远程通信、娱乐等功能，它需要的是整个平台、架构，包括技术细节的全面更新。未来的 10 到 15 年，就是这些技术不断沉淀、优化，最终定型的过程。

李书福：以沃尔沃 XC90 为例，它用的是 SPA 平台。去年投放市场的 XC90 自动驾驶的速度上限是每小时 50 公里，超过这个速度就没有把握了。而今年的 XC90 在高度人工辅助驾驶系统帮助下，自动驾驶的速度上限已经升级到了每小时 130 公里，在高速公路上基本可以实现自动驾驶。XC90 的老客户可以通过互联网下载更新软件系统，将车辆升级为上限每小时 130 公里的自动驾驶汽车。这在以前是做不到的，现在全世界也只有沃尔沃做到了。当然还有一家美国的汽车公司也基本可以做到，但是它的车发生了很多交通安全事故。类似的交通安全事故，如果发生在传统汽车公司的产品上是难以想象的，对全世界的传统汽车公司来说，如果因为车辆本身的技术问题而产生了车毁人亡的事故，那真的是非常严重。

赵福全：对品牌的伤害是巨大的。

李书福：可是对于美国那家汽车公司来讲好像不是这样，事故中出现人员死亡，好像也影响不大。这是两种不同的理念，传统汽车公司是不允许在没有安全保障的前提下就把产品投放市场的，但是互联网公司就敢这样做，它们认为不要紧，可以尝试。

赵福全：这可能是因为传统汽车公司已经有了100多年的积累。汽车作为出行工具，乘坐者是人，人命关天，所以传统汽车公司开发产品都以安全第一为基本原则。我一直讲，开发汽车和开发手机不一样，手机一天死机五次都没有问题，但是汽车死机一次也受不了，二者的出发点从根本上是不同的。

沃尔沃在自动驾驶领域取得的成绩让您非常自豪，同时整个行业也觉得沃尔沃公司确实在自动驾驶技术开发方面，是全世界领先的。很多企业也一直在跟踪沃尔沃的技术进步。您也谈到了XC90的自动驾驶速度上限已经从每小时50公里升级到了每小时130公里，未来可能还会进一步拓展。同时沃尔沃也导入了互联网思维，将硬件和软件进行了有效结合。那么在研究自动驾驶技术的过程中，沃尔沃是怎样与外界有效合作的？是通过合资吗？

李书福：沃尔沃研究自动驾驶十多年来从没有停止过前进的脚步。最初在没有实现完全自动驾驶时，沃尔沃的安全目标就是实现零伤亡、零事故。随着技术的不断发展，特别是全球自动驾驶方面技术的逐渐成熟，沃尔沃也开始朝着完全无人驾驶的方向进行规划和努力。而过去十几年来，沃尔沃对主动安全技术和高度自动辅助驾驶技术的研究，就成为现在实现完全无人驾驶的基础。由于具有这样的基础，全世界很多同行以及一些相关的专业公司就都过来找沃尔沃，希望能同沃尔沃合作。为此，沃尔沃也提出了一种全新的合作模式，即把技术剥离出来进行合资。比如，我们以50:50的股比，与全世界最大的安全技术公司奥特利夫进行合作。奥特利夫出资金，沃尔沃出技术，共同开发沃尔沃完全无人驾驶技术，然后通过奥特利夫为全世界其他汽车公司提供服务。这是沃尔沃一个非常重大的战略决策，这样沃尔沃就不需要投入太多资金，而奥特利夫愿意投资的原因在于，它的投资可以把沃尔沃的无人驾驶技术变成可以和其他汽车公司进行共享的商品。

赵福全：这是一个非常重要的商业模式。未来产业将趋向于无边界，因为需要的资源越来越多。任何一家企业，无论规模多大，都没有能力独自开发所有技术来满足未来竞争的需要。这就引出一个新的问题，如何进行技术合资。将技术和其他厂家分享固然能够降低沃尔沃的投入和成本，但是沃尔沃如何保证自己在无人驾驶技术方面的领先地位呢？

李书福：这种分享是有前提的，新技术必须在沃尔沃汽车上应用一段时间以后，才可以和其他汽车公司进行分享。又比如，优步（Uber）的租车业务做得很好，但是很头疼的一点就是司机的成本太高。他们非常希望让车辆在没有司机的情况下也可以为顾客服务，在这方面，他们的研发投资额很大，希望能够早日开发出完全无人驾驶汽车，但是尚未如愿。所以 Uber 就在全球寻找可以帮他们实现梦想的公司，最终选择了与沃尔沃合作——由沃尔沃提供基础车型，Uber 在沃尔沃的基础车型上进行开发，以获得符合 Uber 需求的自动驾驶汽车。这两个例子说明，目前沃尔沃的自动驾驶技术是全世界领先的。

赵福全：Uber 肯定是在研究了全世界各个整车厂的技术状态后做出的选择。而技术共享的前提条件是，技术首先要在沃尔沃汽车上使用，这就给了沃尔沃先发优势。

下面这个问题稍显敏感，最近沃尔沃的研发总裁 Peter Mertens 跳槽到了奥迪，这对于沃尔沃有没有影响？

李书福：人才流动总体来看是有利于世界进步的，汽车行业的人才流动也有利于汽车行业的发展，这是正常现象。当然，这也侧面说明了沃尔沃的技术是领先的，引起了行业的关注，尤其是以 SPA 平台为基础开发的 XC90 和 S90 这两款车，在全球引起了很大的反响。XC90 投放市场一年，就拿到了全球 100 多个奖项，几乎各个方面的奖项都拿到了。

有这样的技术，我们的人才自然非常受青睐。不过，一个企业的发展情况最终是由其核心价值观决定的，只有以正确的核心价值观武装起来的企业才能走得远。简单地挖到一两个人才，不一定能够帮助企业取得更好的发展。反过来讲也一样。

而且沃尔沃的研发人才是很多的，几十年来沃尔沃一直在北欧的瑞典静悄悄地进行着自己的研发。沃尔沃研究自动驾驶已经十多年了，今天令人瞩目的成果是基于过去多年的努力。当然，由此带来的人才流失对于沃尔沃而言，也是一个必须面对的挑战。

赵福全：您是喜忧参半，一方面人才流失是一种遗憾，另一方面这也说明了沃尔沃多年以来的技术积累得到了行业的充分认可。

谈到未来汽车产业的发展，除了智能网联是很重要的领域之外，新能源汽车也是不得不谈的话题。这其中既包括电动汽车，也包括替代能源汽车。我们知道，吉利不仅在开发电动汽车，也致力于开发混合动力汽车，同时也在做甲醇汽车。您如何看待未来这场汽车能源革命？

李书福：第一，能源结构多样化是全人类的共识，不能只依靠单一种类的能源。第二，能源的清洁化和循环再利用是全人类共同努力的方向。汽车行业同样回避不了这两个问题。完全使用清洁能源和可循环再利用的能源需要一个过程，这期间不仅需要技术本身的进步，还要考虑成本、社会配套设施等的适应性及转换速度。

目前传统能源还是主要能源，新能源的应用正在普及，但是还需要时间。我不认为一夜之间或者说几年时间就能够改变，这需要一个比较长的过程，而且这个过程可能还有反复。因为大家对新能源和传统能源，以及环境、气候变化的认识，也不是一成不变的。

再过几年，关于能源替代紧迫性的认识是否会发生变化？很难说。我也和很多能源专家、环境专家、气候专家进行过讨论，不同国家、不同人都有不同的看法。有些人认为碳排放导致了地球温室效应和全球变暖，必须严格控制；但有些人认为不是这样，他们觉得在整个宇宙纬度下人类的活动很难产生太大的影响；还有些人认为，碳排放确实导致温室效应了，但这是一千多年来人类活动产生的碳不断积累的结果，而不是近几十年造成的。

不管哪种看法正确，不可回避的现实是，目前碳排放总量已经导致了地球表面温度的上升。但是还有一点需要认识到，碳循环本身也是有平衡的，并不是说一点碳排放都没有了，对地球才是最好的。因此，我觉得传统能源和新能源的使用比例，必须综合考虑为传统能源排放付出的代价和应用新能源所需的成本之间的关系，权衡负面的挑战和正面的影响。

新能源汽车肯定是要发展的，这是大方向。但是成为主流到底需要多少年呢？人类历史长河有几千年甚至几十万年，在这样的时间维度里，为什么我们一定要急于两年或三年就实现什么样的目标呢？以前，氟利昂排放导致大气臭氧层变薄，人类限制氟利昂的使用。后来，碳排放产生温室效应，人类关注碳排放。这都是对的，但都不是一两年就能解决的。

而且中国现在最大的问题不是温室气体，而是雾霾。雾霾和碳排放没有关系，主要与颗粒物及其他有害气体的排放有关。尤其是在北京、上海这种大城市，这个问题要尽快解决，否则直接影响人的健康。因此，我认为应该用更加科学、平和的眼光来看待能源结构的问题。

赵福全：法规要求在不断加严，近期国家出台了 CAFC 与 NEV 双积分并行管理办法，企业面临着迫在眉睫的压力，如果不生产新能源汽车，传统汽车的销售也会受到影响。吉利一方面要做好传统燃油汽车，另一方面也在做纯电动汽车和混合动力汽车，实际上很多传统车企都是同样的情况。那么，企业的精力要如何分配呢？

李书福：我觉得吉利目前不需要担心法规，吉利相对于法规已经大大地超前了。我们现在担心的是国家看到其他汽车公司达不到法规标准，就推迟法规实行的时间，或者法规发布后干脆不执行了。吉利并不担心目前的第四阶段油耗标准，以及后续更加严格的第五阶段油耗标准，因为对于吉利来讲一点问题都没有，我们希望标准越高越好。

但是现在还有很多汽车公司做不到，它们总说标准太高了，执行太快了，能不能把标准降低一点，执行得慢一点。对此我们是不支持的，我们认为标准最起码要达到欧洲或者美国的标准，如果能比他们的标准更严格更好，这样更有利于中国的国家形象以及中国汽车工业国际竞争力的提高。另外，法规执行的时间节点也不能随便推迟。

赵福全：您希望国家制定了标准就要严格执行，而不是摇摆反复，让企业难以应对。

李书福： 对，国家发布的公告文件一定要算数。我们现在非常担心由于一些企业尤其是国有企业达不到标准，导致推迟标准实施时间，或者降低标准。

赵福全： 您希望国家标准要清清楚楚，不打折扣，让企业都认认真真地去做，让大家在公平的起跑线上竞争。此外，吉利在做电动汽车、混合动力汽车的同时，也在改进传统的发动机，做甲醇汽车，这出于什么考虑呢？

李书福： 这是出于能源结构多样化的考虑，现在石油比较便宜，而甲醇更便宜。但是我相信石油价格是要变化的，石油价格曾高达每桶 150 美元，目前价格才每桶 50 美元，但不可能永远保持这么低的价格。

赵福全： 现在这个价格不正常。

李书福： 石油不会长期如此便宜的。中国是缺油少气的国家，无论是石油还是天然气，进口的比例都达到了百分之五六十。在这种情况下，如果石油和天然气的价格上涨，中国的能源供应就会遇到挑战，这关系到各行各业，将影响每一个人的生活。而中国煤炭资源丰富，煤制甲醇是很方便的，所以甲醇应该作为中国能源多样化战略的一个重要组成部分。特别是一些劣质煤不宜用于发电，但是完全可以用来生产甲醇。

我们研究甲醇十多年，从来没有放弃过。因为我觉得甲醇是非常好的替代能源，不仅可以替代石油、天然气，同时也是一种电能的存储方式。目前存储电能的主要方法是电池和蓄能电站，但是蓄能电站的能量损失很大。如果把电能储存在比较稳定的甲醇内，需要时再将电能释放出来，进一步转化成动能，这是非常有应用价值的。并且这种技术现在已经有了，有位美国专家写了一本书叫《跨越油气时代》，他就认为甲醇是未来的汽油。现在大家还没有完全认识到甲醇在替代能源和能源储存方面的潜力，而我们认为这将是一个方向。

赵福全： 还有一个广大网友都非常关心的话题，吉利集团最近在欧洲发布了全新品牌 Lynk&Co。吉利这一路走来，从单品牌到多品牌，再到回归一个品牌，为什么现在又发布了新品牌 Lynk&Co，这背后有哪些考虑？同时此前也有一些自主品牌尝试走高端路线，但都遇到了各种各样的困难和瓶颈。从吉利的角度出发，您觉得未来要如何规避其他自主品牌曾经遇到的问题，真正达到进军高端的目的呢？

李书福：我觉得这其实非常简单，对于一个新的品牌而言，品牌的背后是什么非常重要。品牌不是商标，商标可以随便画一个，到工商局注册了就是商标。品牌是有生命的，是在变化的，品牌的背后是技术、品质、产品、服务、用户体验，具备了这些才能称之为品牌。我们发布的 Lynk&Co 品牌，其背后的技术、品质、产品、服务、用户体验，和现在的吉利汽车是完全不一样的。如果说只是同样的内涵换了一个造型，那就称不上是新的品牌，“换汤不换药”或者“挂羊头卖狗肉”，是肯定不会有出路的。而吉利的 Lynk&Co 品牌，技术是新的，标准是新的，产品也是新的，服务和用户体验也不一样，这才是最核心的。

赵福全：您预计更高的品牌价值真正传递给消费者时会遇到哪些困难？最终消费者能否通过购买和使用新品牌的产品来肯定这种价值呢？

李书福：这就要等消费者真正购买了以后才知道，现在还讲不清楚。购买后消费者就能切身感受到技术不一样、品质不一样、产品不一样、服务不一样、体验也不一样。

赵福全：品牌在很大程度上传递的是企业赋予产品的价值观，在全球化的今天，整个社会都在快速地变化，可能我们这代人和我们孩子的价值观都完全不一样。那么吉利新的品牌更多是倾向于哪个消费群体的价值观，要打造什么样的品牌内涵？

李书福：年轻、时尚。

赵福全：通过什么来体现年轻和时尚呢？

李书福：通过造型、高科技、智能网联等。还有很多引领世界的技术内涵，像刚才提到的架构、模块都是可迭代升级的，软硬件也是可迭代升级的，这和传统汽车完全不同。

赵福全：要用新的互联网思维造车？是基于传统的造车模式，同时还要超越传统的造车模式？

李书福：Lynk&Co 是在 CMA 基础架构上开发的，CMA 基础架构其实就是一个互联网汽车的基础架构，它的电子架构、软硬件都是可以迭代升级的。这和传统概念上的底盘、平台是完全不同的，投产以后用户就会感受到。

赵福全：那么前期吉利的这些传统汽车难道就不需要迭代升级和满足新一代消费者的需求吗？

李书福：慢慢就被淘汰了。

赵福全：传统汽车逐渐被淘汰了之后，这两个品牌下的技术内涵会不会又接近了呢？

李书福：不，这不一样。比如说现在虽然 Lynk&Co、沃尔沃都在 CMA 基础模块架构上开发新产品，但是定位、造型、配置以及开发标准都不一样。就像三星、华为、小米手机都是基于安卓系统开发出来的，但是品牌、市场定位、配置及开发标准都是不同的。以后吉利品牌的汽车也将采用 CMA 基础模块架构，但定位、标准、造型和 Lynk&Co 肯定不一样。

赵福全：那么您认为未来 Lynk&Co 这个品牌在推广过程中可能遇到的最大挑战是什么？品牌的核心竞争力又是什么？

李书福：一定要物有所值、物超所值，要让用户切身感受到 Lynk&Co 带来的自豪感，认为自己没有买错、选错。所以这就要求产品一定要给用户带来非常极致的消费体验。最终用户和市场的认可是关键，只是自己说产品好是没有用的。

赵福全：要把功课做足，让消费者感受到物超所值。

李书福：一定要让用户切身体会到买这个产品没有错，让用户觉得划算。就像现在吉利汽车一样，已经要排队四五个月才能买到。

赵福全：下面一个话题是，从当年并购沃尔沃，到把沃尔沃经营到今天的高度，可以说是非常成功的国际并购经典案例。现在国内的企业也都跃跃欲试想“走出去”，一方面因为国家产业政策的推动，另一方面很多企业也有了足够的资本和能力，希望能在比国内更大的国际市场上有所作为。

在这里我想问您两个问题，第一，回想当年，您觉得在并购沃尔沃的过程中有哪些方面是可以做得更好的？第二，对现在这么多想“走出去”的中国企业，您有什么建议和忠告？这条路到底有多难，该不该走，怎样才能走得更好？

李书福：这是一个很难总结和评估的话题。我认为“走出去”是不容易的，甚至可以说是很艰难的。

赵福全：我也全程参与其中，确实非常困难，但是现在来看也是成功的。

李书福：看上去是成功的，但事实上挑战还是很大的。而且这个成功也只是初步的成功，真正的成功还需要更多要素的积累，需要更多目标的实现。我觉得每天都有挑战等着我们，绝对不是简简单单就能成功的。当年并购沃尔沃可以说占据了天时地利人和，但是今天和六年前已经不一样了。很多事情有共性之处，但也有个性的地方，我们不能简单地把一个点当成一个面来看，也不能把一件事当成所有事来看。沃尔沃这个案例就有它“个性”的一面。

赵福全：现在很多企业都想“走出去”，您觉得应不应该呢？

李书福：都可以尝试，但是一定要谨慎，因为确实非常不容易。

赵福全：究竟难在哪儿呢？

李书福：主要是文化和价值观的差异，不同的国家、不同的民族有不同的文化，不同的企业也有不同的价值观，这是决定融合能否成功的关键。这种文化和价值观的差异问题不是开一个会、签一个合同就能解决的，而是一项漫长的工作，需要非常细腻的处理。

赵福全：并不是有了钱、有了机会就能买下来的，而且买下来之后的道路还更漫长。这个过程中有痛苦，有挫折，需要有充分的准备和足够的耐心。至少吉利目前已经取得了阶段性的成功，大家也希望学习吉利的经验。

李书福：我觉得中国企业“走出去”不能简单地靠并购，并购当然是一种手段，但是不能把并购看作中国企业“走出去”的唯一途径。我认为要想“走出去”，首先必须提高自身的竞争力。如果自身的竞争力不足，想靠并购实现“走出去”，这可能有一点理想化。

赵福全：但是当初如果不去并购沃尔沃，又或者会被别人抢先并购掉了，就需要重走 80 年前沃尔沃打造品牌的漫长之路，而且有可能永远都达不到沃尔沃的品牌高度。

李书福：世界上只有一个沃尔沃，这和一个茶杯、一双皮鞋不同，你或许可以买到类似规格的类似品牌。但是我们这场并购完成以后，就没有第二个沃尔沃可供选择了，你不可能找到同样的对标品牌。

另一方面，在不同的历史时期，情况也不一样。比如当年吉利用了 18 亿美元就完成了并购，现在就算花 180 亿美元也不可能做到。正所谓“此一时彼一时”。所以并购是不能复制的，历史总是一去不复返。

赵福全：所以作为企业家一定要审时度势，机会到来时坚决不能放掉，但是没有机会时，也不要盲目地去做，否则可能会碰得头破血流。

另外有一点值得注意的是，自从被吉利并购以后，沃尔沃在中国的销量以及在全球的销量都在不断上升，而且把中国制造的沃尔沃销售到美国去了。我们中国企业通过这种方式实现了“走出去”，而且出口的是豪华车，这是很了不起的。

最近沃尔沃发布了新款三座豪华车型，也非常引人瞩目。每一个豪华品牌都会打造属于自己的特色，但是一般都是围绕配置、技术及做工等着手，而沃尔沃的这种尝试还是第一次。很多人都和我探讨，创意源自哪里？是不是只有中国企业家才敢于做这种创新？难道说奥迪、奔驰、宝马就没有想过吗？它们为什么不做？另外为什么要先在中国投放市场呢？

李书福：其实很简单，中国豪华汽车的消费者通常会有一个专职司机，大部分买车的人会坐在后排，而坐在后排就面临着几个挑战：第一，视线被挡住了，视野不开阔；第二，会有一点摇晃，让人感觉不舒服；第三，坐在后排时由于受前排的制约，腿伸不开，更无法躺下来。

经常有人和我抱怨这样一些不便，问我能不能设计出一款车，让坐在后排的人也可以感受到与前排一样的舒适性。后来，我就下决心要研究一款没有副驾驶座位的三座轿车。我刚开始提出来时，大家觉得非常难。因为涉及安全、法规，以及开发时间、投资风险等问题，并不是简单地把前面的座椅拿掉、放上一个可以垫脚的配件就能够实现的。但是经过多次讨论，还是决定要造一款三座轿车，最终也得以实现。

赵福全：都有哪些细节的变化呢？

李书福：我提出了几个方面的要求。

第一，要能够把后排和前排连起来，像坐飞机头等舱一样可以躺下来休息，这是基本的要求。

第二，休息好了之后可以办公，所以前面要能够变成一个大显示屏作为工作台面，桌子和显示屏配套起来实现办公。

第三，还要能开视频会议，既要保证联网，也要保证车上视频画面的清晰。

第四，你想吃东西时又能变成一个桌面，可以在上面用餐。

第五，男生想刮胡子、女孩子想梳妆打扮时，它可以变成很干净的镜子。

第六，通常上车之后鞋子没有地方放，所以下面要有一个鞋柜，鞋子可以放在里面。前面讲的这些功能都通过“魔法盒”来实现，“魔法盒”有多种变化，但无论怎么变都可以放鞋子。

第七，现在一两岁或者几个月大的孩子一般都放在后排反向坐，而父母坐在前面看不见孩子，所以副驾驶座还要能放儿童安全座椅，从而使父母可以和孩子面对面而坐，这有利于孩子的健康成长。

在这款车的开发过程中，我才知道原来世界上有很多超级消费群体都非常期待这样一款产品，但是不知道去哪里买，他们也曾让一些汽车公司定制，但是这些汽车公司觉得研发投入实在太大，所以并没有行动，现在我们让想法变成了现实。我相信梵蒂冈的教皇很可能成为这款车的首批用户，他在十几年前就梦想有一辆这样的车，但是没有人为他设计。

赵福全：难道奔驰、宝马、奥迪都想不出这种创意吗？

李书福：梵蒂冈的教皇曾经和这些公司联系过，但是它们认为市场太小，毕竟全世界只有一个教皇。其实不同的是，西方人一般习惯自己开车，有坐后排需求的人群占比不大。而在中国，坐车的人比较多，专职司机的比例也比较高。只要是有专职司机开的汽车，坐车的人都希望视野开阔，能够办公、就餐、娱乐，以及躺下来休息，但之前没有这样的汽车。

赵福全：也就是说，最开始是从个性化需求出发，但是最终可以满足了大众化、批量生产的要求？

李书福：我认为这款车一定是会非常受欢迎，只要享受了一次，就会产生依赖，会觉得世界上怎么还有这样的汽车？

赵福全：或许只有像沃尔沃这种豪华品牌，又是在中国老板的带领下，才能把这样的想法推动落实下去。您觉得是这样吗？

李书福：我在推动的过程中确实是非常艰难的。

赵福全：内部没有人反对？他们为什么反对？您又是怎样想的？

李书福：有很多人反对，他们觉得没有市场。但是我觉得市场会非常大。

赵福全：这可能也要看造价，如果价格能够控制得合适，我觉得还是非常有吸引力的。

李书福：市场一定是非常大的，当然现在还不能下结论，但我相信产品投放到市场后一定会有很多人买这款车。为什么？首先对身体健康有很大帮助，最起码坐在车里，颈椎、腰椎都有保护了，活动更自由了，心情也就会更加舒畅。这和坐在传统汽车里的感觉完全不一样。

赵福全：可以享受到像是坐在家里沙发上的感觉。

李书福：这样的汽车在全世界都是没有的，这是人类汽车工业历史上的一次革命，而且它比四座车更安全。为什么呢？因为坐在后排的人离气囊的距离更远了，所以更加安全。归根结底，这种创意是从满足用户需求的角度提出来的。

赵福全：所以豪华车不是简单的奢侈，不是镀了多少金、用了什么贵重的材料，而是要满足这个消费群体特殊的需求，要提供普通消费群体没有办法享受到的一种特殊体验。

李书福：而且普通的消费者也不会想到这种需求，甚至西方的豪华车消费者也无法想象到这一点。其实中国的消费者在很多时候是更挑剔也更有个性的，而这种挑剔和个性恰恰就是市场机遇。沃尔沃如果能够完全占领这个市场，总量还是非常可观的。

赵福全：非常好的尝试。最后请您展望一下 15 年、20 年之后，在您领导下的吉利集团，包括吉利、沃尔沃以及 Lynk&Co，将在未来重新构建的汽车产业新格局中占据怎样的位置？

李书福：我们的规划是到 2020 年要进入全球汽车企业前 10 强，而且我们作为前 10 强中的后起之秀，代表的将是一个高新技术位居全球汽车前 10 强的企业，我相信这个目标是能够实现的。

赵福全：时间过得很快，与书福董事长一个多小时的交流转眼就过去了，虽然谈兴未尽，但由于时间关系也只能到此结束了。我知道由于书福董事长比较忙，类似这种长时间的交流一般很少做，这也让我们今天的对话更加难能可贵。

对我而言，非常荣幸曾经和书福董事长一起共事，今天则作为老友一起来畅谈吉利的未来，中国汽车产业的未来，也包括豪华品牌如何基于中国土壤做出引领世界的特色。

最后感谢书福董事长的宝贵时间和真知灼见，祝愿吉利越走越好，也祝愿中国汽车产业越走越好。谢谢！

李书福：谢谢！

06 对话魏建军——自主神话的霸气与豪情

赵福全：凤凰汽车的各位网友，大家好！欢迎大家来到广州车展凤凰汽车《赵福全研究院》高端访谈栏目，我是主持人清华大学汽车产业与技术战略研究院的赵福全。今天非常荣幸地请到了长城汽车的董事长魏建军先生，请魏总和网友打声招呼。

魏建军：凤凰汽车的网友们，大家好！我平时上网，习惯性地第一个点开的就是凤凰网，我对凤凰的电视和网站都情有独钟。同时，我和赵总也是老朋友了。赵总是海归界的领袖和代表。今天特别荣幸得到《赵福全研究院》栏目组的邀请，和广大网友们一起来探讨长城汽车以及汽车产业的一些话题，非常高兴。

赵福全：长城汽车经过这么多年的摸爬滚打，在打造自主品牌的过程中形成了自己的特色，取得了可喜的成绩，非常不容易。对于长城我认为可以这样讲：是自主品牌汽车企业中最赚钱的企业、进步最快的企业、最有魄力的企业。当然，如果说是最成功的企业还言之过早，但至少在发展民族汽车工业的征途中，长城是取得了阶段性成功的企业。不过，由于方方面面的原因，有时长城也受到了很多争议，可能也是外界了解相对较少的企业。今天很荣幸能有这样的机会与魏总面对面地互动，开诚布公地交流，也为广大网友答疑解惑。

这次广州车展话题非常多，新能源汽车、智能网联汽车，等等。每家企业都在竭尽全力展现自己的优势，亮出自己最新的产品。而昨天晚上刷屏的热点，无疑就是长城推出的全新高端品牌 WEY。由于现在我处在第三方独立的位置上，有很多人都来问我，“长城这个新品牌，你怎么看？为什么又要搞一个新品牌？有没有风险？将来自主品牌汽车是不是要按照这样的道路发展？”今天，我想请魏总利用这个机会，为大家梳理一下。做这个品牌的动因是什么？您又对它有多大的期待？

魏建军：赵总从技术到管理都是专家，与赵总交流，我一定要说心里话，讲肺腑之言。建立WEY品牌的想法始于四年前，当时我们做了一个调查，在SUV市场中份额最大的是10万~20万元这个区间的产品。但自主品牌汽车的主销产品都是15万元以下的，我们的哈弗品牌定位为经济型SUV，也是主打15万元以下市场的；而15万~20万元区间的产品都是由外国品牌在主导。从这个角度来讲，我们目前只是取得了阶段性的成果。

因此，我们瞄准15万~20万元区间的这个市场进行试水，这是早晚要做的事。而且这个区间的市场份额非常大，有100多万辆，价值空间之大可想而知，却一直被外国品牌占据着。这次我们推出WEY品牌，初衷就是要终结外国品牌在中国这个价位区间SUV市场上的暴利时代。WEY品牌用了时下一个比较时髦的概念，叫作“轻奢”。我们产品的性能、配置，包括安全、智能等各个方面都已达到奔驰、宝马的级别，所以定位并不是高端品牌，而是豪华品牌。WEY的主要受众群体是80后、90后。如果有机会您可以到现场看一看我们的实车，这次推出的两款豪华SUV车型，造型非常时尚，线条非常简洁，车的形态都非常好看，符合年轻人的审美需求。同时，考虑到年轻人在财富积累方面可能尚不宽裕，我们提出一定要给消费者带来超值的享受，所以定价并没有向豪华品牌看齐。

四年前长城做出“放弃轿车，专攻SUV”的决策时，确实引起了很多争议，但是我们的哈弗一直在SUV领域表现强势。而今天推出WEY品牌，我们更加不惧争议。长城的造车理念就是要深耕SUV市场，专注于SUV车型，所以自然要在SUV的每个细分市场都逐渐推出自己的主打产品。之前的哈弗是主打10万~15万元区间的，而现在WEY品牌则将主打15万~20万元区间。

谈到争议，一些媒体有段时间说长城广告投入太少，甚至有媒体详细列出了数据，其他企业的广告宣传费用平均每辆车为6000元，长城才花240元。为什么？我们目标就是要在这个品类里面成为第一，第一就是最好的，已经是最好的了，再做过多的广告宣传未必是好事，我们宁愿将这部分经费投入到研发上。有人可能认为我们太抠门，但事实上我们也并没有因为在广告宣传上投入少，而降低了我们的品牌影响力。打造WEY品牌，我们也将采取同样的品牌营销策略。当然，今后我们在品牌的维护、形象的提升上面，确实还需要增加一些投入。

实际上，WEY品牌定位于豪华品牌，也不是随随便便轻易做的决策。当时我们的战略咨询伙伴，美国的定位大师艾·里斯先生也给予了我们极大的肯定，他的理论我简单概括起来就是“术业有专攻”“行行出状元”“一招鲜，吃遍天”。之前他去访问长城的时候，我们这个品牌的名称还没有确定，他提出了一个建议，就是用我的姓来命名这个品牌。他说国外用自己的姓来命名品牌的情况很多，它给消费者传递的理念是承诺、信用和自信。我听完之后很受启发，也觉得很有道理。他随手就写出来了WEY。WEY在当时没有任何讲法，但确实让我们感觉眼前一亮，就欣然接受了他的建议。于是这个品牌就这么诞生了。经过四年的研发，今天展出的都是准量产车。长城的品牌发布还是按照老规律，今年在广州车展发布，明年就在上海车展投放市场。所以，长城明年将有三款车量产上市。

赵福全：听魏总讲完，我感觉这绝对不是一时头脑发热所做的决策，实际上你们是酝酿了整整四年。在这段时间里，一直在对产品进行调研，在认认真真地准备，在考虑潜在的风险并尽可能将风险降至最小，在思考应对各种挑战的建设性对策，以期最大限度地提升长城品牌的美誉度，最终才有了豪华品牌WEY的正式发布。我能感受到长城立志于做自己的豪华品牌的决心，并已经在朝着这个方向不断努力了。

但是豪华品牌的塑造不是简简单单地拼性价比，或者说产品物超所值。品牌塑造一方面不是只靠一两款产品，而是要靠一系列高品质产品的持续支撑，另一方面也需要经历岁月的打磨。我们之所以认可奔驰、宝马，在很大程度上也是其品牌百年传承下来所形成的固有价值。比如说“二战”之后，德国很多大品牌车企在连年征战的炮火中化为废墟，除了品牌名字之外，真的是什么都没有了。但是一旦重建恢复生产之后，品牌的美誉度很快就让这些品牌又重新回到了原来的地位。

长城此次推出全新豪华品牌 WEY，客观地讲，我认为是很了不起的一个壮举，非常有气魄。可是我们常说“理想是丰满的，现实是骨感的”，究竟如何把这个梦想扎扎实实地付诸实现，这是很大的挑战。我想您肯定已经做了深层次的充分思考。那么您觉得 WEY 品牌里面承载着长城什么样的价值观？对于这个品牌的定位和特色，长城又是如何规划的？

魏建军：是的，长城现在正为走向高端而不断发力，而我们走出的第一步就是推出豪华品牌 WEY。实际上，当初奥迪、雷克萨斯等品牌挺进高端时，也是用超高的性价比来实现的，现在我们也想尝试走这条路。

此外，长城认为汽车消费市场永远是年轻人的天下，一定要满足他们的需求。我们这次推出全新品牌 WEY，首先最为关注的就是时尚的造型风格。当然，安全性能，还有您刚刚说的智能化等，我们也都考虑到了。实际上现在主动安全里面，很大一部分也是依靠智能化来实现的。

赵福全：雷克萨斯上市时的价格确实与宝马、奔驰相差很大，但是性价比很高，市场反响比较好。

魏建军：没错，性价比很高。实际上，直到今天，雷克萨斯品牌经营了这么多年，依然和奔驰、宝马在终端销售价格上相差至少 10% ~ 15%，这也可以说是一个规律，是后发品牌都要经历的必不可少的过程。长城也不例外。我们打造 WEY 品牌首先要传递出产品的价值观，然后不断地从精神、情感等方面进行品牌积累，最终通过多轮产品的完善，不断塑造我们的品牌，提升长城整体的品牌影响力。我们别无他路，只能从这里起步，一直坚持走向终点。

由于哈弗取得的成果，长城目前应该说有这种能力来做自己想做的事。创建哈弗的经验也使我们在推出 WEY 品牌时，更有自信，更有把握。不过，长城在讲述自己的品牌故事、诠释自己的品牌内涵、传达自己的品牌情感等方面，可能确实还做得不到位，今后我们也将有意识地在这方面进行重点培育。目前，我们建立了一个独立运营的分公司来打造 WEY 品牌，而且 WEY 品牌的首席执行官就曾在奥迪做过副总裁，他既做过研发也做过管理，对品牌的塑造，经验比较丰富。当然现在老牌的高端品牌已经占据了主要市场份额，后发者非常困难，所以我们也是“尽人事，听天命”，最终发展到什么程度，只能拭目以待。

赵福全：有些事情说到底就是要勇于尝试：不迈出这一步，你永远也不会知道最后的答案；迈出了这一步，就有可能离成功的彼岸更近一步。不能说奔驰、宝马做了一百年才有今天的品牌影响力，我们也要等一百年再去打造自己的高端品牌。实际上，我认为我们现在打造新品牌，应该说比以前更有优势了。原因一是互联网的普及，使品牌的传播速度远远高于以往任何一个时代；二是中国消费者对某一个品牌极度忠诚的汽车市场格局还远没有形成；三是新的消费群体正在不断涌入，带来新的变化。在这个过程中，后发者比以往的机会更大。而且，我也非常认同您抓住 80 后、90 后新生代消费群体的定位。了解他们的消费需求，开发出适合他们的产品，是至关重要的。

此外，您还谈到了哈弗的成功，虽然取得了不错的经济效益，但是长城并没有因此转为多线发展，而是坚持做好自己的汽车业务，坚持打造 SUV 产品。这份坚持难能可贵。

说到底，品牌决定着一个企业最终的生命力和发展的高度。品牌的提升与传承，不仅仅是企业生存的关键，更是一个企业及企业家在为整个社会留下“遗产”。从这个角度来看，豪华品牌 WEY 的名字确实很有特色，但这是否也存在很大的风险呢？因为用姓氏来命名品牌，企业与家族的尊严就维系在一起了。

魏建军：风险确实很大，WEY 不是我个人的，而是“魏”这个姓氏的。如果我们能够把产品做好，把品牌树立起来，那自然是皆大欢喜；可如果做砸了，难免让人感觉是对所有魏姓人的一种嘲讽，压力不可谓不大。但正如您前面所说，我们并不是一时的心血来潮，这个品牌的创立，历时四年多。我认为我们已经做好了充足的准备，有决心和信心向用户也向社会郑重地承诺，我们一定能够打造出属于自己民族的豪华品牌。实际上，长城走到今天也经历了一个从不自信到自信的过程。我相信我们踏踏实实的企业文化、低调内敛的做事风格、对中国汽车市场的充分了解，以及国人对长城的爱戴和支持，都会助力我们最终赢得胜利，彻底结束外国产品在中国汽车市场的暴利时代。我们的一己之力确实比较弱小，但我们愿做那条搅局的“鲶鱼”，中国的汽车市场最终还是应该由我们中国自己的产品来主导。

赵福全：如果大家觉得未来的时代是中国的，那就请相信中国一定能诞生一个甚至许多个强大的汽车品牌，这不仅是我们汽车人的愿望，也是我们共同的使命。您将整个魏姓与汽车品牌捆绑在一起，我觉得这也是在号召国人发扬“众人拾柴火焰高”的精神，一起支持 WEY 品牌，支持整个自主品牌，我们大家都要有这个使命感。

魏建军：实际上这种命名方式，也是中国人传统的命名方式，只不过经历了新中国成立后的国有化过程之后，这种用自己的姓氏作为企业名或者商标名的现象逐渐消失了。现在我们国家正在迈向市场经济的新阶段，尤其是汽车产业，吸引了外部多元化的大量资本，多种体制的企业都有机会做出自己的贡献，这也带来了重新用自己的姓氏来命名品牌的机会。

赵福全：这样做也显示了您“背水一战”的决心和信念！很多人都有成功的机会，却因为没有坚持到最后的恒心与毅力而导致败走麦城。如果有一天，WEY 品牌真的能够和奔驰、宝马一较高低，或者至少可以与雷克萨斯等品牌相提并论，那将是非常了不起的成就。

WEY 品牌的创立，对于您本人来说也是一个跨越、一场革命。您认为长城在企业的运营管理方面应该做好哪些准备，以应对全新的挑战？

魏建军：作为中国汽车界少有的几家民营汽车公司之一，长城的体制也可以说是我们的一个重要资源，我们有更多的自由可以做自己想做的事情。在这一点上，我认为长城更像一个国际化的公司，我们不拘于哪一个部门、哪一个位置是不是由中国人在负责，我们在全球范围招揽人才，这个位置谁更适合就由谁来担任。

现在我们的副总裁里面有六位都是外籍人员，有北美的、欧洲的、日本的。从研发到采购、制造、销售，每一个环节我们都尽全力去吸引各类专业人才的加盟，并且已在海外进行了战略布局，比如在日本、欧洲、北美，都建立起了真正意义上的研发中心。同时在内部我们的人才培养力度也很大，聘请一些顶级专家来担任骨干员工的导师，极大地带动了我们人才梯队素质的提升。

赵福全：人才在做哈弗品牌时不是同样重要吗？

魏建军：为什么我要讲这一段？因为创建哈弗品牌时，基本上都是我们自己在摸索着做。而如今通过大量的人才引进，通过建设海外的技术中心，也带动了我们现有人才水平的提升。在这个基础上，我们的视野更加宽阔，对技术的理解更加深刻，而且可以说对豪华概念的认识也更加清晰了。

赵福全：有些人可能觉得只要“有金、够贵”就是豪华了。

魏建军：完全不是这样的，豪华不是镶了金边，或者是吸引眼球的表面东西，豪华是一种品位，一种生活的品质。正因如此，我们才花了大量的精力做人才建设的工作，同时在硬件方面的投入也可以说是不遗余力，有人甚至评价我们是过度投入了。

赵福全：我觉得应该叫超前投入可能更为合适。

魏建军：在外界看来似乎是有点过头了，但实际上我们在硬件方面的投入还是非常谨慎的，是纳入到公司的长远发展规划中。而且不是只投入不做检验，而是要有能力的切实提升。比如生产技术是我们投入的重要部分，长城为此花费了很多精力与物力。上次您曾经来长城指导过，如果现在再来访问的话，您绝对会看到很多的新变化，包括制造装备、试验手段等软硬件能力，都有了很大的提升。

汽车是我的事业，我热爱我的事业。如果让我去搞房地产，搞服装，或者化妆品，我感觉那就不是我自己了。看到长城不断地成长和进步，我的喜悦是发自内心的。争议也好，挑战也罢，于我而言，何尝不是一种前进的动力？当然，这些年我们做了大量的工作，其中有些地方可能确实做得不够好，比如您刚才提到的品牌建设工作。我们也在思考，酝酿着改变和突破。

赵福全：豪华品牌的塑造不仅仅是造出几款好车的问题，还要让消费者认同品牌的内涵，甚至和这个品牌享有同样的价值观。也就是说，长城新品牌的产品必须能够满足消费者在情感上的不同诉求，我认为这可能是哈弗和 WEY 最大的差别。

那些汽车大品牌的品牌价值为什么那么高？很重要的一点在于它们善于讲述品牌背后的故事。当它们讲一百多年前企业是如何从小作坊起家，历经战争的浩劫也没被摧毁，而是不断地创新与变革，经受岁月的洗礼和考验，才终于走到今日，这类故事本身就彰显出了品牌历史的厚重。长城现在也需要多出来讲自己的故事。您可以聘请世界一流的团队，可以不断加大硬件方面的投入，甚至可以用家族姓氏的尊严来打造全新的品牌，但是如果这些事不讲出来别人就不知道，更别说被人家认同了。不过，我听说昨天魏总第一次在自己的展台上亲自上阵阐释品牌了，这是您的一种进步。

魏建军：对我来说也是一种挑战。我不太擅长在公众场合露面，但是为了我们的品牌，我愿意做一些尝试和改变。长城以前只想扎扎实实做好车，因为车的品质才是最有说服力的。

赵福全：对于哈弗的品牌定位而言，这可能就足够了。但是对于WEY恐怕不止如此。

魏建军：是的，豪华品牌要考虑的因素更多。当然，我们还得先做好车。同时，长城也有很多故事，二十多年的发展不可能没有故事，只不过此前没有去专门提炼和总结，更别说传播出去了。所以，今后我们也希望与我们的消费者，与媒体朋友们，多做沟通。您提的这点非常重要，我们要为塑造自己的豪华品牌而有所改变。

赵福全：具体如何改变可能还要视实际情况而定。但作为董事长和领军人，您决定用自己的姓氏来命名品牌，这已经说明了您本人肯定有极强的愿望去做改变。为了把WEY品牌真正打造成让国人引以为傲的豪华品牌，魏总愿意做一切的努力和尝试。

魏建军：没错。您看长城的做事风格就会知道，我们根本没想给自己留条后路，就是要义无反顾，下定决心把这个品牌做好。之前有人问我，为什么不做轿车只做SUV？现在也有人问我，为什么用自己的名字来命名新品牌？不会有风险吗？其实长城就是为了不能再回头，断了退路才能在新的战场上全力以赴！

赵福全：战略本身就是一个取舍的过程，取容易，舍最难，要舍掉很多眼前的利益，孤注一掷地去追求未来充满不确定性的利益，这就更难了！真的需要破釜沉舟的决心，更需要持之以恒的毅力来真干、实干！很多时候往往是只有“华山一条路”，才有可能成功。关于这个品牌的命名，当时您的核心团队中有没有人持不同意见？

魏建军：艾·里斯先生随笔写下 WEY 的时候，在现场的人很少，就我和王凤英王总在。当时，我们俩都很高兴，觉得 WEY 品牌比较新鲜，可能现在全世界单音节的汽车品牌我们是独一家，非常好记，利于传播。而且是用姓氏来代表，非常有意义。

大家看我们的 LOGO 设计，也是很有特点的，饱含着我们的情感在里面。上面是 WEY，底下则是英文的 POATING（保定），LOGO 的中央有一个旗杆，就是我们保定直隶总督府门口的那个旗杆。这个总督府是我们保定的标志性建筑，也是我们保定的象征。我们将这些元素纳入到 LOGO 当中，显示出我们的中国情结，也反映出我们的自信。

赵福全：听了魏总这一番叙述，感觉 WEY 品牌不仅仅是将整个魏氏家族纳入其中，也意欲表达对保定文化的热爱与传承，保定人民也应该全力支持这个品牌。实际上，初听到 WEY 品牌，我自己也有一番理解，一是同“we”，就是我们，暗含这个品牌不是自己一个人的，而是我们中国人的品牌，承载着我们所有中国人的梦想；二是同“way”，就是道路或者途径，旨在表达长城在打造中国自主品牌的道路上不断探索和前行。

魏建军：现在确实有很多不同的解读，今后可能还会有新的解读。实际上我们当初也没有想到这么多，主要就是觉得这个名字很独特，又很上口，就这样定下来了。

赵福全：WEY 品牌的发布应该是这次广州车展的一个大事件，和魏总聊了很多，相信广大网友应该都有所了解了。接下来，咱们换一个话题，长城发展至今，不断地进行自我突破与创新，在成本和质量的控制上都取得了很大的进步，确保传统汽车业务获得了相当不错的成绩。那么，对于未来汽车产业的发展，比如新能源汽车、智能网联汽车，您是怎么看的？曾经一度大家感觉好像长城认为新能源汽车还为时过早，甚至有些抵触，因此并没有像传统车一样进行大力投入。不知道和三年前相比，魏总现在对新能源汽车的看法是不是有所不同了？另外，您觉得将要打造的新品牌和新能源汽车以及智能网联之间，存在什么样的关系？

魏建军：澄清一下，我一直认为，新能源汽车一定是未来汽车产业发展的一个方向。此前我们的纯电动车型已经上市了。这次车展我们则带来了自己的插电式混合动力车型，技术含量很高，非常先进。所以，我对新能源汽车并无抵触，我有所抵触的其实是政府执法不严！现在中国每年大概有600万辆农用车，还有很多的黄标车，污染严重超标、油耗存在造假，商用车严重超重，这些问题一直没有得到很好的解决。我认为，污染问题如果不根治源头，仅靠推广新能源汽车，是很难实现预期目标的。

赵福全：那您看好未来新能源汽车在轿车领域的发展吗？

魏建军：我们非常看好，但是我们需要先把眼前的事情做好。新能源汽车我们已经规划了整体的战略布局，并且已经在做了，当然目前还没有达到预期的销量目标。到底哪个环节出现了问题，我们也在反思。包括以后具体应该怎么做，我们也还在摸索中。作为“新生事物”，新能源汽车在中国市场走一些弯路也是正常的，前段时间闹得沸沸扬扬的骗补问题，虽然在一定程度上给新能源汽车的发展带来了一些负面的影响，但并不影响新能源汽车作为未来汽车产业发展的趋势之一。

而对于智能网联，我们是持完全开放、包容的心态来拥抱这一新技术的，包括自动驾驶等多个方面。长城目前已经建立了自己的自动驾驶试验场，而且我们试验场设计的场景还是比较多的。在互联网技术方面，我们也发扬互联网的共享精神，主动与一些手机厂商合作，正在做手机车机连接的开发。未来可能连车钥匙都不需要了，利用智能手机就可以。这样我们就可以把车辆的使用权授权发给手机，采用分时租赁的模式，在一个城市里面布局多个点存放车辆，用户只需手机里安装一个 App，收到授权就可以随时随地把车开走了。

赵福全：非常好，很高兴听到您对这些新技术的认识，而且这些技术可能正是80后、90后更为关注的。记得上次长城技术节时我过去参观，确实感到很震撼，八十多个动力试验台，包括光学发动机，甚至连单缸机都被用在产品开发上，还有造型中心、风洞实验室、变速器试验台架，等等。所以，我刚才说长城在研发上真的是超前投入，给我留下了深刻的印象。在传统汽油车的技术研发上，长城对于发动机、变速器等核心技术的掌控，我认为已经做得很到位了。如果说未来智能网联汽车和新能源汽车将会成为汽车产业发展的主流，那么，您认为这两者中类似发动机、变速器的核心技术是什么？长城在这些核心技术上准备实现哪些突破呢？

魏建军：在新能源汽车方面，我们确实也做了大量的工作，比如说选择更好的电池配套商，采用体积更小、能量密度更大的动力电池；提升我们的电池管理水平；还有电机、控制器，甚至包括燃料电池汽车的研究我们也都在做。

赵福全：商用车说不定机会也很多，而且长城也在做皮卡。

魏建军：对，这也是个方向，需要考虑新技术的应用。实际上，在智能网联方面，我们现在已经应用了很多技术，但由于配套的城市基础设施还跟不上，目前就处于一个比较尴尬的位置。比如，我们研发的车载地图更新非常慢，消费者反而更喜欢用手机地图。这次我们的展台上也有一个展品，就是将手机上的内容直接映射到车内的屏幕上，解决实时更新的问题。应该说，我们在这方面做了大量的技术储备工作。

赵福全：上次我参加长城技术节，还有一点很让我吃惊，就是看到很多核心的零部件都是你们自己在做，这也是掌控核心技术的手段？

魏建军：是的，我们有两三百项的技术研发和储备，将在未来的三四年当中投入产业化应用。今天的时间有限，想说的太多，但很多话题一下又说不清。简单说，长城为了实现一个目标，通常都会准备两套技术方案，虽然增加了投入，但共存的两套技术方案让我们在做决策时更加有把握。

赵福全：记得当时还给我演示了如何用脑电波控制车，真的是非常超前的技术研发。打造 WEY 品牌，只有技术是不够的，但是技术却是必要条件，如果不把技术做到位，这个品牌就会成为空中楼阁，尤其是受众主要定位于 80 后、90 后的新生代消费群体，他们对于新技术是非常关注的。

长城把哈弗做得很成功，今天又迈向 WEY 品牌。请您展望一下，十年之后的长城，在世界汽车产业格局里面，会处于什么样的位置？比如从规模、地位、品牌影响力等角度来考虑，您有没有给自己树立一个具体的目标？

魏建军：您提的这个问题实际上也是中国企业界普遍缺乏思考的，我们往往看得太短，5 年或者 10 年规划。现在由于培育人才的需要，我们也在考虑 15 年、20 年后的规划了。这种规划长城也在做，有技术路线的，也有市场销售的，甚至也设定了很具体的目标。但我们很少对外公布这些目标，我们不愿意将自己固化住，更想追求企业的平衡发展。有的企业追求很大的销量，到头来却有很多的负债，实际效益并不好，反而可能成为一种负担。所以，我们对每年以及未来的销量目标从来不公布具体的数字。

赵福全：但是心中有数。

魏建军：是的，我们对技术、人才、市场等方面都制定了自己的目标，但对外说的很少，也不喜欢让别人评价。我们的终端考核只有一个目标，就是顾客满意不满意。顾客满意了，你什么都做好了；顾客不满意，你什么都没做好。当然作为上市公司，我们也要让投资者满意，我们挣不到钱，没办法给投资者交代。此外，我们也想通过产品品质的提升，走出国门，在海外建厂。我们在俄罗斯就建了一个年产能 15 万辆的工厂，2019 年就会投产，这可能也是中国汽车企业在海外第一个建工厂的，别人都是 CKD 的形式。我们会带过去 11 项工艺，而不只是传统的四大工艺。同时，对北美的调研工作也已经进行了很长时间。

记得之前与您交流，发现我们有很多观点是一致的。比如不要做太多，要做得专，聚焦于一点，把有限的资源都用好。中国经济的持续增长和新一轮科技革命带给我们前所未有的发展机遇，我们没有理由不好好把握，但如果盲目冒进、四处“摊大饼”，又怎么可能成功？我刚才也说了，这一生能做汽车是我的幸运。现在有这么好的机会，如果不能把我们中国的汽车品牌做到世界顶级水平，让中国的汽车产品畅销于全球市场，那将是我最大的遗憾。

赵福全：时间过得真快，一个小时转眼就过去了，我们用了三分之二的时间和魏总详细交流了 WEY 品牌，也感受到了魏总对自主品牌汽车的情怀、格局和追求。您说为此生能够从事自己喜欢的汽车事业而感到幸运，下定决心要把我们自主品牌汽车做好。同是汽车人，我听了真的非常感动。

哈弗品牌为长城打响了知名度，大家都在想长城下一步将如何在品牌上实施突破，而此时您又发布了以自己姓氏命名的全新豪华品牌 WEY，这是一种决心，也是一种态度，更是一种责任。不得不说，这其中也存在着很大的风险。但是这个行动本身就很了不起，体现了您的魄力和执着。我个人认为，既然您是经历了四年的思考而做出的决定，既然您已经把 WEY 品牌的产品都准备好了，请一定坚信自己是正确的，坚持做到最后。有这样的定力，我相信 WEY 品牌完全有可能成为世界上有竞争力的豪华品牌。

谢谢魏总，谢谢您的坚持！祝愿长城汽车和 WEY 品牌在您的带领之下，早日走向世界，助力中国引领未来的汽车市场！

魏建军：谢谢赵总，今天这个访谈非常有质量。我也在此表个态，我们会竭尽全力打造好 WEY 品牌！长城汽车所有的相关方，无论是我们自己的员工，还是上下游的供应商、经销和服务商，我们一定努力给大家带来最大价值！最后，也祝愿凤凰汽车《赵福全研究院》越办越红火。

赵福全：精诚所至，金石为开！相信 WEY 品牌一定会越走越好，谢谢魏总！

07 对话朱华荣——强者思维与价值轨迹

赵福全：尊敬的各位网友，大家好！欢迎大家来到广州车展凤凰汽车《赵福全研究院》高端访谈栏目，我是主持人清华大学汽车产业与技术战略研究院的赵福全。今天我们非常荣幸地请到了长安汽车总裁朱华荣先生，请朱总和大家打个招呼。

朱华荣：各位网友好，感谢大家长期以来对长安汽车的关心和关注。

赵福全：我和华荣总也是老朋友了，原来我在企业做研发时您也在做研发，出席一些会议经常碰见，交流比较多。后来您升为集团党委书记，主抓市场销售及品牌推广工作，现在又出任长安汽车总裁。可以说，您是从技术做起，由基层一步步做到今天。我觉得作为领军人，您经历了这么多角色是很难得的，这也使您可以对于企业运营管理的各个环节有全面的了解和总体的认识。

最近这几年，长安汽车的市场表现很出色，在徐留平董事长的领导下，在大家的共同努力下，取得了非常可喜的业绩，大家也对长安寄予厚望。今天机会非常难得，咱们作为老朋友，要敞开心扉，好好聊一聊汽车产业，聊一聊长安。首先请您向大家介绍一下，这次长安参加广州车展有哪些亮点值得关注？特别是近些年来长安汽车取得的成绩有目共睹，也请您介绍一下具体的情况。

朱华荣：谢谢福全院长给我这样一个机会来和广大网友进行交流。这次车展长安派出了非常强大的阵容，无论是从规模，还是品牌形象提升上，我认为都有一些新的亮点。这次我们一共推出 18 款车型、37 辆展车，有以下几个特点，可以用四个“新”来概括。

一是新产品。此次车展我们将发布两款全新车型。

二是新能源。此次车展我们有 3 款新能源汽车即将量产销售。

三是新技术。在我们参展的众多车型上，搭载了一系列新技术，包括智能化、轻量化等技术成果的实际应用。

四是新变化。长安最近展开了一系列深入的战略调整，这次将向媒体乃至全社会展示长安在经营模式上发生的一些新变化。特别是我们目前计划推动一次新的转型升级，要使企业从传统的汽车产品提供商，向“汽车服务商＋出行方案解决者”进行转型升级。

今年长安的总体业绩，比我们预期的情况还要好。特别是自主品牌，我们去年实际完成了100万辆的销售，今年1～10月就已经完成了104.4万辆，预计全年自主品牌乘用车会突破120万辆。整个集团今年也会突破300万辆的销量，这在长安的发展史上是一个新的里程碑，迈上了一个新的台阶。

赵福全：您的介绍让我们了解到，这次车展长安不仅有新产品发布、新能源车型上市，还有一些新技术成果的转化应用，以及新模式的探索。那么，您认为长安在“十三五”期间将会发生怎样的变化，或者说看得更远一点，展望未来5～10年，您能不能给我们描绘一下长安的中长期发展愿景？

朱华荣：汽车产业看五年是不够的，我们以前规划到2020年，现在规划到2025年。未来十年，长安将始终坚持以“打造世界一流汽车企业”为目标，推动各项具体工作。尤其要在研发领域坚持持续投入，今年我们就在去年的基础上又增加了30%的研发投入。在研发布局方面，在国内，我们成立了合肥研究院。在海外，我们进一步加大英国研发中心的投入，包括新能源汽车及新传动系统的研发；同时在美国的硅谷，建立了智能研发中心。

在新能源汽车技术领域，我们一直坚持走积极稳妥的路线。积极就是长安要不断加大研发投入，加强技术应用；稳妥就是长安在销量上并不追求数一数二，我们要稳健地推进产品的市场化。最近，我们对发展新能源汽车的理念做了一系列的修正和调整，制定了“6543”战略目标。

“6”是指在6大汽车市场领域布局产品，包括家用汽车、租赁市场、货运市场等领域，制定包括城市物流在内的全方位出行方案。

“5”是指产品形态有5种，包括轿车、MPV、SUV、卡车以及厢式货车。

“4”是指到2025年，长安新能源汽车销量要占到总销量的40%。

“3”是指在行业地位方面，长安新能源汽车要做到前3位。

在智能网联技术领域，我们也在不断加大研发投入，推进智能技术的发展与应用，包括智能交互和智能网联等，争取快速将一系列技术成果应用到产品上。今天我们发布的新车型就搭载了很多新技术，具体情况请大家关注长安的发布会。我们在智能网联领域的目标非常清晰，考虑到相关的法律法规明确和基础设施建设也需要一个过程，因此，我们现在制定的目标是到2020年，实现高速公路自动驾驶汽车的批量生产，到2025年实现全自动无人驾驶汽车的批量生产。当然，各地的政策可能有所不同，我们会根据情况相应做一些调整。

在轻量化技术领域，长安也做了大量的工作。我们将打造新能源汽车的两大全新平台，其中之一就是“铝合金+碳纤维”平台，车身减重有望达到30%以上。我们认为，除了大家熟知的“三电”技术以外，轻量化技术、智能化技术也都是未来新能源汽车的发展方向。在这些技术的共同支撑下，未来电动汽车实现续驶里程500～600公里是完全有可能的。

赵福全：2020年和2025年长安有没有一个具体的销售目标？

朱华荣：2020年，自主品牌汽车的销售目标是230万辆，总销售目标是400万辆；2025年，自主品牌汽车目标是340万辆，总销售目标是500万辆。还是坚持走稳健路线。

赵福全：您刚才谈到，长安自主品牌乘用车销量去年已经达到100万辆，今年将突破120万辆。从汽车产业的规模效应来讲，100万辆的销量已经越过基本的边界线，对于自主品牌汽车来说实属不易，令人欣喜。而且按照这种速度继续发展，长安确实可以期待更高的目标。我们也祝愿长安取得更大的突破。

实际上，我在很多场合都讲过，汽车是长周期的产业，一款产品开发就要三年。对于汽车产业来说，五年只是一个播种期，五年之后才会慢慢迎来收获。因此，长安能取得今天的成绩，其实是源自五年前正确的战略规划，以及五年来持续的踏实努力。刚才您提到长安的战略规划是做十年的，特别在研发方面，一直不断加大投入，在合肥、硅谷等地又建立了新的研发中心，非常难得。

长安在研发上做如此大的投入，不知道是否和您本人是研发出身有关？昨天，我在重庆参加一个论坛，有的投资人认为，我们直接买国外的技术不就可以了。您怎么看长安的研发投入，您认为有哪些是一定要自己做的，哪些可以从外面购买呢？

朱华荣： 我认为，重视研发不是因为我曾管过研发，而是长安近20年来不断探索过程中高层形成的一个共识。长安在这方面做得非常好，战略规划一旦制定，那就成为整个集团的共识，必须坚决地贯彻执行，不会因为管理层的人员更迭或位置变更而发生改变。现在我们觉得长安的研发能力还远远不够，后续我们还会持续加大投入。

说到自主研发和技术购买，我认为在企业发展之初，实力尚且弱小时，可以借鉴全球现有的技术；但是在企业发展到一定阶段、有了一定实力时，如果要成为世界一流的汽车企业，就必须具备自己独特的研发能力和核心技术。面对未来的蓝海，我的理解是谁占领了技术制高点，谁就能占领蓝海市场，并最终提升企业的盈利水平。

赵福全： 战略是选择，更是共识，一旦决定了之后就要坚持做下去。对于长安来说，重视研发是集团的战略共识，后续长安在研发上还会进一步加大投入，这也给广大网友，其中也包括长安的供应商和经销商们，传递了一个很重要的信息。汽车行业是多种复杂技术集成在一起的行业，如果企业没有自己的技术研发能力，只是购买技术，那只能解决一时之需。而没有自己核心技术的企业，最终是很难在市场形成自己的核心竞争力的。

接下来，我们换一个话题。长安曾提出“五国九地”的战略部署，不知道您能否向大家介绍一下具体实施情况？我本人也有一点疑惑，因为研发是需要集成的，需要各个领域团队的互动。1+1并不一定等于2，做好了可以等于3，做不好可能只等于1.2。现在长安已经完成“五国九地”的布局了吗？

朱华荣：现在是“五国八地”。

赵福全：研发战略本身也是一个动态调整、动态优化的过程。您觉得，长安在具体执行“五国八地”战略的过程中，有没有什么改变？又有哪些得与失？

朱华荣：没错，“五国九地”也好，“五国八地”也好，都是长安根据自己的战略规划所进行的战术执行，这个过程中当然要根据情况有所调整。比如说，最初提出“五国九地”研发战略时，由于在重庆连刚毕业的大学生都招不到，而上海的人才资源非常丰富，毕业生也很多，我们就决定在上海建研究院。而到今天，重庆已经不同往日了，长安在重庆无论是招收“211”院校毕业的大学生，还是全球范围内的专业人才，都不成问题。所以，当初选择在上海建立研究院，主要是解决当时长安人才需求的瓶颈问题，另外，我们在上海也有基地。但是上海的研发成本非常高，到现在反而成了一个负担。所以今年我们就果断进行了调整，将上海研究院成建制地搬迁到合肥，成立合肥研究院，因为长安在合肥也有基地。

境外几个研究中心的工作和当前的技术都有一定的关联，但更多的是针对一些超前的、面向未来的技术开展研发工作。比如无人驾驶技术，尽管我们中国也有大量的人才和机构在从事这方面的研发，包括很多汽车企业自身也在进行研发，但是我认为不可否认的是，美国在这个前沿领域所拥有的技术积累、创新人才，仍然是其他国家目前无法比拟的。所以，我们选择在硅谷建立新的研发中心。

当今时代全球的资源都可供利用，中国的汽车企业当然应该当仁不让。特别是，当我们身处前沿技术的“腹地”时，更能够第一时间了解世界最新的技术动态和方向，及时进行分析和研究，加快推进长安的发展和进步，我认为这是非常有价值的。至于异地管理和技术交流问题，包括日常的项目推进方面，由于互联网技术的高速发展，现在已经可以通过视频会议、视频电话等方式有效解决了。因此，“五国八地”的战略布局不会受此限制，而是根据公司发展的需要因时因地制宜地不断进行调整。

赵福全：战略确定之后，坚定不移地执行，但也不是墨守成规，而是在不断地进行动态调整和优化，因为现在市场变化太快了。

朱华荣：长安有一个战略研讨会，一起商讨类似的战略调整，通常为时三到四天，每年召开两次，上下半年各一次，雷打不动，从徐留平董事长到我们主要的部门部长全部参加。

赵福全：战略的调整不是对此前行动或者计划的一种否定，而是一种新的优化，以确保曾经做出的决定始终保持正确的方向，能够真正地落地。例如当初是从人才紧缺的角度选择了在上海建立研究院，但是随着情况的改善，鉴于上海的运营成本较高，于是又有了移师合肥的战略调整。因为长安经过这么多年的发展，规模和影响力不断扩大，对员工的吸引力也在不断提升。

朱华荣：是的，实际上当初建立上海研究院就是我提议的，而现在将上海研究院搬迁到合肥也是我决定的。在长安内部，我们叫自我批判，这也是长安精神之一。

赵福全：自我批判可能说得重了点，叫自我完善或者自我修正更适合。

朱华荣：不断审视和修正自己。

赵福全：在不断审视自己的过程中，实施战略修正，这很重要。尤其是当前产业发展变化极快，很难完全看清五年之后的情况。就像五年之前，恐怕谁也没想到硅谷的自动驾驶今天会这么热。

朱华荣：社会环境、政策的变化对于新技术的发展和应用会产生很大的影响，所以在掌握大的趋势后，还需要把握合适的时机点，像新能源汽车就是如此。

赵福全：的确如此，国家的产业政策在不断调整，市场的情况也在不断变化，我们对技术的判断也必须随之调整。

刚才，您还谈到企业发展最核心的要素还是人才，像在硅谷建立研发中心，研究自动驾驶的设备不是关键，因为你们完全可以在重庆建更好的设备，我想你们最看重的还是那里顶尖的人才，尤其是能够接触到世界级一流技术和最前沿信息的人才。

我本人是海归，回国工作已经13年了，一直比较关注海归人才回国后的发展情况。我个人认为，长安在海归和本土人才的融合上是做得比较成功的。我们战略研究院和中国汽车报社合办的海归人才座谈会，一年一届，今年已是第四届了，去年的第三届就安排在长安召开。记得当时你们分管人力资源的张竞竞张总谈到了长安对海归人才的重视，她讲了一个“抓青蛙”的故事，为了让海归人才休息好，公司甚至专门组织人来抓青蛙。

在这方面，我想请您谈谈，长安是如何形成这种海归和本土人才相得益彰的融洽氛围的？同时，长安如何看待人才在公司未来发展中的定位？准备采取哪些措施，包括待遇和机制上的，来更大范围地吸引各类优秀人才的加入？

朱华荣：长安对于人才的尊重，不是体现在言语上或者个别领导的要求上，而是从制度体系上形成了规范，设计了适合不同人才发展的通道，进而上升为长安的一种企业文化。无论是海归人才，还是长安自身培养起来的本土人才，之所以大家都能够长期稳定地为长安的事业奋斗，很大程度上就取决于这份“尊重”。

不夸张地讲，长安上至高层领导，下至一些部门的领导，大家对于人才的尊重都做得很到位。前面您提到的“抓青蛙”的故事，其实也是一种用户思维，要解决人才需求的痛点以确保他们能够更好地工作。当然，最重要的是尽可能为他们打造一个能够充分发挥自身作用的平台，实现他们的最大价值，也让他们找到实实在在的归属感和成就感。

而待遇我认为是第二层次的问题。在长安的海归人才，待遇未必一定比其他地方高，但我们的人才理念在很大程度上保障了我们人才梯队的稳定。发展到今天，长安的人才结构和需求也在发生一些新的变化。过去我们可能更多需要的是技术专家，一些顶尖的技术人才；而今天的长安可能更加缺乏结构性的复合型人才。我认为，这和长安推行的升级战略出现了某种程度的错位，是我们面临的一个新的难题。

最近我们也在采取补救措施：一方面重点引进一些外部的跨界人才，另一方面加强内部复合型人才的培养。我们最近对某些部门的人才培养制定了新的要求，要求必须在技术部门做过三年，在营销部门做过三年，至少有六年的基层经验积累，才能升到更高的管理层来开展新的工作，发挥更大的作用。

赵福全：长安之所以能把海归人才用好，并且实现与本土人才的融洽相处，可能有很多原因，但您最强调的是对人才的尊重，让他们真正感受到被欣赏和被认同，这是一种境界和胸怀。但是海归人才的薪资可能总体上比本土的员工甚至领导都高，大家会不会因此对海归人才有一种抵触心理？长安在这方面有什么化解之策？

朱华荣：这是需要一个过程的。您说的情况大概在十年前确实如此，当时争议非常多，有些人确实认为某些海归人员有的地方还不如我，他凭什么拿那么高的薪资？我当时就在研究院，记得我们做了大量的沟通工作，与很多技术骨干都进行过开诚布公的交谈，请大家相信价值规律，每个人最终都一定会回到自身正常的价值线上。此外，在工作当中，我们特别注意不要将这两方面的人对立起来，而是让他们相互协作、加深理解。包括召开高级专家座谈会，海归人才和本土人才都可以参加，增加他们之间的互信。这样通过对人才机制和结构的不断优化和调整，逐渐建立起长安较为适宜的人才梯队和成长体系。现在长安享受公司副总裁级别待遇的专家，大概有 30 多人，这些专家包括副总级别以下的高级专家，他们的薪资都是由长安领导班子参照市场化的薪酬标准来决定的，所以他们的收入相对来说要高得多。我们现在没有明确划分谁是海归专家，谁是本土专家，这个区别在长安已经很淡化了。

赵福全：企业决胜的关键在于人才，刚开始由于中国汽车产业起步比较晚，水平也比较低，解决人才短缺问题最直接有效的办法，就是从美国、德国、日本请回来一批海归专家。这就如同先移植过来一棵大树，在大树的遮风挡雨之下再培育小树苗，最终这些小树苗也成长为大树，成了公司的骨干。

但是未来汽车产业需要的人才可能不是简单的海归人才或者本土人

才就行了，您刚才也谈到了跨界人才，这些人才来到长安也同样面临如何融合的问题。而长安构建了自己的人才融合机制，通过尊重人才的理念、人尽其才的平台，确保团队的稳定与合力的形成，这对于长安的未来影响深远。这是非常宝贵的企业文化，一定要坚持下去。

朱华荣：最近长安开始引进一些新的人才，已经不再是原来单一的引进技术专家，很多也是管理专家。

赵福全：外界评论说长安将海归人才用到了极致，认为把海归的专家作用发挥得很好，但在我看来，他们在长安发挥的作用也不仅仅就是技术专家。像庞剑、赵会等这些海归专家，已经成为长安具有代表意义的符号性人物。他们不只做技术，更组建了相应领域的强大团队，也主导参与了很多项目。

朱华荣：没错，他们不但参与了很多重要的项目，而且也参与了高层一系列战略决策和战略规划的制订与实施。

赵福全：往往有些人片面理解了海归人才在长安的工作，认为海归人才就像老专家一样负责审核图纸、指导技术，实际上他们也在带团队、培养人，编流程、建体系，以及参与集团方向性决策的把握。

朱华荣：长安对于海归人才的管理有一个专家工作周报，这个工作周报有一条规定，就是要求海归专家写一些有利于公司发展的战略或者管理建议。这个周报徐留平董事长亲自审阅，他后来回北京工作，我就说，要不周报您就别看了，交给我来处理吧。但是他说不行，到现在为止，这个周报都还是他亲自审阅批示，每一条批示都要有督办和落实。

赵福全：真是“台上一分钟，台下十年功”啊，大家只看到长安把人才用好了，包括充分发挥了海归人才的作用，却不知道长安在人才工作上所采取的一系列措施，构建起良好的人才发展体系，并逐渐形成了长安自己的人才观。有人可能觉得人才观说起来太虚了，但中国有句话说得好，“十年育树，百年育人”。做好人才的培育工作，对于中国汽车产业来说，不仅是利在当代，更是利在千秋的大事。

朱华荣：人才观没有深入实践就会觉得很虚，实际上却是至关重要的。

赵福全：刚才您谈到了跨界人才，特别强调了新型复合型人才的重要性。实际上，汽车产业本来就是非常复杂的系统工程，涉及技术、采购、制造、质量、销售、管理、金融等不同领域，这本身不是一种跨界吗？类似您这种背景的不正是复合型人才的缩影吗？为什么现在要特别强调面向未来的跨界复合型人才呢？

朱华荣：长安的人才需求也是与时俱进的。当整个社会的大环境和竞争的大格局发生变化时，企业的人才战略势必要进行相应的调整。长安现在特别需要复合型人才，这是与长安未来的战略规划及部署相一致的。因为，未来长安将从传统的汽车产品提供商向“汽车服务商＋出行方案解决者”转型升级，我们迫切需要兼备软件和硬件知识的双料复合型人才，他们可能更加适合企业未来的发展。所以我刚才提到，长安现在的人才结构与我们的战略需求是存在某种错位的。

比如，当前由于互联网的高速发展而带来的新的销售模式、消费模式变化，应该用什么样的人才来应对？又如，由于根据企业海外发展战略，长安要在海外的一些主要市场，如伊朗、俄罗斯、印度等地建立自己的基地，包括从研发到采购、制造、营销、服务、金融等方面都需要建立配套的管理体系，而长安现有的人才结构能不能满足这样的发展需求？这是我最近关于迫切需要复合型人才的理解和看法。

赵福全：不是说之前的不是复合型人才，而是需要新的更多维度的复合型人才，能够全方位地看不同领域的人才。比如可以站在机械制造的角度看 IT，也能够站在 IT 的角度看机械制造。

朱华荣：对，不是简单的互联网人说要颠覆汽车产业，而传统汽车人说不会被颠覆，不是这样的。

赵福全：汽车产业现在和互联网、IT 产业的人才竞争也是非常激烈的，人家往往不吝给予工资、股权激励。我知道长安也在股权激励上迈出了尝试性的重要一步，对于国企来说，这一步本身就很了不起。我想，这对于复合型人才的外部引进和内部培养，都将大有裨益。但是如何才能保证优秀的复合型人才能够长期稳定效力于长安呢？从人才激励机制的角度，您认为应该怎样做？

朱华荣：这也是我在日常工作中思考最多的问题，我认为可以为不同层次的人才树立不同的目标，让大家在实现目标的过程中发挥出自己的最大价值，并增强对企业文化的认同。尤其是新引进的人才需要一个适应的过程，要让他们能够很快融入长安的企业文化氛围中，理解企业的发展愿景和战略目标，形成大家共同的理想和奋斗的意愿，这样才能真正保障长安人才队伍长期、稳定的良性发展。也就是说，要让员工明白自己是在做一件伟大的事情，而不仅仅是在为长安打工，激励大家为中国汽车产业的振兴，为塑造一个伟大的中国品牌做出自己的贡献。当然，这种境界可能不是人人都能达到，但也并不是说只有职位非常高的人才能具备，实际上我认为到了一定收入层次的员工，都可以具备这种情怀。

此外，就是您刚才说到的股票、期权等人才激励机制，今年我们也是破天荒地第一次尝试，原来我真没想到这件事情能够推动下来，尤其是在这么短的时间内。可能对于长安自主品牌事业的发展比较认可，包括长安的母公司，也包括国资委，都非常支持我们。当然，后续还有很多工作要做，目前还只能算是个开端。

赵福全：大家可能觉得步子还可以再大一点。

朱华荣：我把这件事情看成是破冰行动，这次破冰成功之后，后面的航行应该就很顺畅了。

赵福全：我们谈了很多长安的话题。实际上，我也经常看到您发表很多关于中国汽车产业的言论，比如您曾谈到只有长安发展起来是不够的，如果中国汽车产业不能做强，最终长安汽车也走不了多远，这其实是“大河没水小河干”的问题。同时也是自主品牌汽车整体上如何突破诸多瓶颈，取得更大发展的问题。

自主品牌汽车的差距是多方面的，我觉得目前最大的问题是品牌的溢价力不足。长安自主品牌汽车现在已经做到了年销100万辆，可从利润看仍然不容乐观。如果长安的品牌能够支撑每辆车再多卖两万元，这两万元就是纯利润，不仅能给企业带来巨大收益，更将有力提升品牌的价值。但是品牌要往上走，不断提升美誉度，并非易事。最近，几家自主品牌汽车企业相继宣布要推出高端品牌，长安之前也曾经提过，不过近期似乎没有太多举措。那么，您怎么看自主品牌汽车向高端发展？究竟应该是做高端产品，还是做高端品牌？长安又计划如何实现品牌的突破呢？

朱华荣：无论是在同一品牌下做高端产品，还是重新打造一个高端品牌，这两条路我认为都是可行的。但是无论选择哪条路线，都关系着企业未来的发展和命运，必须极其慎重，要对企业自身的实力和发展的能力，有一个清晰准确的评估。长安之所以没有选择重新打造一个高端品牌，或者说我们曾经有过这样的想法，但经过多方考虑，决定暂不行动，就是因为我们认为长安目前可能还不具备经营两个品牌的能力，所以我们选择在同一品牌下发展高端产品来寻求突破。

此前我们已经开发了睿骋这样的产品来冲击中高端市场，这次车展则发布了 CS95，明后年还会陆续推出一些新车型。品牌向上发展是任何一家中国自主品牌都必须坚定不移、努力追求的方向。而品牌的塑造需要一系列保质保量的产品来支撑，没有捷径可走。如果非要说捷径，那就是您在很多场合都强调过的“坚持，坚持，再坚持”。唯有踏踏实实做好核心技术的攻关和掌控，确保每一款产品都做到品质优良，不断积累，不断提高，才是品牌向上之路。未来也可能我们自主品牌汽车在某项核心技术上取得重大突破，品牌的美誉度也会随之迅速提升。但无论有没有这种“跃升”，我们都要做好自己的产品，做好自己的服务。

赵福全：既要遵守行业发展的规律，又要积极探索创造奇迹的机会，但是也不能止步不前地等待奇迹的到来，而是踏踏实实做好眼前的工作。实际上，这两者并不矛盾。奇迹不会平白无故降临，而且如果没有“十年磨一剑”的恒心与毅力，即使奇迹到来了，也把握不住。

朱华荣：所以长安一直坚持在研发领域的大投入，后续还将不断地加大投入。我们深信，唯有通过这样的积累，才能为用户创造出最大价值的产品。

赵福全：您刚才谈到了非常重要的一点，品牌溢价力是需要长时间的积淀才能最终形成的，需要很多款优质产品的支撑，需要几代人几十年持续的辛苦耕耘，最后才在消费者心目中建立起来一种成型的价值观。我知道长安在品牌塑造上做了很多尝试，正在努力地提升品牌的影响力，比如长安独家冠名赞助播出的《出彩中国人》栏目，颇受各界关注。您认为类似《出彩中国人》这样的节目，从投入产出比看，对于提升长安品牌影响力有多大的价值？

此外，长安的自动驾驶也产生了很大的影响。当很多业界人士都认为自动驾驶还很遥远的时候，长安一直积极发力研发自动驾驶，今年长安的无人驾驶车从重庆开到了北京。刚才您也谈到，长安到2020年要实现高速公路自动驾驶，2025年要实现全天候自动驾驶。做品牌必须平衡现在与未来，务实与务虚，不知道长安对此有怎样的考虑？

朱华荣：《出彩中国人》这个节目，我认为长安的研判很准确。首先我们深入分析了CCTV-1的收视群体和长安的用户群体，发现契合度很高，在这个前提下，我们才决定赞助这个节目。而且这是一档积极向上的节目，对长安品牌形象的传播非常合适。按照我们所做的投入产出比分析，去年已经获得了300%的回报率。

关于您提到的自动驾驶技术，长安目前确实既在做品牌推广，也在积极开展技术研发。在试车厂完成测试后，我们进行了这次2000公里的长距离实际行驶，体验各种工况，采集了大量数据。这种做法收益很大，我们经历了很多原来在试车厂里意想不到的问题，也积累了解决问题的经验。同时，这一路走下来也达到了很好的品牌宣传效果。我认为自主品牌在宣传展示方面还应该做得更多，这样既能提升品牌的知名度，又能很好地体现企业精神，展现我们自主品牌汽车不断向上的风貌。

赵福全：可是企业的发展只靠自己努力是不够的，尤其像汽车这样牵涉广泛、影响巨大的支柱产业，国家产业政策的顶层设计和有效引导也至关重要。现在整车合资股比要不要放开的问题，受到各方的不断争议，可谓“仁者见仁，智者见智”。作为国有企业的领军人，您怎么看待这个问题？您觉得未来国家应该制定什么样的产业政策，才能更好地支撑民族汽车工业的发展？

朱华荣：我个人认为合资股比放开是一个趋势，对此我们也是认同的，但是放开的节奏国家要把控好，必须留给绝大多数中国自主品牌汽车足够的时间，让我们做好充分的准备，或者说我们需要时间，更多地利用来自合资企业的收益，包括管理上的经验，来反哺自主品牌。

对于未来产业政策的制定，我认为首先国家应该从总体上把控汽车产业的发展方向，所制定的政策要对改善和提升中国自主品牌形象起到有效的支撑作用。此外，应该促进企业之间的合作、产业之间的融合，尤其是应鼓励自主品牌在新技术研发和共有平台打造上共享资源和成果。虽然中国汽车产业经过这么多年的发展，取得了显著的成绩，但每一家自主品牌单独的力量都还比较弱小，因此需要在国家的政策支持下，联合起来共同研发一些新技术、打造一些新平台。“抱团取暖”是自主品牌对抗世界级对手的良策。

赵福全：没错，中国汽车产业的做强必须依靠本土企业的崛起，而本土企业的发展壮大需要足够的时间。国家要采取一些切实可行的具体措施，对自主品牌给予有效支持。作为 WTO 的成员国之一，中国最终放开整车合资股比限制是理所当然的，但应该制定一个清晰的时间表，科学有序地稳步推进。这个时间表非常关键！一方面必须留够时间，保证自主品牌企业能够做强；另一方面，又要给自主品牌明确的时间节点和足够的压力，促进企业加快转型升级。

我经常说，自主品牌一定要坚持，因为造车就是一场马拉松比赛，需要打持久战。前几天参加《汽车商业评论》十周年庆典活动，我正好和徐留平董事长坐对面桌，他也非常认同做自主品牌一定要有坚持的恒心与耐力。那么，您觉得到底应该怎样做才是真正的坚持，才能保证战略规划能够不断地落地，支撑长安由一个高峰迈向另一个高峰?

朱华荣：每家企业可能坚持的理念都不完全一样。对于长安而言，我认为主要有三条。

第一，要遵循汽车产业的发展规律，结合社会大环境的发展趋势，制定适合企业自身情况的长期发展战略。可以适时进行一些战术上的调整，但大的战略方向轻易不能动摇，这是最为重要的。

第二，要强化管理体系建设。稳固的体系才能确保企业在发展过程中不会偏离航向。

第三，要构筑健康的企业文化。企业文化和精神的培养与传承是一个企业的灵魂，唯有如此才能让大家向着共同的愿景和目标，孜孜不倦地追求。

赵福全： 非常感谢华荣总。今天我们的交流非常深入，只可惜时间太短。作为民用工业中最为复杂者，汽车是学科的载体、创新的载体，也是技术的载体、价值的载体。同时由于无可比拟的基础性、关联性和带动性，汽车也成了新一轮科技革命的前景下，中国制造业转型升级的重要载体，并且肩负着高端制造业出口的重任。正因如此，奋斗在自主品牌一线的企业领军人，面临的任务是艰巨的，身上的使命也是伟大的。

华荣总是做研发出身，管理过党政，也主抓过销售，现在作为公司的总裁，带领长安人为中国自主品牌汽车的崛起而不断努力。在长安的战略制定、体系构筑、文化培养、人才培育等各个方面都做了大量实实在在的工作。我之前在浙江大学管理学院做兼职教授，当时就曾在讲座里提到，企业成功的三大要素：战略、文化和体系。战略决定方向，文化统一思想，而体系是战略落地、文化传承的保障。很高兴今天听到华荣总也有同样的认识，这也可以说是“英雄所见略同”吧。

您还谈到战略的制定实际上是一个取舍的过程。而一旦确定了战略方向，就应该集中公司的资源全力投入。在推行战略的过程中，大的战略方向不能轻易变更，但可以根据社会大环境的变化进行适度的调整。长安研发布局的调整就是如此，这不是否定过去，而是一种优化，也是企业面对竞争态势变化的具体应对措施。

汽车强国梦是我们共同的理想，而中国汽车产业要想做强，本土企业必须做强。因此，我们需要涌现出更多的长安。

感谢华荣总。谢谢！

08 对话吴松——审时度势下的绝佳机遇

赵福全：凤凰汽车的各位网友，大家下午好！欢迎大家来到广州车展凤凰汽车《赵福全研究院》高端访谈栏目，我是节目主持人清华大学汽车产业与技术战略研究院院长赵福全。今天我们非常荣幸地请到了广汽乘用车董事长吴松，吴总请和大家打个招呼。

吴松：各位凤凰汽车的网友，大家好！感谢大家一直以来对传祺品牌的关心和支持，也希望大家有更多的机会体验中国品牌。

赵福全：广汽自主品牌近年来发展得非常快。回首过去，广汽用了短短几年的时间把传祺从一个默默无闻的品牌，做成现在这样受大家高度关注、产品在市场上供不应求，具有些传奇色彩的品牌，的确是件很了不起的事情。今天广州车展又是广汽的主场，请您先和大家分享一下，这次广汽自主品牌带来了哪些产品？有哪些看点和亮点？

吴松：说实话，今天看了广汽的展厅，我自己都震惊了。广汽自主品牌从零开始建设，我一直都是参与者。从我们第一次参展，展示一辆概念车，到第二次展示几辆车，再到这次广汽集团把整个一万平方米的展馆都包了，进步确实非常大。而且我们自主品牌传祺占据了重要位置，展览面积超过3000平方米，里面有十几款车。这次车展还发布了EnLight智联电动概念车，将智能化、网联化、电动化三个概念有机融合，并由广汽研究院副院长、设计总师将这款概念车面向全球进行发布。

不管是广汽集团旗下的合资品牌，还是自主品牌，都在这次车展上展示了对广汽大品牌的认同。不只广汽的自主品牌，同时广汽的合资品牌丰田、三菱等几家企业也都首次标上了广汽的Logo（标志），我想这在过去是不可能的事情。这主要基于两个原因：第一，表明这些合资企业对中国市场充满期待；第二，表明传祺的产品已经和合资品牌旗鼓相当了，如果不是这样，把广汽的 Logo 放上去对合资品牌可能就有负面影响，合资品牌是不会愿意的。

广汽未来的发展方向，正如我们曾董事长概括的那样，就是“一个中心、两个不变、三个转变”：“一个中心”是要继续追求品质，追求有效率的发展；“两个不变”也即“两个不动摇”，一是坚持发展自主品牌不动摇，二是坚持合资合作不动摇；“三个转变”则是实现由量向质的转变，由生产向品牌的转变，以及由制造向创造的转变。

这里也和大家分享一下，今年广汽集团的增长也很喜人，整个集团增长达到30%多，传祺品牌 1～10 月更是增长了 110%多。从 2011 年传祺品牌投放市场到现在已经连续多年实现 80%以上的复合增长率。应该说，广汽这些年来下功夫发展自主品牌汽车，现在交出了比较令人满意的答卷。

当然，广汽今天迎来这么好的形势，我们也不应把功劳全部记在自己头上，大环境的改变也很重要。在国家层面，这几年中央提出了五大发展理念：创新、协调、绿色、开放、共享，同时很多政府高层领导，带头乘坐自主品牌汽车，示范作用明显。在消费者层面，很多中国人看待自主品牌的观念正在转变。自主品牌今年整体上也是一片欣欣向荣之势。

另一方面，国内一些大汽车集团以及一些民营企业，在自主道路上都已经取得了长足的进步。中国汽车已经告别了早期的模仿时代，现在进入了正向开发的新时期。今天我还没来得及看太多的展馆，但已经有了初步的感受，这次广州车展很像是一个分水岭，今后中国汽车产业将进入中国品牌和外资品牌同台竞技的时代。

赵福全：吴总讲起广汽如数家珍，特别是说到自主品牌汽车更是激情澎湃。我们在外部对广汽的关注可能没有连续性，您在内部体会一定更加深刻。忆往昔岁月峥嵘，当年只有一辆概念车参展，而今天广汽把 1/3 的展馆都用于传祺品牌。同时广汽的很多合资品牌，之前虽然是在同一个展台上，但都是用自己的品牌，而这次也特别把“广汽”的品牌打出来了。这是广汽集团此次参展之前提了要求吗？

吴松：我们对合资品牌提议过，在中国实行双商标比较好。第一表明合作关系；第二表明双方的文化认同；第三也是替我们的合作伙伴考虑，把双方的品牌都打上，对他们的产品也有利，因为我们的品牌也已经有号召力了。所以本次车展打出双商标，应该说有集团统一的考虑，但更多的是合资品牌的自愿。从我个人角度分析，也说明我们的合作伙伴对中国市场充满信心，因为中国市场的影响太大了。

赵福全：其实三年前他们对中国市场同样很有信心，现在一方面可能对中国市场的重视程度更高了，另一方面也是最核心的原因，是联姻的对象——广汽由于传祺的崛起不断进步，合资品牌认为这种宣传不丢面子了，甚至还长面子了。

吴松：确实是这样的，广汽作为合作伙伴不给外方丢面子，另外，广汽这个伙伴的发展也给了它们一些启示和激励。

赵福全：广汽集团今年实现了超过 30% 的增长，远高于市场平均水平。而传祺品牌实现了 110% 多的增长，更拉动了整个集团的增长，为集团的整体发展做了很大贡献。您刚才说这得益于大环境，但是同样在这个大环境下，有的企业做得好，有的企业却不尽如人意。而传祺的进步是巨大的，毕竟五年前还名不见经传，大家对于传祺品牌的影响力和号召力也没有很强的认同，记得当时在亚运会上，广汽重金宣传传祺品牌，消费者也没有太多的反应。而经过短短几年，研发、采购、销售等方面共同努力，迅速实现了传祺今天的成功。一款产品在市场上热销，绝不是某一个人、某一个部门做对了一些事情，而是整个企业综合竞争力的体现。我认为传祺的成绩很了不起。

记得之前天津泰达论坛时您讲过传祺，充满着感情，也充满着情怀，我在下面倾听也为之动容，为自主品牌的发展感到自豪。中国建设汽车强国，必须要把本土企业做强，否则大而不强的局面不可能改变。不只广汽，我刚才也和长安的华荣总裁交流过，也包括其他自主品牌汽车企业老总，大家都要努力做强，最终才能形成气候。您原来是在一线做总经理，现在则是广汽乘用车董事长，这几年一路走过来想必很不容易，没有几番酸甜苦辣，哪有今天的成绩？有没有最核心、最值得回味的几点体会可以和大家分享一下？

吴松：第一是创新驱动。不管是在产品开发上，还是在生产组织方式上，又或者是我们的架构体系上，也包括在用人机制上，创新都非常重要。回首九年前，广汽的研发部门只有五六十人，其中还有一些是刚毕业的学生。后来集团任命我为工作组组长负责自主品牌汽车，记得第一次和黄院长见面时，我被他的勇气吓了一跳，因为当时我们可以说连开发流程都不太清楚。

合作伙伴水平再高、相处再好，核心技术也不会给你提供，因为一旦把你培养起来，就相当于自己多了个竞争对手。这在全世界都是一样的，并不是针对哪一个国家，因此不能一味地指望我们的合作伙伴。

赵福全：换位思考，我们也不会那么做。

吴松：对，所以我们对于合作伙伴没有意见。其实与外方合作毕竟给了我们学习的机会。广汽应该说有个优势，就是和我们合作的外方伙伴都是世界有名的企业：一个是丰田，丰田的精益生产方式在全球都受到推崇，而且还在不断完善；另一个是本田，本田推行精益生产也到了相当的境界，使得本田能够迅速崛起，广汽做自主品牌时，正是本田最红火的时候。所以广汽在制造、品质控制等方面就有了一些条件和基础。

不过广汽也有自己的劣势。首先就是研发体系需要重新构建，问题是人员来自两个不同的合资企业，实际上几家大型国有汽车集团在这个问题上也都有一样的苦恼。我曾经说过在一家合资企业待久之后，很容易照搬它的模式，但是这样很可能就会失败。如果我们一开始就完全照搬无论是本田还是丰田的模式，可能传祺在成长道路上都会更加艰难。

早期我们发动机的主要技术骨干是从丰田来的，还有一部分来自于东风本田，但是核心领导来自于丰田，所以在发动机方面我们就全部推行丰田的生产方式，这样工厂原有的问题就得到了改善。整车方面，我们的主要技术骨干来自于本田，尽管营销对于企业很重要，但是在产品薄弱阶段，技术干部更重要，所以我们就由本田的技术人员来负责，整车全部按广汽本田的这套体系来做。

我在汽车领域的经历不算太长，如果说最大的压力就是没搞过汽车，但其实最大的动力也正是因为没搞过汽车，没有任何“先入为主”，我不会把哪一个模式作为标准模式。最终我们建成了自己的研发体系，包括以黄院长带领的广汽研究院为主的国家级技术中心，我们的工程技术中心，还有一些核心供应商的技术力量，共同构建起了全球研发网。这不是花了一年时间，而是花了九年的时间。今天说这些一方面是讲述这个过程，另一方面也希望给我国自主品牌汽车的发展提供一些可供参考的经验。

为了让整个公司形成良好的氛围，九年前我在企业文化上提出了三句话：国企的平台、民企的效率、合资的流程。九年间，我每天都在一线实施还不觉得怎样，现在我做了董事长，再回过头来思考这三句话，觉得还真是很有些道理。我从来不提民营企业的机制，因为民企的机制不好学，国企也学不来，同时民企机制也不都是对的。一定要借助好国企的平台，与民企不同，国企员工不是为一个人打工，而是在共同打造这个平台。现在国企也在改革，就是要让大家都受益于这个平台的发展。

同时要改变国企一些不好的地方，很多国企存在人浮于事的现象，不干活的人很多，效率低下，最后导致没有竞争力。而民企为什么有效率？因为民企花的是老板的钱。我自己也下过海，做过民营企业。深知民营企业比国企更注重效率，对市场的敏锐度非常高。我们的传祺作为一个新品牌，必须要有高效率，必须对市场极其敏锐，否则不可能成功。

第三点是合资的流程。合资企业有时候看起来决策要慢一点，但是在中国为什么非常成功？因为合资企业用制度和规则，确保大家都在一个正确的方向上共同努力，而不是各行其是。而我们中国总有很多“创造力”丰富的人，不愿意照章办事，认为这样太慢。其实我们应该好好想一想，合资企业为什么这样重视流程？

我早年在国企工作了16年，后来下海一年多，又到广汽丰田参与了整个丰田发动机厂的筹备，一直到建成两期投产。这三段的经验让我对三种不同类型的企业都有切身体会，所以才总结出这三句话。我将这三句话公开提出来，目的就是表明我要按照这个方向进行文化整合。当然，现在也还不能说已经整合完毕了。

赵福全： 但是已经初见成效。

吴松： 第一，这三种不同文化的整合，就是要打造出我们广汽传祺自己的文化。在我们的企业里不论你来自何方，一项任务交给谁，都可以去承担。防止拉帮结派，防止形成小团体，防止把过去的成功作为今天的成功，甚至作为未来的成功。

第二，广汽传祺的发展与集团的信任也密不可分，集团对我充分授权，信任到我自己有时候都感觉过了的程度。刚开始时，集团甚至要求我自行决定中层干部的任免。我说不行，还是把权力给集团。因为如果我话稍微说重一点，大家心里都会畏惧，都会担心饭碗不保，这种关系下是很难有效探讨问题的。我对国内外的管理学也做过很多研究，所以有这方面的考虑。

说到底，我们需要一支什么样的团队呢？我想应该是学习型的团队，团队的成员相对平等，从而能够集思广益。虽然绝对平等也不可能，但是如果部下天天提心吊胆，还怎么商量问题呢？20 年前有一个台湾人访问我时讲了三句话："王者之臣师也，霸者之臣友也，亡君之臣无也。"这个说法本身我们不做评价，但如果我们想把事业做成功的话，一定要把自己的伙伴变成朋友，一定要去聆听那些学有专长的人的意见。最终不一定会采纳，但是一定要去听。另外，不同的意见也可能会促进我们现有方案的完善。

但是后来集团还是坚持要把中层干部的人事任免权交给我，我就在内部建立了"双推双考"体系，因为人事任免不能仅凭大领导随心所欲，人或多或少总会受情绪影响，所以就要设计制度去进行规范。在这个体系下，我不会点名来提拔中层干部，都是先由副总推荐，我再来进行审核。如果我有些不同看法，就找他商量，说明我的理由，如果他说服我了，再到班子会上去说，最后由集体进行决定。但是如果感到副总推荐的人选明显不行，在群众中的威信不高，我就要找副总谈话。因为你把威信不高的人推荐出来，肯定有别的利益目的或者需求，不然就是你选拔人才不用心。一个组织一旦带有个人利益，这个组织就没有战斗力了。我们要打造的是有战斗力的组织，全体员工都只有一个共同利益，或者说梦想和追求，那就是要把广汽传祺打造成为世界级品牌。

第三，在不断打造企业文化的同时，这几年我们在待遇上只做加法，不做减法，而在效率上努力做乘法。通过这种导向让大家有一种不断进取的动力。归根到底一句话，一靠创新，二靠体系，三靠充分发挥员工的积极性，也就是依靠群众。传祺能走到今天，主要就靠这三点。

赵福全：外界看到的是传祺用了几年的时间就在销量上取得了突破。实际上，销量只是一个结果，销量背后是产品的品质，是研发的体系，是制造的精益，是销售的网络，是最终良好的用户体验。也就是说，企业的方方面面都在提升。在这么短的时间里，把一个全新的自主品牌耕耘到如此地步，难度之大，可想而知。

历时九年的努力，从无到有直至形成自己独特的体系，既充分借鉴合资企业的优点，又不是简单的照搬照套，更结合自身文化的特点，实现了国际化与中国特色的有效结合。此外您也谈到了企业体制、机制问题，强调国企不是一无是处，我们可以集中优势兵力干大事。还有集团的大力支持和充分信任，如果集团一味追求眼前目标，就很容易陷入短期的利益陷阱，长期的计划最终就会付之东流。

借助国企的平台，实现民企的效率，同时又采用合资企业的流程，最终成就了传祺今天的进步。不过广汽毕竟是一家地方国企，要实现上述几点，您有没有遇到过困难？

吴松：确实存在着很多困难。后期我实际上也在做一些调整，为了防止自己权力太集中，采取把权力下放、自己保留监督权的策略。由于是自己一手创建的品牌，对传祺我有深厚的感情，所以对干部的小毛病，我会原谅；对于他们的优点，我会去观察和发现。

当然，我在企业里有时候也会碰到一些问题，比如我们的第一款车，投放到市场后的效果实际上并不太好，第一年销量只有1.7万辆，况且亚运会时投了那么多的资金和精力，所以当时大家士气很低落，但我从来没有批评过研究院一句话，而是归纳了三句话。

第一句，我们造出的第一款车就这么安全可靠，说明我们是负责任的企业。

第二句，通过这款车我们实现了对技术、模式的引进、消化和吸收，我们完全掌握了产品开发流程。

第三句，研究院和我们形成共识，市场是唯一的推动力，我们设计好的产品绝对不能成为艺术品，而要成为商品，成为顾客喜欢的商品。

基于这样的认识，我们在第一款车之后，整个开发方向就有了转变。这也要感谢我的合作伙伴黄向东同志。第二款车我们选择开发 SUV，就是 GS5，在第一代技术的基础上有所提升，并且一下抓到了 SUV 市场快速增长的风口。如果当时不是及时进行调整，不对曾经走过的路进行深刻的反思，又如果当遇到困难时看不到光明，只是一味不负责任地推脱责任，那么传祺绝对走不到今天。抓住 GS5 这个 SUV 增长点之后，我们在 2013 年一举扭亏为盈。从 2011 年上市到 2013 年扭亏为盈，很多人又会走向一个极端：既然 GS5 卖得这样好，就一直做下去好了。但我们没有停歇，而是马上开始打造新的平台。

在研发上，我们大致经历了两个阶段：第一阶段，引进、消化、吸收；第二阶段，明确以市场为导向，充分根据市场的需求来定义产品。后来传祺推出的几款车都是正向开发的，我们构建了 B 级、C 级平台，以及 A 级、A0 级平台。这有什么好处？

第一是平台先进性，引进的平台再好也有缺陷，而我们的平台是全新的，这就为我们现在能够在非常短的时间内连续推出多款车型奠定了基础。早期我们搞一款车要花三年时间，现在一年可以搞三款车，这就是平台化、模块化的优势。实际上，到 2020 年之前的所有车，我们都已经全部规划完成了。而且由于是自己的平台，我们可以不断完善，能够不断地往前发展。

第二，我们的产品定位于国际水准，平台提供了有力支撑。像 GS8 一上市订单就已经达到1.6 万辆，供不应求，因为价格很便宜，价值远超过价格，所以就会热卖。而早期的 GS4，价值也是远超价格。传祺的价格是对标合资品牌里稍微弱一点的产品，有意回避和自主品牌产品直接竞争，因为我们不想一开始就和其他自主品牌短兵相接。实际上，现阶段市场对中国品牌的认知还没有完全明确，在此情况下，自主品牌中任何一个受到伤害，损伤的都是全体品牌。所以传祺的定价大体上比合资品牌便宜、比自主品牌高，在这个夹缝里发展，这也是很大胆的选择。

赵福全：说明广汽已经在尝试将品牌定位在自主品牌里的高端位置。

吴松：我们在技术和品质上都是瞄准一流合资品牌的，比如广汽丰田、广汽本田。前天有位朋友看了传祺之后，说比合资品牌的产品水平还高。这是靠成套的体系来保证的。实际上目前传祺已经具备了这种能力，远超过二线合资品牌的水平，在一些领域已经可以和一线合资品牌产品相提并论了。当然，对传祺而言，品牌力的提升还需要一个过程。

赵福全：传祺走到今天，从基础研发开始做起，实现核心技术、全新平台的掌握，到有选择性的而非简单照搬照抄地向合资企业学习精益制造，再到企业文化建设做了大量工作，并且还在不断完善，可以说这些方面都非常成功。而下一步的核心问题是，到底怎样实现品牌力的提升，再上一个更高的台阶。您现在当了广汽乘用车公司的董事长，具体运营方面就抓得少一点，可以有更多的时间来思考企业发展战略，尤其是品牌力的打造，在这方面，您有什么想法？

这次车展有些企业也在推出全新的高端品牌。实际上，以往国内企业也在推高端品牌上尝试了几次，但效果都不是很好。当然，自主品牌汽车现有的品牌力是不能令人满意的，一定要努力提升品牌的溢价能力，最后让消费者愿意多花钱来认可我们努力打造出来的精品。在品牌提升方面，广汽传祺准备如何更上一层楼呢？

吴松：第一要聚焦。因为资源是有限的，我们所开发的车型一定要符合目前市场的潮流以及下一阶段潜在的潮流，所以在车型的投放上要有先有后。同时，在品牌方面要突出自己的特点。广汽的品牌理念就是做世界一流水平的汽车品牌，要充分体现在产品上。

第二要持续创新，切不可满足于今天的成绩。只有不断与先进的企业对标，未来才有机会。在今天广汽的产品系列已经齐备的情况下，一方面要通过品牌推广来持续提升品牌竞争力，另一方面要向中高端发力，同时也要向中低端覆盖。要在尽可能短的时间里，给顾客提供满意的产品，这样，顾客对自主品牌就会产生牢不可破的良好印象。现在不少合资品牌的产品在中国都进行了减配，而自主品牌切不可减配。如果未来合资品牌放弃减配战略，可能会重新拉开与我们的距离。而在此之前，也就是这两年的时间，对自主品牌就是机会，同样对广汽也是机会。只宣传品牌没有规模，是没有用的；同时只有规模，而不能在产品品质和性能等方面取得领先，也是没有用的，因为这样你卖得越多，对品牌的伤害反而越大。

第三要注意到汽车潮流正在不断变化，新一轮科技革命的影响越来越大，同时中国的节能和环保压力也越来越大。这次车展我们的口号是“创新聚力，广启未来”。传祺要想有更大的发展，就要在新能源、智能网联等方面取得突破。智能网联汽车虽然在全球范围来看也才刚刚兴起，而且完全实现可能还需要较为长远的时间。但是不能因为长远我们现在就不去做，也不能因为别人遇到一些挫折我们就不去做。“十三五”期间，广汽将在智能网联电动汽车领域发力。当然，我们也具备这样的条件，最近集团增资了150亿元，将全部投放到自主品牌和智能网联汽车的发展上。

第四要从大环境进行引导。目前，国家顶层设计正在形成积极效应，领导带头乘坐自主品牌汽车已经成了一种惯例。长久下来，对于一些精英人士，再到普通大众对自主品牌汽车的认识和评价，就会产生积极的影响和良好的氛围。

总体而言，未来5~10年对于自主品牌汽车将是非常好的发展时期。如果按照比例来说，将来自主品牌汽车与合资品牌汽车至少要形成五五分，我个人预计甚至可能达到六四分，其中60%是自主品牌汽车，40%是合资品牌汽车。所以合资品牌汽车也面临挑战，他们在中国应该做精、做高，不要在普通车型领域去抢市场。

赵福全：否则合资企业旧的品牌也会被稀释掉。

吴松：因为在普通车型领域竞争，合资品牌肯定比不过自主品牌。以日本为例，日本汽车市场也有很多全球高端品牌，但是常规车型基本上都是日本的品牌。韩国、美国也都一样，这是普遍规律。合资品牌，尤其是高端的合资品牌，如果在中国市场片面追求量，实际上也面临精力分散、品牌受损的风险，而这个风险对自主品牌就是一个机会。

对自主品牌而言，之前是合资品牌占主流，我们在低端竞争，即使慢一步可能还是有机会的。但是现在自主品牌已逐渐占据主导地位，下一个阶段是自主品牌之间的较量，这将决定每个品牌的命运。从全球来看，其他国家的主要品牌一般最多也就是3~5家，所以我估计在中国今后排在第六位以后的自主品牌，恐怕也会越来越艰难。很可能做不到前五位的自主品牌，就会渐渐被人遗忘了。

赵福全： 越来越没有生存空间了。

吴松： 是的，落后的自主品牌将逐渐失去生存空间，只能是昙花一现。作为广汽乘用车的董事长，这可以说是最让我寝食难安、重点考虑的问题。

赵福全： 吴总一方面对自主品牌充满了信心，因为中国拥有如此巨大的市场，而自主品牌更了解自己的市场；另一方面也有很强的紧迫感，虽然自主品牌的溢价力在不断提升，但是我们面对的压力也越来越大。而且我们也不能只追求在中国占了多少比例，因为中国再大，也只占世界的1/3，外面的市场更广阔，我们也要占有一席之地。纵览全球，如果在世界市场上没有一定的份额，是称不上汽车强国的。

过去几十年，特别是近些年来，中国自主品牌已经取得了长足的发展，不过也还有很多方面需要进一步提升。从国家、产业、企业和消费者等不同角度来看，您觉得我们还需要致力于解决哪些问题，以助力自主品牌实现更大的突破？

吴松： 第一，从国家角度来说，发展自主品牌、增强自主品牌的核心竞争力应该是国家产业政策的核心。当然，中国汽车产业的发展可以有外资品牌参与进来，但是必须明确的是，核心技术是买不来的，只能依靠自己努力去掌控。另外，国家应该拿出专项资金去鼓励和支持重要零部件的基础研发，例如新能源汽车的核心零部件，要像德国支持“工业4.0”一样对核心技术研发予以重点支持。

第二，对于企业而言，首先一定要把发展自主品牌作为核心，这是企业可以进行选择的。而合资则是一种利益模式，企业并不能真正掌控。

其次，中国汽车企业一定要想清楚自己的定位在哪里。中国汽车的自主品牌一定要以发展成为世界级的汽车品牌来进行定位和规划。我觉得中国拥有如此巨大的市场，完全有能力培育出世界级品牌。而世界级的品牌如何打造？就要从研发体系、制造体系、营销体系和组织管理体系等各个方面着手，这绝不是喊两个口号就能成功的。最后，汽车企业要快速抢占智能网联汽车、新能源汽车的战略制高点。可以说，谁抓住了智能网联和新能源汽车的发展契机，谁就能在五年之后的中国车企排位赛中胜出。但是切忌一哄而上，更不能搞成“假大空”，这样只会害了自己。国内目前已经具备了这方面的条件，不过仍需聚合各方面的资源来加快推进。建议以一家或几家具备实力的企业为主体，由政府提供支持，倡议各方力量一起参与，共同努力、协作创新，确保自主品牌能够在智能网联和新能源汽车领域赢得先机。

第三，从消费者层面，共同营造出支持自主品牌的文化氛围非常重要。目前，中国很多自主品牌的汽车产品实际上已经丝毫不逊色于外国品牌了。所以不管是媒体也好，社会各个方面也好，希望大家都能去体验一下自主品牌汽车，对自主品牌汽车做一个正确的评价。当然，我们自主品牌汽车企业也要继续努力，不能刚刚做得好了就“偷工减料”。如果这几个方面的问题都能够解决的话，中国汽车产业一定会越来越强。

赵福全：吴总不仅对广汽传祺应该怎样做有明确的方向，对于整个中国汽车产业的发展也进行了大量的思考。您谈到国家必须充分认识到核心技术是买不来的；中国汽车产业要想真正做强，市场多大并不重要，最核心的是本土企业要成为世界级品牌。谈到企业必须清楚我们事业的核心是自主品牌，合资的确可以盈利，但我们是没有主导权的。谈到从消费者角度，应该看到自主品牌的进步，应该关注产品是否物超所值。从性价比的角度，我同样认为，很多自主品牌的产品已经远超合资品牌了。总体来说，在品牌溢价力以及给消费者的直观感受方面，我们与合资品牌还有差距。但是如果大家都能客观看待自主品牌产品品质的巨大提升，未来自主品牌所处的环境和局面一定会越来越好。

您刚才讲到，我们自主品牌车企切不可过于短视，对于新能源和智能网联等热点，绝不能因为眼前的一点利益就一哄而上，这样最终会给我们的产业带来难以承担的巨大浪费。还讲到自主品牌车企必须与多方力量有效合作，共同把这些事情做好。不过我们知道，广汽也曾尝试过和其他企业展开合作，最后的效果也都不是很理想。其实，国外的众多顶级车企，彼此之间都有紧密的合作，而我们的合资企业更多的是资本合作。我们期待的是获得核心技术，结果没有拿到。当然，我们也学到了很多东西，培养了不少人才，在某种意义上也建立了我们的供应链。未来一定是大合作的时代，特别是对于资源更加有限的自主品牌车企来说，合作势在必行。那么，您觉得自主品牌车企应该如何形成有效的合作呢？

吴松：相对而言，目前中国汽车市场的行情还比较好，所以企业的一些不足还没有充分暴露，这也使部分企业进行合作的紧迫感不强。而当市场出现危机时，就会迫使一些企业在合作方面加大力度。另一方面，即使市场没有出现危机，自主品牌车企想往上走，也必然需要彼此之间加强合作。我想，这种合作不是政府能够强制的，还是应该也只能是在市场竞争下自然形成。不进行有效合作的企业，恐怕很难抢占中国市场的前几名。

对于中国企业来说，还有一点值得注意，合作是需要文化和环境支撑的。中国人不管是企业之间合作，还是企业内部管理，普遍都喜欢自己当老大、说了算，这样是很难有效合作的。因此，要在企业文化层面先解决这个问题。另外，一些体量小一点的企业往往担心在合作中得不到尊重，这也需要我们在文化和制度方面进行完善。

实际上，中国企业如何有效合作是个大话题，也涉及国企下一轮改革要怎样走，职业经理人队伍要怎样培养，资本和运营要如何做到既结合又分离等。可能需要长远的规划和长期的努力。

赵福全：因为产业的边际越来越模糊，需要的资源越来越多，所谓的核心技术也正在被重新定义，我们不可能什么资源都拥有，要参与竞争只有靠彼此之间的合作。国外企业之间，共享整车平台、共享动力总成，都是很常见的。我们国内企业也有过一些尝试，但总的来说效果不佳。未来市场竞争会越来越激烈，法规也会越来越严，企业必须投入得更多，而这将产生一种由市场驱动的兼并重组。到那时，企业如果没有实力，甚至可能无法成为被兼并的对象，只能落入破产的境地。因此，即使不能成为兼并其他企业的霸主，也必须拥有自己能够提供的独特价值，这也是很多企业的领军人必须认真思考的问题。

中国汽车市场不可能始终保持高速增长，而车企所需要的节能、减排、互联、智能等核心技术又越来越分散。如果自主品牌始终以年产销几十万辆的规模，与年产销几百万辆的外国企业展开竞争，确实面临很大的困难。因此未来企业整合的压力会更大，而无论是否整合都需要我们的企业开展真正有效的合作。这就必须解决好我们面临的体制、机制及文化等问题。这些问题不解决，中国汽车产业就很难最终做强。

吴松：如果这些问题不能有效解决，即使企业间进行了合作，可能也只是“摊大饼”，无法实现集优效应，打造出真正的强企。

赵福全：所以国家和企业都应该做好准备。

吴松：实际上相对而言，这些年来国家对自主品牌并没有给予太多保护，这在全球范围内都是不太多见的。当然作为企业，我们不应去抱怨，这也是特定环境下形成的特定情况。反过来讲，任何事情都要辩证地看，也正是因为我们的开放，所以全世界顶尖的汽车产品、汽车技术，也包括汽车品牌和文化，都被带到了中国，为中国奠定了良好的产业基础。

从这个角度来说，中国企业在 5 ~ 10 年之内打造出一个世界级品牌，这并不是不可能的事情。我举个例子，丰田 1964 年年销量约 20 万辆，到 1969 年就达到了 100 万辆，而且这 100 万辆当时在全球就已经具有很大的影响；宝马到现在年销量也就是 100 多万辆。我们中国企业如果能够持续打造出一系列有价值、有魅力的车型，就可以在全球范围内产生一定影响。同时，中国本身拥有巨大的市场，再加上当前国家“一带一路”战略的引导，扩展海外市场也有很好的契机。这些都是自主品牌加快发展的有利条件。

我们更应认识到，汽车产业代表着先进技术，代表着未来社会，也代表着经济增长，涉及面非常广，影响力非常大。一旦汽车产业发展起来，就可以带动众多产业，甚至可以说，汽车产业是高端制造业的核心，是“中国制造2025”最佳的试验田。

赵福全：实际上，智能网联汽车和新能源汽车，也为自主品牌汽车实现崛起提供了绝佳的战略机遇。在这些新领域，我们与国外的差距并没有那么大，他们也是在近几年才开始在这些领域发力。尤其是智能网联汽车，目前“方向明确、路径不清”，这对后发者更为有利。在这方面，各家企业拥有的资源基本上相差不多，大家都在摸索如何利用人工智能、虚拟现实等技术来提升自己的产品。

刚才您也提到，本次车展广汽推出了智联电动概念车，既融合了智能网联，也有电动汽车的特点，未来广汽将会在这两方面发力。那么，您觉得广汽应该如何抓住这个机会，如何做出特色？而且不仅仅是与自主品牌相比的特色，甚至是可以和国际大品牌竞技的特色。自主品牌要如何依托本土市场，实现对外国品牌的超越？又应如何打造未来引领世界发展潮流的产品和模式呢？

吴松：广汽在新能源和智能网联方面的工作，差不多已经开展五年了，尽管目前我们新能源汽车的产量不太大，但一直在对各种路径进行尝试，包括早期的混合动力汽车，以及增程式电动汽车，也包括最近的插电式混合动力汽车。经过这么多年的探索，目前方向已经确定。第一，小型车将向纯电动路线发展。明年就会推出纯电动汽车产品，采用的是全新的设计和全新的平台。第二，大型车将发展插电式混合动力。这方面不会追求太多车型，但是会选择性地打造几款精品。

目前，我们的发展方向是新能源和智能网联一体化。之后推出的新产品将会不断引入一些智能网联方面的成果。实际上，一些智能驾驶技术已经在我们的产品上得到使用，比如GS8的防碰撞系统、自动巡航系统、车道偏离预警系统等。同时也在不断加强前沿领域的研究。此外，智能领域的发展不只限于智能汽车，还包括智能制造、智能物流等。这些方面，我们将结合自己的生产体系进行规划，时间会更长一点，现在已经在考虑了。下一步我们还会在智能网联方面加大投入，争取未来实现突破和引领。

需要强调的是，我们始终致力于自己掌控核心技术。比如机电耦合系统，原来委托给别人做，现在自己设计开发、自己建厂制造。又如，电池的集成、电控系统也由自己来做。与此同时，我们积极开展对外合作，最近广汽准备在美国成立一家公司，主要就是希望在前沿技术方面与美国的资源加强合作。

赵福全：对广汽而言，您觉得在智能和电动这两方面，最核心的技术有哪些？您准备通过什么方式来掌控这些核心技术？

吴松：电动汽车最核心的技术我们认为有两个方面：一是机电耦合系统，二是电池。目前我们还没有考虑好是否自己建电池厂，采购的一些电池产品，要么能量密度达不到要求，要么成本偏高。这些电池厂看到大家都在做新能源汽车，就把价格抬高了，这实际上对它们是不利的。我觉得，如果电池厂提供的电池能量密度不高，又不把价格迅速降下来，这就等于逼着整车厂自己生产电池。当前，国内外一些汽车企业也确实开始在这方面发力。总之，中国明确把发展新能源汽车作为国家战略，动力电池是其中亟待解决的最重要的问题之一。

在智能方面，主要是基本的法律法规和相关标准尚需完善，例如智能交通体系能不能标准化。当然，我们汽车企业在智能网联领域也要进一步加强研究。同时还必须更加灵活、更加开放，要主动与互联网公司以及其他信息电子类公司开展合作，取其所长。因为很多东西靠自己是做不了的。很多信息电子类企业都想进入汽车行业，例如华为。在新形势下，这些企业有自己的优势，我们汽车企业应该与之进行合作。

赵福全：不过因为智能非常核心，所以很多人也在担心，如果我们都和别人合作，是不是最后汽车行业就会被 IT 企业主宰？我们汽车企业就会变成专门为别人代工生产硬件的工厂？

吴松：这一点是没办法的。通过让 IT 企业拥有一部分蛋糕，我们一起把整个蛋糕做大，这远比自己将来失去整个市场好。而且 IT 企业也不是万能的，无形的东西一定要与有形的东西相互结合。汽车产品最后还是汽车，即使有了很多改变，但如果汽车产品本身不好，也不可能成为有魅力的汽车。就像好的葡萄酒，既要种好葡萄，也要有优秀的调酒师。我们传统汽车人，大可不必对自己失去信心。

赵福全： 传祺走到今天很不容易，也很了不起，无论是产品的质量、性价比，还是品牌的认知度都获得了很大的提升，缔造了一个真正的传奇。最后一个问题，您之前担任广汽乘用车的总经理，是操盘手；现在作为乘用车的董事长，是舵手，更要在集团层面思考传祺未来的发展。那么，请您不妨畅想一下，五年、十年以后的广汽传祺，从品牌定位、发展规模以及影响力等方面将会是什么样子?

吴松： 三年前我就做过一个预测，传祺到2020年要实现100万辆的年销量。当时提出这个目标时，大家以为我在开玩笑。去年传祺卖了19万辆，今年预计最低也可以实现36万辆。按照这个速度，2020年实现100万辆是完全可能的。实际上，我们已经进行了相应的产品规划，这100万辆包括SUV系列和轿车系列，而且都将是高品质、高性价比、有魅力的产品。另外，动力总成也将实现大幅度的突破：我们的1.3T、1.5T、2.0T发动机在全球范围内都处在同级别的领先水平；在变速器方面，未来我们会自己生产一部分，也会用一些其他产品。我认为，只要我们继续在已有体系的基础上不断创新、不断积累，避免国企的弊病，2020年做到100万辆就没有问题，如果顺利，可能还会超出一些。

现在我心里不太放心的是智能网联和新能源，这两个领域是我下一步工作的重点。新方向总是很让人兴奋和关注，因为充满了前景和希望。虽然未来具体怎样发展还存在太多的未知，但是我觉得总会比当年从零开始打造传祺品牌要容易些。

赵福全： 时间过得真快，与吴总的交流让我们大家真切地感受到传祺背后的故事。作为传祺的领军人，吴总带领广汽自主品牌团队，经过十年耕耘，终于打造出了传祺今天的销量和认知度。尽管后面的道路仍很艰难，但是有了这个基础，传祺的未来值得期待。

我一直认为，自主品牌要想成功，绝对不是做好某一件事或某一款产品就可以的，一定要有坚持不懈的精神。另外，虽然有些问题我们改变不了，比如体制、机制，又比如大的环境和文化，但是我们可以努力地取其精华、规避劣势，并把优势发挥到最大。吴总专门提到怎样把国企、民企以及合资企业的优势集成起来，这个经验很值得自主品牌借鉴。

虽然如今吴总已经不在一线直接操盘了，但作为广汽乘用车的董事长，您正可以静下心来、花更多的时间来思考广汽自主品牌的总体发展战略。这可能是一个完全不同的新工作，要在更高的层面思考汽车产业，思考自主品牌的发展，思考广汽传祺的未来。我们希望传祺在整个广汽集团的支持下，在团队的共同努力下，在您的领导下，能够再次创造出新的“传奇”，这也将是此前“传奇”的一次全面升级。最后，祝传祺越走越好，祝广汽的自主事业越来越兴旺！

吴松：感谢赵院长对自主品牌特别是广汽传祺的支持和鼓励，也谢谢各位网友。

09 对话蓝青松——重塑需求下的机遇与挑战

赵福全： 凤凰汽车的各位网友，大家好！欢迎来到广州车展凤凰汽车《赵福全研究院》高端访谈栏目，我是主持人清华大学汽车产业与技术战略研究院的赵福全。今天我们非常荣幸地请到了上汽集团副总裁蓝青松蓝总，请蓝总和大家打个招呼。

蓝青松： 凤凰网的各位观众，大家好！

赵福全： 一年一度的广州车展很受关注，能不能同大家分享一下上汽在这次广州车展的参展阵容？

蓝青松： 这次广州车展上汽集团的自主品牌荣威、MG 和大通都发布了新产品。上汽大通发布了上汽集团的第一款皮卡 T60，该皮卡搭载了上汽集团和阿里基于国际标准共同开发的 YunOS 互联网汽车智能系统，可以说是划时代的一款皮卡。

赵福全： 大家对上汽比较了解，但是对上汽大通的了解可能相对较少，能不能向大家简单介绍一下上汽大通的品牌、产品覆盖范围、经营策略以及未来产品的目标市场？

蓝青松： 上汽大通是上汽集团最年轻的一个整车子公司，成立只有五年。上汽大通的第一款产品是我们收购欧洲商用车公司 MAXUS 后引入的 V80，这款产品在国内细分市场的占有率为 19.6%，出口率为 16%。此后，上汽大通在 2014 年发布了一款价格在 15 万～27 万元的 MPV，该产品的细分市场占有率约为 19%，出口率为 15%。这个价格区间传统上都是合资企业的“势力范围”，但是我们仍然获得了近 20% 的市场占有率，这说明产品得到了消费者的认可。

今天发布的 T60 是上汽大通的第三款产品，我们希望通过 T60 打破国内外市场和产品的二元结构，给中国用户带来国际级的产品。明年上海车展我们还会发布大型 SUV T90，一款通过 C2B 业务模式开发的产品。未来上汽大通将会两翼齐飞，即轻型商用车和跨界产品包括 SUV、MPV 等产品线都会进一步扩大。

赵福全：今年 1～10 月，上汽大通的市场表现如何？

蓝青松：今年汽车市场的增量主要还是来自 SUV，上汽大通参与竞争的宽体轻客和 MPV 没有大的增长。虽然在 15 万～27 万元 MPV 的细分市场上销量略微下降，但是上汽大通总的增长率仍然达到了 30% 以上。

赵福全：也就是说，在细分市场基本趋于平稳时，上汽大通还是取得了很大的增量。现在谈到汽车产业的未来，两个很重要的领域就是新能源汽车和智能网联汽车，这其中也包括互联网技术在未来汽车上应用的广阔空间。作为上汽大通的领军人，您怎么看这两个领域在上汽大通未来产品里的发展前景？

蓝青松：上汽大通在新能源汽车领域依托上汽集团，纯电动、混合动力、燃料电池三个技术路线同时发展，并同步集成智能网联技术。目前纯电动汽车 V80、G10、EV80、EG10 都已上市，其中 EV80 是国内目前续驶里程最长的轻客。搭载智能驾驶技术的燃料电池汽车也将在明年下半年上市，首先在行业用户内部运营。本次广州车展参展的 T60 及今年年初上市的荣威 RX5，都搭载了互联网汽车智能系统。在互联网技术应用领域，上汽大通已经走在行业前列。

除此之外，上汽大通也在积极探索业务模式的变化，依托互联网技术的 C2B 商业模式也是未来很重要的发展趋势。

赵福全：从商用车细分市场的角度考虑，上汽大通将哪种新能源汽车技术作为发展重点呢？上汽大通又将怎样引导用户的消费方向呢？

蓝青松：我认为技术进步的速度将决定哪种技术会被用户选择。目前来看，纯电动技术需要突破的瓶颈是电池能量密度和成本问题。混合动力技术的优势在于它是传统汽车和新能源汽车的一个平衡，但是由于有两套系统，成本必然有所上升。我认为混合动力汽车会是一个阶段性的过渡产品。燃料电池技术已经有十几年的历史了，需要突破的瓶颈是制氢、储氢、运氢、加氢等系统的建立。虽然燃料电池更环保，但是成本和挑战较大的加氢问题也是制约因素。

赵福全：消费者的接受程度、基础设施的发展情况以及技术进步本身都是需要综合考量的因素。

蓝青松：是的，上汽集团作为国内最大的汽车集团，有能力在三条技术路线上同时投入。

赵福全：作为上汽集团的一个子品牌，上汽大通可以共享上汽集团的很多资源，这是一个巨大的优势。

蓝青松：是的，在燃料电池、智能驾驶前端，包括互联网技术应用等方面，上汽集团整个大平台能够为上汽大通提供很多共享的资源。

赵福全：今年北京车展上，您高调宣布上汽大通要采取 C2B 模式来满足消费者的定制化需求。能不能介绍一下，到目前为止上汽大通在这一领域所做的探索？

蓝青松：今年北京车展，上汽大通提出要做业务模式的创新，把现有的 B2C 业务模式转化成 C2B 模式。一直以来，在 B2C 模式下，整车企业分析市场，定义产品，设计开发，然后销售产品，用户在整车企业定义的产品范围内进行购买，最多只能做选装。而在 C2B 模式下，用户和整车厂一起定义产品需求，甚至可以共同定义开发过程及产品价格。总的来讲，就是从原来车企自上而下做决定的业务模式，转变成由外（用户）到内（车企）做决定的业务模式。

上汽大通为什么会做这方面的探索？2014 年上汽大通开始做房车时，发现房车是高度个性化的产品，小批量多品种的生产方式导致成本上升，同时也面临对用户需求的响应速度慢、用户的个性化满意度低及售后服务滞后等一系列问题。上汽大通就开始考虑能不能基于用户需求做智能化定制，即按照需求，跟踪每一个零件从设计到制造的全过程，摆脱靠库存支撑的传统模式。

2015 年上汽启动了一个名为“X +”的项目，X 代表未来汽车发展的可能技术和趋势，包括新能源、互联网技术应用、C2B 大规模个性化智能定制等领域。10 月，上汽集团决定在 C2B 项目上投资 20 亿元，而这个项目首先就由上汽大通承担。

以 T60 为例，产品调研阶段，在上汽大通的“我行”平台上，十几万用户提出了几十万项需求；产品定义阶段，我们向用户开放了 18 个硬点，包括整车的宽度、长度等。在这个过程中，我们发现，用户的选择是呈正态分布的，而我们重点关注中间分布的这部分用户，就能取得最好的效果。

所以，我们的 T60 根据主要的用户需求，提供了舒适、舒享、精英、豪华和旗舰等多种版本，实现了产品型系的全覆盖。同时打破传统划分方式的边界，我们只对极少数电子架构约束和底盘结构进行限制，其他配置用户都可以自由选择。比如一个入门级产品，用户也可以选择无钥匙进入，一键启动；高级别的产品，也可以不要娱乐设施，只选择自动变速器（AT）。随着这些工作的不断推进，特别是在本次发布的 T60 的开发过程中，我们积累了很多经验，也得到了用户、行业及媒体的认可，大家普遍认为这是真正推动汽车行业变革的重要创新。可能这只是上汽大通的一小步，但未来也许是带动汽车行业变化的一大步。

赵福全：C2B 的概念并不新，大家都知道它的好处，但是因为有太多的挑战和困难，很多企业就望而却步了。而您作为上汽大通 C2B 创新的总策划师，克服种种困难来大胆尝试，这本身就值得肯定。在具体实施过程中，我很想了解一点，中国消费者目前已经具备了可以支持 C2B 模式，也就是和整车厂有效互动的能力了吗？或者说，你们觉得中国的消费者准备好迎接 C2B 了吗？

蓝青松：如您所说，做 C2B 困难重重，要突破的难关很多，我们自己就梳理出了三十几个问题，有些并不是技术性的问题，但每个都是非常棘手的问题。反过来讲，问题一旦得到解决，也将是巨大的突破。

整车厂原来对用户的了解，基本上都是基于经销商采集的数据，或者基于咨询公司进行的有限样本、有限区域的调研。而在互联网技术进步的条件下做 C2B，企业可以也必须和几十万、几百万甚至更多的用户进行直接的沟通与交流，这本身就是巨大的挑战与机遇。

在做 C2B 的过程中，我们发现用户可以大致分为三种。

第一种是个性化很强的用户，如果用计算机类比，这是一类会自己选择硬件组装计算机的用户。现有模式完全不能满足他们的需要，所以他们中的很多人选择自己改装汽车。

第二种是选择性很强的用户，希望自己能够提出需求。在 B2C 模式下，他们没有选择的空间，只能退一步在整车厂给出的选项中做出选择。这类用户只要给他一个平台，他就能充分参与进来并施展才华。

第三种用户只追求选择本身的感觉，即使他选择的只是车厂提供的固定配置，也很乐意接受。

总的来说，用户方面已经准备好了，因此目前做 C2B 的条件是成熟的，最大的挑战还是在 B 端，在企业的内部。

赵福全：您认为 C 端准备好了，但是消费者对于价格的心理预期是怎样的呢？他们愿意多出钱购买自己选择的配置吗？还是会为了少出钱而减掉很多配置？而这些配置可能恰恰是产品的盈利点，怎样才能平衡好满足消费者需求和保证企业盈利这两者之间的关系呢？

蓝青松：我刚才讲，从用户端看，推行 C2B 的条件已经成熟了，但是用户仍然需要一个适应变化的过程，因为对用户来说，从 B2C 到 C2B 是前所未有的体验。而一旦用户开始习惯 C2B 模式，认为汽车就应该是这样定制的，这个产业就会发生革命性的变化。C2B 的确有边际成本的问题，可能绝大部分用户都不愿意加钱增配，但是肯定也会有用户愿意为自己选择的特色功能或独特配置买单，尤其是 90 后、00 后群体，他们更追求与众不同、自我认可。

另一方面，C2B 还有一个优势就是智能供应链系统。我们可以让供应商在网络平台上与用户互动，一起完成产品设计。让用户从产品设计到定价全方位地参与，甚至让用户而不是整车厂来选择供应商。这种全新的理念将引发行业翻天覆地的变化。

赵福全：如果用户愿意尝试 C2B，他们的动机是什么？是追求个性化的产品还是希望借此获得更低价的产品？中国的主流消费者还是很看重经济性的。

蓝青松：用户是分群的，在不同的维度上，用户也不一样。对价格敏感的用户确实存在，C2B 也会给这些用户带来价值，他们可以将不需要的配置减掉。比如一个用户和我讲，他的车后排基本不坐人，整车厂配置的电动加热座椅基本不会使用，这几千元的成本就浪费了。从这个角度讲，C2B 不仅可以节约用户的成本，同时也可以降低社会的成本。

赵福全： 如果说原来的 B2C 是计划经济，那么 C2B 就完全是市场经济了。用户总是千差万别的，如果所有消费者的需求都予以满足，等于为每一个消费者单独做产品设计，作为 B 端的企业面临的挑战之大恐怕超乎想象。产品从设计到生产涉及几百家供应商，整车厂如何和这些供应商互动？还有产品公告问题，涉及安全件、关键件的部分不能随便改动。另外一些和安全不太相关的造型件，一旦改动又会改变产品的外形。除此之外，您认为还有哪些挑战？上汽大通又将怎样应对这些挑战？

蓝青松： 您不愧是技术加管理的双料专家，讲的这些问题都说到点子上了，这些对我们来说确实都是挑战。C2B 业务的实施，B 端的能力是能否成功的决定因素，能力本身不会因为从 B2C 向 C2B 转变就有所变化，只是整个业务体系包括流程等，从原来从上到下的决策方式变成了从外向内的决策方式。

从流程和体系的角度讲，过去市场调研结束后，整车厂就把未来三年乃至四年后上市的产品冻结了，然后按照预计的目标进行工程设计开发并组织生产制造，同时在此期间整合供应商参与。未来实施 C2B 模式，虽然操作起来更加复杂，但是用户也不会接受超过现有模式下的开发周期及成本。这就是 C2B 模式的时间和成本边界，我们必须在这个范围内提高响应用户需求的速度和针对性。

至于您提到的产品公告问题，上汽大通的应对策略是把零部件分成六大领域，哪些可以开放，哪些有限开放，哪些不予开放，是有明确要求的。

总的来讲，为了实现 B2C 向 C2B 的转变，产品设计开发以及验证的流程和规范等都必须变化，这不是简单的梳理调整，而是全新标准和流程的再造。

赵福全： 这种努力未来将给上汽大通带来哪些好处？

蓝青松： 现在每家企业都认为自己是“以用户为中心”，但是决策其实都是企业自己做的。而我们正在做的C2B体系，决策是用户来做，是真正的“以用户为中心”，用户根据自身需求来决定配置、造型以及性能。上汽大通的T90产品从定义阶段开始，整个开发过程的六个阶段都有用户参与。12月我们会做工程样车试验，届时将根据用户对底盘调校提出的要求，进行改进并推出不同的版本。

这样用户的满意度会大幅提升，而用户对企业的认同本身就是更大的价值。同时，上汽大通也可以通过C2B模式，吸引更多用户选择我们，突破现在合资企业在市场上占据主导地位的局面。更进一步讲，我们将带来行业的变化，一旦用户开始习惯“我的汽车我做主”，而不是整车厂做主，我相信就会有越来越多的用户只肯接受C2B模式。

赵福全：用互联网思维改造传统制造业是目前的共识，而互联网思维很重要的一点就是以用户为中心，C2B的出发点正是以用户为中心。这种商业模式如能有效落地，必将极大地提高企业的竞争力。特别是在自主品牌与合资企业一比高低的时候，如果更能抓住用户和市场，可能会成为品牌重新塑造和提升的一个最核心的出发点。这已经不是某一个技术的问题，而是一种理念的革新，是基于技术、超越技术去改变企业乃至每个人做事方式的方法论。

但是C2B模式如果没有企业内部体系和外部供应商的支撑，就只能是空中楼阁。特别是一些需求的满足是很困难的，像您刚才谈到的将底盘调校向消费者开放，要想实现就很不容易。因此推行C2B，需要在产品设计、采购、制造、质量等方面实现全方位的升级，才有可能满足用户千差万别的需求。同时，这种升级还需要供应商的配合与改变，否则连整车装配都无法实现了。

蓝青松：是的，对于C2B模式来说，智能供应链的构建也是关键因素之一。C2B会给供应商带来冲击，但同时也给他们带来了巨大的机会。什么机会呢？在原来的B2B模式下，零部件供应商只能和整车厂进行沟通，然后由整车厂做出决定。今后在C2B模式下由用户做决定，零部件企业就可能通过直接满足C端的需求来形成自己的品牌。我们和一些供应商沟通，发现他们很有积极性，认为这是产业变革带给他们的历史机遇。

实际上，上汽大通首先尝试 C2B 商业模式，是我们的业务特点逼出来的。我们做的房车，对个性化的要求很高。我们在做 V80 产品时，提供选装或者改装版本，可变部分的比例达到 40%，如果不做智能化大规模定制，每一个订单都得从全新设计开始，直至最终制造出来，那么无论是生产效率、用户响应速度，还是成本方面，都不具备竞争力。因此，是行业特点逼着我们做 C2B。我们的团队也切实看到，推行 C2B 后，得到了用户更多的认可，而企业价值正是由用户价值带来的。上汽大通团队非常珍惜这个历史机遇，我也经常鼓励我们的团队，人的一生很少能碰到改变整个行业的机会，而我们现在碰到了。当然，现在我们的 C2B 还只是“小荷才露尖尖角”，尚处于在非常初级的阶段，但是可以相信未来一定会非常精彩，而且不可限量。

特别是上汽集团也很支持这个项目，2015 年 10 月上汽募资 150 亿元，其中 20 个亿就要投资在大规模智能化定制生产上。上汽大通本来只准备先在房车上把 C2B 做起来，但是董事长要求在上汽大通全系列产品上实施 C2B，然后还要向乘用车自主品牌 MG 和荣威推广，所以说这是上汽集团的一个战略项目。

赵福全：以定制化为主的房车产业有市场需求，为此上汽大通依托互联网理念和技术，开始探索 C2B 模式，并踏踏实实去解决提供定制化产品所面临的一系列问题。此外，集团也提供了很重要的战略支持。老实说，对于 C2B 目前还是“说得多、做得少”，您是第一个敢于公开宣布自己在做 C2B 的，勇气可嘉。但同时也很让人替您捏把汗。其实上汽大通现在做 B2C 也做得很好，为什么一定要完全改变游戏规则来做 C2B 呢？

蓝青松：我大学毕业后就到上汽工作，之前在上汽合资企业做了很长时间，多个岗位都干过，可以说对汽车企业和产品的整个系统，从市场、产品研发、设计，到制造、质量、物流、销售、售后服务，以及产品流程及相关的信息流、决策流和 IT 系统等，都有所了解，知道该怎么做，也知道为什么要这样做。如今幸运地赶上了中国汽车产业的大发展和产业重构的历史机遇，很想发挥“站在巨人肩膀上”的优势，做一些创新性的开拓工作。

另外，对 C2B 模式带来的挑战，我们从定性和定量两个角度进行过认真梳理，得出的判断是这些挑战都可以界定和应对。从商业角度上讲，要突破发展瓶颈，C2B 是很好的业务模式和创新工具。比如我们按照常规模式做市场宣传，让用户了解我们，进而实现美誉度的提高，这将是一个多么漫长的过程。要达到 100 万、500 万用户的规模，可能需要数亿元的投入。而推行 C2B 模式后，上汽大通平台现有的二十几万用户，特别是那些建议被采纳的用户，就会自发地成为我们的宣传者。这么好的回报，我们为什么不做？所以，尽管我们知道很困难，但还是决心要勇敢地尝试一下。我常和我们的团队讲，只要方向对了，出发就是前进。

赵福全：这句话已经是站在哲学高度了。我知道，您之前在很多岗位任过职，包括也管理过采购，对供应链很熟。如今作为大通的领军人，首先，您有很强的愿望想把自己学到的都真正用起来；其次，互联网的发展又给产业带来了巨大的机遇；最后，上汽又将智能互联视为解决自主品牌向上发展瓶颈问题的突破口。陈虹董事长也很支持上汽大通的探索，可以说是天时地利人和都具备了。但是在发展中我们必须考虑有哪些风险，以及如何把风险降低到最低。C2B 最大的挑战在于很难满足所有人千差万别的消费需求，这就涉及边界怎么选定的问题。

蓝青松：上汽大通自建了一个大数据平台——“我行”，平台外有 N 个前端，包括垂直媒体、微信、微博，还有合作的第三方等，可以说是覆盖面很广的全互联网平台。我们的目标是吸引 100 万用户参与进来，然后对这些用户产生的几十万、数百万的结构化及非结构化数据进行建模分析。再根据分析结果，基于技术、时间、成本和企业现在的能力，判断我们可以响应其中的哪些需求，这正是我们目前在做的事情。我们当然不可能满足每一个用户，我们能做的是在目前的技术边界内满足尽可能多的用户，即选择正态分布中间的这部分用户。然后不断从中间向两边扩展，满足更多的用户。

赵福全：起步时满足大部分用户的大部分需求，这就已经是成功了，没有必要也不可能满足每一个用户的每一个需求。刚才我们谈了 C，也谈了B，但是C要想和B互动，就需要中间2这个环节，你们是怎么做的呢？通过哪些方式和什么样的平台，来实现C和B之间的连接？

蓝青松：我刚才提到的“我行”平台，就是我们实现B和C连接交互的主要手段。在我们的网站及其他的第三方、第四方开的网上商城，都有通往“我行”平台的接口，我们的设计和反馈也会通过这个平台传输回去。另外，“我行”平台也建有各种细分的论坛。上汽大通与用户的沟通，其实是一个网状的结构。与此同时，我们内部的组织也已经在向网状改变，我们的员工都是在不同的组里，面对不同的用户。按我的理解，2这个环节就是要实现整车厂和消费者的沟通，而且要不断提升这种沟通。

从技术手段上讲，我们在做房车时就应用了VR技术，因为用户没有工程师这么专业，所以需要有一些直观的呈现方式。我们根据用户反馈进行改进，再传回给用户，直到最后用户满意认可，我们再进行下一步。

赵福全：我问的很多问题既尖锐又具体，但是蓝总都对答如流，看来这些问题您确实都思考过、经历过，也在某种程度上都有了答案，其中还有一些正在不断完善中。上汽大通一定有自己的发展愿景，但愿景不是说给别人听的，而是要指导自己的行动，任何宏伟的目标最终都要靠企业上下同心协力的行动来支撑。在探索过程中，您有没有遇到过坚决的反对派？

蓝青松：我们的团队有共同的价值观，上汽大通的愿景是要在国内细分市场上成为行业领导者，在全球市场成为强有力的竞争者。这需要企业全员特别是骨干们的共同努力。

非常有意思的是，恰恰是因为我们做C2B，吸引到很多优秀人才纷纷加盟，他们认为这是一个机会。比如，我们C2B业务的总经理，以前是上汽一家物流企业的总经理，他主动找我说自己要来做C2B，他希望接受这个挑战，也确实在工作中投入了巨大的热情和努力。还有很多IT人员也是这样，他们都觉得工作很有挑战性，也很享受应对挑战的感觉。

赵福全：我相信看了今天对话的所有网友，都可以感受到上汽大通的C2B不是在作秀，他们在车展上宣布做C2B业务时实际已经进行了很长时间的尝试和积累，是做好准备才对外公布的。今天的交流更让我们看到，上汽大通对 C2B 的很多问题都有清晰的认识，也在进行具体的行动，包括网络平台的建设、内部组织机构的调整以及与供应商互动方式的改进。当然最终还是“成败论英雄”，我们很想知道上汽大通推行 C2B 模式以来效果如何？销量是不是增加了？在今年细分市场停滞不前的情况下，上汽大通的销量仍然增加了 30%，这是不是因为 C2B 模式？从盈利的角度展望，上汽大通未来三年、五年的前景如何？

蓝青松：目前上汽大通的增长主要还是 B2C 业务带来的，C2B 业务的优势还没有充分显现。我们尚处于“厚积”的积累阶段，还没到“薄发”的释放阶段。不过上汽大通在本次广州车展上发布的 T60 产品，包括底盘形式等都将向用户开放，让用户自由选择配置。应该说，在这方面，大通已经领先合资企业率先做成了第一步。我们会继续沿着这个方向走下去，一步步把我们的能力建设起来。

和用户的互动过程也是能力提升的过程。同时，通过满足用户需求得到用户认可，我们又可以积累用户口碑。未来的品牌宣传已经不是多打广告、多做发布就能有效果，更需要依靠用户口碑来建立，要充分借助社群营销的力量、新媒体传播的力量。我相信三五年以后上汽大通会有脱胎换骨的变化，实现巨大的商业价值，形成和用户双赢的局面。

赵福全：看来蓝总是有备而来，他已经实践了很长一段时间，也遇到了很多问题，在实践之前就有深刻的思考，而遇到的问题也正在一个一个去解决。应该说，C2B 对很多企业来说目前还停留在概念阶段，甚至可能很多人对它的内涵都还没有完全理解。为此，我赞赏上汽的战略前瞻性，也钦佩蓝总的勇气，愿意成为“第一个吃螃蟹的人”。

互联网技术正改变着我们的生活方式和行为方式。原来造车就是整车厂一厢情愿地认为消费者需要什么，然后进行开发。尽管也会做一些客户之声（VOC）的调研，但都是非常有局限性的少量市场取样，面对千家万户不同消费者的需求，却往往只提供几种配置选择。而房车的个性化需求更强，消费者更想买到按照自己需求定义的一款车，如果企业的支撑跟不上，就没有办法满足这种需求。在这种情况下，我认为上汽大通在蓝总的领导下是找准了突破口，你们正在创造历史。

这个过程一定会有很多的困难。特别是需要有更灵活的设计能力，即设计能力本身的提升；还需要有更灵活的供应链协同能力，即供应链能力本身的提升。尽管您没有把上汽大通今年30%的销量增长归功于C2B，但是其潜在的影响肯定已经存在。未来这种变化产生的影响将更加不可估量。即使登顶可能还需要一个漫长的过程，但操盘手和参与者现在就很享受登顶过程中充实愉悦的状态。

另外，我认为C2B本身是永无止境的。什么叫实现了C2B？实现20%与没有尝试相比就是一个进步，实现50%就比20%更有价值，实现70%就是相当成功了，而100%的C2B或许永远也实现不了，而且可能也没有这个必要。因为任何一家企业也没有能力满足所有消费者的所有需求。选对一个市场，定好一个边界，实现与用户的直接互动，这本身就值得期待。我相信这种经营模式一定不会仅仅限于上汽大通内部，必将向上汽集团推广，最终在整个制造业普及。因为本轮制造业转型升级最核心的问题不是B2B，也不是B2C，一定是C2B。

最后，我想强调一点，C2B不是C2M，因为B里面既有整车厂也有供应商和经销商，如果只是指整车制造商M就太局限了。因此，我们既要充分了解C端的需求，也要努力做好B端的协同，把不同的B组合好。同时2也很重要，2是手段、是工具、是媒介，更是平台，而不只是简单的数据库建设，2本身的完善也是一个互动的过程。正是互联时代的到来，才使得C2B成了可能。

说到这里，我想送给蓝总四个字：贵在坚持。创新征途中肯定有很多困难，但我相信未来的收获值得期待。而且这不是投入的20亿元能不能带来200亿元的问题，而是将会改变未来造车模式、促进汽车智能制造体系升级的一个重要尝试。

蓝青松：您对C2B的理解非常全面系统，而且富有前瞻性，针对汽车行业C2B业务应该怎么做、需要解决哪些问题，您所讲的是我听到过的最好的。刚才讲到创造历史我们不敢当，但我觉得能够在历史进程中有机会做这种尝试本身就很难得，我一直与我们的团队讲，哪怕觉得自己就是堂吉诃德，我们也要试一试！

赵福全：至少在您领导上汽大通的这段时间里，勇敢地尝试用一种新的方式来改变多年以来商用车制造的传统模式。这种模式能够更了解消费者的需求，并通过更灵活的设计能力和供应链能力实现与用户的互动共赢，这本身就值得铭记。历史不是某一个人能够改变的，但是一些先行者从不同的角度去尝试，最后叠加在一起，历史可能就会因此而改变。毕竟制造业基于互联网、物联网发生改变的趋势是必然的。

最后希望上汽大通在创新征途中继续努力，不断攀登新高峰。困难当然会有，但是我相信，未来一定是“无限风光在险峰”。

蓝青松：希望凤凰网的观众们进一步关注上汽，关注上汽大通，也欢迎大家积极参与到我们的 C2B 造车业务中来，更欢迎你们通过参与 C2B 造车成为上汽大通的用户。谢谢大家！

第二部分

论道车界

一、产业发展

01 强国战略

加快建设汽车强国的步伐

国家在“中国制造 2025”中已经为制造业提出了非常明确的发展目标，汽车产业也要在 2025 年前初步跨入强国行列。希望到“十三五”末，整个中国汽车产业要走完由大变强征程中一半以上的路程。到那个时候，中国自主品牌应有更多更好的产品投放到市场中来，可以与诸多合资企业的产品正面较量。

汽车强国需要三方共同努力

第一，从国家角度来说，发展自主品牌、增强自主品牌的核心竞争力应该是国家产业政策的核心。当然，中国汽车产业的发展可以有外资品牌参与进来，但是必须明确的是，核心技术是买不来的，只能依靠自己的努力去掌控。另外，国家应该拿出专项资金去鼓励和支持重要零部件的基础研发，例如新能源汽车的核心零部件，要像德国支持“工业 4.0”一样对核心技术研发予以重点支持。

第二，对于企业而言，首先，一定要把发展自主作为核心，这是企业可以进行选择的。而合资则是一种利益模式，企业并不能真正掌控。其次，中国汽车企业一定要想清楚自己的定位在哪里。中国自主品牌一定要以发展成为世界级的汽车品牌来进行定位和规划。中国拥有如此巨大的市场，完全有能力培育出世界级品牌。而世界级的品牌如何打造？

就要从研发体系、制造体系、营销体系以及组织管理体系等各个方面着手，这绝不是喊两个口号就能成功的。最后，中国汽车企业要快速抢占智能网联汽车、新能源汽车的战略制高点。可以说，谁抓住了智能网联和新能源汽车的发展契机，谁就能在五年之后的中国车企排位赛中胜出。但是切忌一哄而上，更不能搞成“假大空”，这样只会害了自己。国内目前已经具备了这方面的条件，不过仍需聚合各方面的资源来加快推进。建议以一家或几家具备实力的企业为主体，由政府提供支持，倡议各方力量一起参与，共同努力、协作创新，确保自主品牌能够在智能网联和新能源汽车领域赢得先机。

第三，从消费者层面，共同营造出支持自主品牌的文化氛围非常重要。目前中国很多自主品牌的汽车产品实际上已经丝毫不逊色于外国品牌了。所以不管是媒体也好，社会各个方面也好，希望大家都能去体验一下自主品牌，对自主品牌做一个正确的评价。当然，我们自主品牌也要继续努力，不能刚刚做得好了就“偷工减料”。如果这几个方面的问题都能够解决的话，中国汽车产业一定会越来越强。

院长心声 VOICE

汽车产业的重要性

汽车不是简单的产品，汽车产业更是涉及领域广泛，可以说是整个制造业的缩影。汽车强，国家制造业才能强。互联网当然也非常重要，但对于13亿中国人来说，只靠互联网经济是不够的，必须要以实体经济作为支撑。而汽车产业作为实体经济的龙头，其发展将直接关系到未来中国整个制造业的发展。

作为民用工业中最为复杂者，汽车是学科的载体、创新的载体，也是技术的载体、价值的载体。同时由于无可比拟的基础性、关联性和带动性，汽车也成了新一轮科技革命前景下，中国制造业转型升级的重要载体，并且肩负着高端制造业出口的重任。汽车强国梦是我们共同的理想，而中国汽车产业要想做强，本土企业必须做强。正因如此，本土车企面临的任务是艰巨的，身上的使命也是伟大的。

建言汽车强国策

国家必须充分认识到核心技术是买不来的；中国汽车产业要想真正做强，最核心的是本土企业要成为世界级品牌企业。同时，企业也必须清楚我们事业的核心是自主品牌，合资的确可以盈利，但我们是没有主导权的。而消费者也应该看到自主品牌的进步，应该关注产品是否物超所值。从性价比的角度，我认为，很多自主品牌的产品已经远超合资品牌了。总体来说，在品牌溢价力以及给消费者的直观感受方面，我们与合资品牌还有差距。但是如果大家都能客观看待自主品牌产品品质的巨大提升，未来自主品牌所处的环境和局面一定会越来越好。

与此同时，自主品牌企业切不可过于短视，对于新能源和智能网联等热点，绝不能因为眼前的一点利益就一哄而上，这样最终会给我们的产业带来难以承担的巨大浪费。自主品牌企业必须与多方力量有效合作，共同把这些事情做好。其实，国外的众多顶级车企，彼此之间都有紧密的合作，而我们的合资企业更多的是资本合作。我们期待的是获得核心技术，结果没有拿到。当然，我们也学到了很多东西，培养了不少人才，从某种意义上讲，也建立了我们的供应链。未来一定是大合作的时代，特别是对于资源更加有限的自主品牌来说，合作势在必行。

发展自主品牌是建设汽车强国的必经之路，否则中国汽车产业何谈未来。“红军不怕远征难”，“而今迈步从头越”。自主品牌必须发扬长征精神，为树立中国汽车品牌在世界上的强势地位而不断努力。这其中品牌塑造的重要性日益凸显，必须以“质量 + 诚信”来培育自主品牌。有兼具胆识和魄力的领军人，有坚持做自主的核心企业，再加上新一轮科技革命带给我们的空前机遇，我相信中国实现汽车强国梦只是时间问题，甚至这一天的到来会比我们想象得更快。

02 产业政策

审批政策应更具灵活性

在汽车资质这件事情上，按目前的要求，还是需要有制造能力才能获得资质。但如果要求小米必须自己建厂才能卖手机，那就永远没有中国这么繁荣的智能手机产业出现，更不会有这么多的创新公司出现。

因此，希望政府能换一个角度看这个问题，是不是有制造合作伙伴，就可以给一家新创公司叫自己名字的机会。这才是真正鼓励创新，也是响应中央提出来的“去产能”和“万众创新”要求的举措，更是实践“中国制造 2025”国家战略的路径，因为要让制造更加专业化，也要鼓励在研发和用户体验这两方面实现更多的创新。

实际上，如果每一家新创公司都要建立自己的生产基地，政府反而应该去看看是不是合适。因为这中间可能有地方政府招商引资的一些考量在里面，也有一些创业公司筹集资金的考量在里面。从国家战略的角度来讲，对于到底在哪些事情上鼓励创新，应该有清晰的政策导引。围绕着研发和用户体验去鼓励创新更有意义，特别是不应该把制造作为创新的一个先决条件。

合资股比放开的前提是留够时间

合资股比放开是一个大趋势，但是放开的节奏国家要把控好，必须留给绝大多数中国自主品牌足够的时间，让他们做好充分的准备，或者说他们需要时间，更多地利用来自合资企业的收益，包括管理上的经验，来反哺自主品牌。

因为中国汽车产业的做强必须依靠本土企业的崛起，而本土企业的发展壮大需要足够的时间。国家要采取一些切实可行的具体措施，对自主品牌给予有效支持。作为 WTO 的成员国之一，中国最终放开整车合资股比限制是理所当然的，但应该制定一个清晰的时间表，科学有序地稳步推进。这个时间表非常关键！一方面必须留够时间，保证自主企业能够做强；另一方面，又要给自主品牌明确的时间节点和足够的压力，促进企业加快转型升级。

国家层面应加大力度鼓励联合

对于未来产业政策的制定，国家首先应该从总体上把控汽车产业的发展方向，所制定的政策要对改善和提升中国自主品牌形象起到有效的支撑作用。为此，应该促进企业之间的合作、产业之间的融合，尤其是应鼓励自主品牌在新技术研发和共有平台打造上共享资源和成果。虽然中国汽车产业经过这么多年的发展，取得了显著的成绩，但每一家自主品牌单独的力量都还比较弱小，因此需要在国家的政策支持下，联合起来共同研发一些新技术，打造一些新平台。“抱团取暖”是自主品牌对抗世界级对手的良策。

院长心声 VOICE

国家支持和引导至关重要

本土企业的发展只靠自己努力是不够的，尤其像汽车这样牵涉广泛、影响巨大的支柱产业，国家产业政策的顶层设计和有效引导至关重要。

在立法和执法方面，国家法规标准要清清楚楚，不打折扣，让企业都认认真真地去做，让大家在公平的起跑线上竞争。同时，国家制定了法规标准就要严格执行，不能摇摆反复，让企业难以应对。

而对一些事关产业未来发展走向的重大问题，国家也要从建设汽车强国的目标出发，系统思考，早给态度。例如，现在整车合资股比要不要放开的问题，再次引起各方的不断争议，可谓“仁者见仁，智者见智”，国家对此应该有战略的判断和明确的规划。

产业重构期国家政策理应更加开放

国家必须用新时代的新眼光来重新审视我们的产业政策，比如说资质认证能不能更开放一些？是不是应该把互联网企业造车作为提升现有产能利用率的机会？让很多轻资产的企业也能够带着创新的思想、带着资金，投入到创造有中国特色的汽车品牌的事业中来，从而为中国汽车产业的创新发展贡献力量。而不是简简单单衡量是否拥有了四大工艺，是否具备了生产能力。时代在变，中国的汽车产业政策也要改变。

李克强总理多次提出，要让更多的人参与创新，其实让互联网产业参与造车是最大的创新。在汽车产业，“轻资产、重体验”的模式本身就是一种创新。希望国家、政府能够更多地支持新创汽车企业。因为，中国的汽车产业不只需要传统的企业，也需要新创的企业，更需要传统企业与新创企业的密切合作。

03 未来趋势

产业变革带来空前历史机遇

作为新创企业，我们选择进入汽车领域很大程度上来自于对整个产业的判断，尤其是对当前这个历史机遇期的判断。

第一点，从时间维度上看，汽车发展到今天已经有130多年了，而目前新能源汽车带来的变革将是这130年来最大的一次。这个变革不仅仅是发动机变成电池和电机这种动力系统的变化，更是新能源汽车动力系统变化所导致的汽车产品成本结构的变化，以及对于材料、工艺、轻量化等核心技术的一系列新的诉求，这将使原来以钢板冲压焊接为核心的四大工艺，乃至整个汽车产业结构受到很大的冲击。同时，原来汽车行业里以发动机为代表的主要核心技术，以及核心部件的门槛可能都会受到冲击，因为发动机可以不用了。在这种情况下，设计和制造电动汽车将对整个汽车产业链产生巨大的冲击。即使不说是“颠覆”，也一定是一次非常大的冲击。在过去的130年，汽车技术的进步每天都在发生，但是如此革命性的变革是前所未有的，这也是我们这一代汽车人有幸迎来的机会。

第二点，在新能源汽车尤其是纯电动汽车发展的浪潮下，巨大的中国市场一定会成为全世界最重要的电动汽车市场，从而为研发、生产、制造等所有产业环节提供基础。实际上对于全球汽车产业来说，每一次这种产业结构或者产业地域性布局的改变都是重大机遇。过去有人讲“弯道超车”，仅从技术的角度来讲并没有“弯道超车”的可能，技术还是需要扎扎实实去做。但是从产业的角度来讲，新机遇目前的确是降临在中国了。

第三点，就是互联网，其实互联网和新能源汽车本没有必然联系，在传统汽车上也可以做智能化、网联化。但是恰好这两者在时间上重叠在一起，使得这次产业变革来得更加猛烈。互联网主要可以介入汽车的消费领域，比如从汽车的销售、购买到使用，以及车和车、车和路之间的互联，这将使汽车的消费方式、使用模式、用户体验等，相比过去的传统汽车发生很大的变化。

所以，汽车产业无论从前端的设计环节、制造环节，还是到后端的销售、售后环节，乃至产品全生命周期的服务，都在发生重大的变化。在重大变革的机遇期，我们不抓住这个机会，什么时候还会再出现这样的机会呢？这才是我们为何决定在这个时间点介入汽车领域的根本原因。

本轮产业重构的核心机遇是与用户关系的改变

当前，大家都认为汽车行业即将面临重大的变化，但是大多的思考都还只是从技术的角度出发，比如说智能化、网联化、电动化，又比如说软件未来在汽车里面的比重会越来越高，等等。无论是传统汽车公司，还是新创的汽车公司，其实大家对于这些技术变化趋势是没有太多分歧的。传统汽车公司也在全力以赴地加强产品的迭代和升级，新创汽车公司毫无疑问必须做到更好，才有能力参与汽车市场的激烈竞争。

但是，真正的机会到底在哪儿？是不是只有技术才是最核心的要素？或许，汽车行业的变化应该从另外一个角度去看待。那就是汽车企业、汽车品牌和用户之间的关系，随着信息交流方式的变化会发生改变，进而改变这个行业。

我们通过观察其他行业就可以看得很清楚：比如互联网对电商的改变，沃尔玛是出现在电话和远程通信比以前更加方便的时候，因此沃尔玛可以成为全美国乃至全球跨区域管理的巨型企业，而沃尔玛之前的企业不具备这种信息交流手段。互联网出现之后，用户和购物平台之间的联系更加方便，所以出现了比沃尔玛风头更劲的亚马逊，而在中国也诞生了阿里巴巴和京东。因此，用户和企业之间交流方式的不同，会奠定一个行业变化的基础。

类比汽车行业又是什么情况呢？目前许多汽车企业拥有上百年的历史，像中国的品牌比较新，也有几十年的历史，这些传统汽车企业基本上都是在互联网产生之前出现的。所以它们和用户之间的关系网以及产业链条，都是按照互联网出现之前的思维构建的。比如4S店专门有客户信息反馈的功能，这种方式现在看来既低效更迟缓，但是如果从传统汽车企业当年的情况来考虑，那个时候只能依靠4S店帮助厂家收集用户的信息，所以才赋予了4S店这方面的职能。但是在今天还需要这么做吗？用户的意见可以在微信上立刻就反馈过来，如果还用4S店这种调研方法就没有意义了。

新一轮汽车产业变革是质变

纵观130年的世界汽车发展史，我们可以看到，过去汽车产业始终围绕着产业规模化、降低成本、提高产品安全性和舒适度，以及节能减排等方面，主要是在汽车行业内部进行不断的自我完善和进步。

但是进入到新世纪以来，伴随着IT产业的快速发展，整个汽车行业发生了质的变化，已经不仅仅是在行业内部围绕着汽车技术进行创新，而是拓展到外部，发生了五个比较明显的变化。

第一，整个汽车产业链模式和产业格局在发生巨大变化。在新一轮科技革命的浪潮下，大家能够最明显感受到的就是互联网对商业模式的影响，并且这种影响已经渗透到汽车领域，带来了整个汽车产业格局的深刻变革。

第二，产品形态在发生巨大变化。原来在汽车行业内部主要以硬件为核心进行产品性能和技术水平的不断完善与提升，现在逐渐从硬件向软件方向扩展，大量IT、互联网行业的产品和技术，比如各种芯片，被广泛应用到汽车产品上，带来了汽车产品形态的显著改变。

第三，消费模式在发生巨大变化。数字、共享、体验等成为未来使用汽车的新常态，像滴滴打车、Uber这样的网约车服务，已经广泛应用到老百姓的日常生活中。此外，过去买车先到4S店问询，现在则是先上体验店，之后就直接在网上下单了。

第四，汽车企业思维也在发生巨大变化。过去我们生产汽车，思维模式总是局限于如何提高一辆车的总体性能，主要是从制造的角度思考一系列问题。现在受互联网思维影响，汽车企业也强调满足客户的需求是第一位的。

第五，整个传统汽车产业都在发生巨大变化。必须由传统的制造型企业向制造服务型和创新型企业转型。过去我们的着眼点全部集中在制造上，现在要努力实现“制造+服务”的全面转型升级，因为这是整个产业的大势所趋。

以上这五个变化，将在未来十年以及更长的时间里，引领汽车产业的变革与发展。

院长心声 VOICE

中国汽车产业当前确实处在非常特殊的历史时期。能源、环境、拥堵、安全等问题，给我们带来了巨大的压力，而且这种压力在中国又显得特别突出。同时，以互联网为代表技术的新一轮科技革命，对传统制造业产生了很大的冲击，正在引发产业的转型升级和生态重塑，这种趋势在德国体现为“工业4.0”，而在中国就是“中国制造2025”。

在这种情况下，互联网造车在中国、美国等国家风起云涌。例如，谷歌（Google）无人驾驶汽车的研究很早就已启动，苹果的造车计划也多次被曝光和热议，中国的很多互联网及通信企业也都在进行尝试。包括一些原本在互联网领域赚了很多钱，也有机会获得更好发展的企业，现在也义无反顾地投身到造车事业中来。

最近这段时间以来，互联网企业参与造车的势头火热。目前，越来越多的互联网企业跃跃欲试，已经或者正在筹谋进军汽车产业。而一方面，传统汽车企业往往觉得互联网企业不够懂车、难以造出好车；另一方面，互联网企业又认为传统汽车企业的造车理念已经过时了，无法满足90后、00后新生一代的需求。互联网与汽车，究竟是颠覆、融合，还是重塑？也成为产业普遍关注和一直热议的话题。

就传统汽车企业而言，其对产品品质、性能提升的追求是永恒不变的，也唯有打造出更高效、更节能、更环保、更安全、更舒适的汽车产品，才能不断满足消费者不断提高的需求。但是在今天，我们不能仅仅关注内部的、自身的变革与发展，还要充分认识到外部世界日新月异的变化，及其带给汽车产业超乎想象的深刻影响。如IT、互联网产业跨界进入汽车领域，他们全新的造车理念和思维模式已经对传统汽车产业产生了巨大影响。作为传统车企的领军人，必须对此有深刻而清醒的认识，并且身体力行，带领企业进行相应的战略调整和优化，以应对未来汽车产业将发生的巨大变化。

04 新旧较量：传统车企观点

未来十五年新旧力量将决出胜负

今天的世界汽车工业正在发生深刻的变化，新的力量正在推动汽车工业朝着更加智能化的方向发展。传统的汽车工业因为受到互联网造车势力的刺激而奋起直追，认识上也有了跨越式的提升。现在汽车产业正处于一个“战国”时代，大家都在相互拼杀，可能要经过10~15年的调整，才能最后平静下来。这10~15年时间产生的影响，可能相当于过去汽车工业发展的100年，将决定世界汽车工业未来的走向。

未来谁能赢得胜利，现在还不好下结论，但未来10~15年将是一个决定性的时间段，有很多高科技企业将在这段时间内进入汽车领域。提到高科技企业，可能大家最先想到的就是互联网汽车公司。其实，传统汽车企业现在也已经进入了高科技企业的行列，传统汽车企业并不意味着敲敲打打、用榔头造车，他们现在也和互联网汽车公司一样，对高新技术领域有非常深刻的理解和非常巨大的投入。

这两股力量，预计经过10~15年的较量，就将分出胜负。未来世界上不会有太多的汽车公司，现在的情况是大约15~20家汽车公司决定了整个世界汽车工业的格局。以后也一样，甚至到那时候汽车公司的数目可能会更少。所以未来这十几年是非常重要的时间段。

传统车企更有可能赢得最终胜利

两种力量有相互较劲的一面，但是更准确地讲是相互影响、相互渗透、相互融合，直至殊途同归，最终的目标都是使汽车更加智能化、电动化、轻量化。无论是传统车企，还是互联网公司，谁也无法脱离这一基本规律。从这个意义上讲，汽车还将是汽车，而不会是互联网。未来结果很有可能是，传统汽车企业通过应用智能化技术、电动化技术和轻量化技术而取得更好的发展。

因为并不是一个软件就能够变成一辆汽车。软件其实就是数字，数字加上芯片才能成为一个零件，再加上车辆的各种硬件才能成为一辆汽车。软件或者说数字是无形的东西，就像一个人的思想，思想加上大脑才能形成脑袋，脑袋加上身体才能变成一个人。光有思想，没有脑袋，这种思想书本里多的是，是没有用的。

很多人对于软硬件的认识还不是那么透彻，光有想法是不能变成商品的，而把想法变成现实是一个很艰难的过程。汽车工业的发展有自身的规律，谁也无法违背基本规律。所以，未来更有可能还是传统汽车企业的天下，而不是互联网公司的天下。

另一方面，互联网思维最大的特点就是共享。互联网企业造车也要看它们能不能把传统汽车产业的资源都有效集成起来，这样成功的概率就会提高。反过来讲，传统车企也可以利用互联网的共享思维来造车，至少可以充分共享母品牌内部的资源，进行无缝对接。这样见效快、投资少，成功的概率可能会比互联网企业造车更高。

未来汽车不断迭代升级不会改变其基础架构

汽车产业将进入完全不同的崭新时代，传统汽车企业如果不抛弃过去的惯性思维，将很难适应未来汽车工业的发展。汽车企业必须同时拥有软件和硬件，拥有可以不断迭代升级的模块化技术，打造出我们所说的互联网汽车。

互联网汽车不是把汽车的屏变成手机的屏，实现语音对话、导航、上网就可以了，这只是简单的娱乐信息系统而已，所有的汽车都可以安装，但这不是智能汽车。智能汽车要把车载娱乐信息系统变成在线的，实现车车之间、车路之间以及车与各种信号之间的连接。智能汽车要实现完全无人驾驶，使汽车变成服务于人的智能机器人，解决人们对于智能交通的各种需求。这需要对整车的架构进行重新规划和设计，完全推翻传统意义上的汽车概念，硬件不一样了，软件也不一样了，而且硬件和软件一旦规划好了以后，是可以迭代升级的。

迭代升级 10 年、15 年以后，汽车的基础依旧，就像安卓系统在不断升级，但是 50 年以后它还是安卓系统。汽车工业的发展架构确定了以后就不会再被推翻，只是在这个架构上不断迭代升级。

传统车企不会让出产品升级的主导权

现在苹果和谷歌等公司想做的就是汽车领域可迭代升级的软件系统，为全世界的汽车公司提供软件系统服务。但是这要看它们的软件能不能和汽车公司的硬件架构相协调，以及汽车公司在规划基础架构时是使用自己的软件系统，还是直接使用第三方提供的软件系统。这个问题现在还没有定论，大家都在探索，都在努力，也投入了很多资金。

毫无疑问，全球汽车公司都希望把命运掌握在自己手里，而不是交给互联网公司。因为把命运交给互联网公司，将会变得非常被动。例如，不久前欧洲三家汽车公司收购了地图公司 Here，将地图掌握在自己手里，就是这个道理。此外，互联网公司是不懂整车架构设计的，汽车不是简单地写几段代码、编几个程序、纸上画一画就能造出来的。要把想法变成实物，要让硬件能够运行得灵活自如，让用户体验良好，远不是那么简单。这两类不同形态的企业要整合到一块，还需要时间。

新创车企与传统车企都应扬长避短

现在很多互联网企业想造车，争相涉足汽车领域，这是个趋势，挡也挡不住。不过有些互联网企业是有自己的战略和套路的，有些却有点乱了。怎么叫乱呢？互联网企业造车首先要搞清楚自己的优势是什么，也就是所谓的撒手锏。同时要想清楚传统汽车企业的优势是什么，劣势是什么。

现在有些互联网企业进军汽车产业，不仅要在开发产品和用户体验上做工作，甚至大张旗鼓要像传统汽车企业那样建工厂，做四大工艺，构建整个供应链，铺设全新的网络销售渠道。当然，也不能全盘否定它们的策略，但是建工厂、做四大工艺，这是传统汽车企业最大的优势，恰是互联网企业最大的劣势。在强手如林的汽车市场，你不设法弱化自身劣势，而是要以劣势与别人的优势竞争，这怎么行得通？真的要同台竞技制造汽车，它们恐怕将会跌得很惨。

同样，对于传统汽车企业来说，也要认识到以智能、网联技术为前提的自动驾驶等，是我们最大的不足或者说是劣势。只靠自身力量是很难实现赶超的，必须借助信息产业的优势资源。

未来的发展趋势应该是互联网企业与传统汽车企业进行很好的融合，发挥各自的优势，共同打造我们的智能网联汽车。这不仅是中国，也是全球的发展趋势。同时，双方有效合作也将成为中国发展智能网联汽车在全球的最大优势。这样可能会走出一条有中国特色、别人未曾走过的道路来。近期不管是《政府工作报告》，还是我们主管业务部门出台的行业发展规划、政策，国家一直在反复强调工业化和信息化的深度融合，这非常令人高兴。

互联网造车同样需要循序渐进

互联网行业的很多人并不认同传统的造车理念，他们想要颠覆传统车企，觉得传统车企造的汽车是无法满足未来消费者需求的。这不是痴人说梦，但是也不是那么简单。一定会有互联网企业在做汽车的过程中摔跟头，甚至可能很多优秀的互联网企业都要吃苦头。因为，技术进步是循序渐进的过程，不可能一下子从一端就走到另一端。比如说新能源汽车，按道理油电混合度是逐步变化的过程，传统汽车企业认为应该是从 10% 到 20%、30%，一直到 100%，这样循序渐进来做的。但是互联网企业都想变成特斯拉，直接跳到纯电动模式，想颠覆原有的行业。可是特斯拉目前只有一家，而且相比于传统汽车企业，特斯拉也还并不算成功，因为到现在特斯拉还没有盈利。按互联网思维造车也需要逐步改变和增加内容的过程，而不是一下子就变成另外一种生活方式，和我们现在的汽车完全脱节。从国家法规、用户体验来讲，也都需要一个渐进的过程。

汽车安全是不容丝毫疏忽的底线

一家美国新创汽车公司的车发生了很多交通安全事故。类似的交通安全事故如果发生在传统汽车公司的产品上是难以想象的，对全世界的传统汽车公司来说，如果因为车辆本身的技术问题而产生了车毁人亡的事故，那真的是非常严重。

可是对于美国那家汽车公司来讲好像不是这样，事故中出现人员死亡，好像也影响不大。这是两种不同的理念，传统汽车公司是不允许在没有安全保障的前提下就把产品投放市场的，但是互联网公司就敢这样做，它们认为不要紧，可以尝试。

跑车的用户体验不只是加速性能

从性能上讲，一款跑车的体验绝对不简单体现在推背感上，这也是不能仅以百公里加速时间衡量跑车性能的原因。跑车仅有加速性能是不够的，操控、安全、制动、转向都一定要足够好、足够精准，否则就不会有好的体验。之后还要考虑是不是有空气动力学的问题？当速度高到一定程度时，下压力够不够？所有这些有没有做过模拟仿真和空气动力学实验？可靠性够不够？当开到每小时 200 公里时要对驾驶者的生命负责。再接下来，很重要的体验是精致度，也就是说，是不是足够好，是不是足够有品质，是不是足够有品位。然后我们才能谈如何把车做得炫酷，在附加功能上下功夫，等等，这些的优先级都应该放在后面。如果基本功能都没有做到，何谈良好的用户体验呢？所有的体验都是一项项的具体技术，最后所呈现出来的功能。

院长心声 VOICE

汽车硬件始终是不可或缺的

最近一两年跨界造车风起云涌。一些具有互联网基因的公司，认为未来智能电动汽车发展过程中需要的很多要素都是传统汽车企业不具备的；而传统汽车企业大多认为，未来的汽车无论再怎样智能化、电动化，也离不开车身、底盘、转向、制动等机械的部分，而这些都是传统汽车企业的优势所在。

对于汽车而言，一方面，未来汽车肯定会越来越智能化，需要大数据、云平台，也需要人工智能等方面的技术。只做车身、底盘、制动、转向等肯定远远不够了。这就要求传统车企必须有效地融合 IT、互联网产业的优势。

不过另一方面，硬件始终是基础，虽然软件很重要，但是脱离了基础后，软件就将是无本之木。我曾经在《中国汽车报》上发表了一篇文章，其中谈到智能机器人和智能稻草人都智能，但是显然，没有强大的机器人做后盾，光有智能是不够的。

以安全问题为例，汽车作为出行工具，乘坐者是人，人命关天，所以传统汽车公司开发产品都以安全第一为基本原则。我一直讲，开发汽车和开发手机不一样，手机一天死机五次都没有问题，但是汽车死机一次也受不了，二者的出发点从根本上是不同的。所以对于汽车而言，可靠的硬件始终是不可或缺的。

传统车企并非一定做不好用户体验

几乎所有互联网造车的企业都觉得传统汽车企业对用户体验掌握得不够、对用户服务做得不好，或者说是由于背负着历史的包袱、有既得利益者的阻挠而导致没办法转变、做得更好，比如 4S 店经销体系。

不过，互联网追求的一些用户体验，其实传统车企也都是可以做到的。尽管传统汽车企业由于太多历史的包袱，可能自己不容易做好，但是它们可以开一家子公司或者搞一个独立的事业部，让其负责用户体验。

和新创车企相比，一家大型的传统汽车企业比如通用公司，在整个产业价值链里面，如果研发投入上能旗鼓相当，最后就看谁选择的方案更正确；制造本来就是其强项；剩下的就是体验、服务了，对于这部分，或许依靠现有的经销商体系、全球分销网络实现转型很难，但他们为什么不可以招一批人来建立起新的机制和文化，按新的模式运作，通过资本把这个团队和母公司连接在一起呢？这个团队完全可以一样建立以用户体验为中心的文化和机制。这样新创车企可能拥有的领先理念和商业模式，还有优势吗？问题的关键在于传统企业转型的意识、决心和速度！

未来汽车的本质不会改变

展望未来，汽车的本质不会改变，它是一个以硬件为基础的出行工具，同时软件也会让硬件如虎添翼，给汽车的内涵和外延带来天翻地覆的变化。真正的智能汽车不只是简单地实现上网、远程通信、娱乐等功能，它需要的是整个平台、架构，包括技术细节全面更新。未来的10到15年，就是这些技术不断沉淀、优化，最终定型的过程。

实际上，在未来汽车产业的发展过程中，传统汽车产业和互联网产业将会为彼此注入新鲜血液。互联网产业的人要对汽车抱有敬畏之心，我们传统汽车业的人同样也应该对互联网技术抱有敬畏之心。最后两者整合在一起，道路就会越走越宽，事业也就会越来越成功。

05 新旧较量：新创车企观点

传统车企与用户的联系严重不足

传统汽车企业的整个产业链，是按照自上而下、细化分工的方式组织的。整车公司的重点在于生产制造，以及前端的产品研发。而与用户有关的环节，都交给了其他公司在做，包括4S店、保险公司、加油站以及金融服务公司等。所以虽然整车公司是卖产品的，而且一年往往卖出很多，但是却和用户没有直接联系。在过去这样做是因为信息交流方式的局限，没有别的选择，而在今天这样的方式肯定就不合适了。

在互联网出现之后，全球新出现的汽车公司里比较有影响的就是特斯拉，成立于2003年。其实，以互联网的视角来看，特斯拉所做的很多不同以往的事情都是天经地义的，比如直销在互联网产业是理所当然的，放在汽车行业里，这件事情就成了石破天惊。这是因为传统汽车行业在这方面已经有了很明确的规则了，原有的企业很难自行突破。实际上，一些传统汽车企业也在谋求改变，比如宝马i3就想在欧洲直销，但面临经销商的强烈反对而无法进行。另外，互联网企业注重软件，特斯拉的软件工程师是硬件工程师的两倍，而在传统汽车公司，是按照一个一个零部件去考虑问题的，软件只是硬件里的一个组成部分。以上这些都不是技术问题，而是技术之外的因素在发挥关键作用。就像沃尔玛并不是开发不出亚马逊那样的网站，在技术方面没有障碍，但沃尔玛还是无法成为亚马逊。

传统车企转型难在机制和文化

绝大部分传统汽车企业可能都不能完成转型，不是因为它们没有资金、技术，甚至也不是因为它们没有看到这样的趋势，真正的问题在于它们的机制和文化都是基于传统建立起来的，较难适应新的时代。这就像IBM成不了微软，微软成不了Google，Google成不了Facebook一样，一个时代有一个时代的企业，移动互联网时代一定会有移动互联网时代的汽车公司。

在移动互联网到来之后，未来汽车产业将进入以服务用户占主流的时代，而传统汽车企业成功转型的机会很小。准确地说，是传统汽车企业转变成以服务用户为核心的企业的可能性非常低。

传统车企并不是造不出适合移动互联网时代的好车，而是它们只能按照惯性前行，有太多的既得利益和历史包袱。比如，所有和用户体验有关的环节都自己来做，这是现有的大部分汽车公司做不到的；再比如说脱离经销商体系进行直销，也是这样。

企业统一的价值观难以覆盖多种管理诉求

企业的文化价值观非常重要。比如苹果就是做两头，研发和体验，制造由富士康做。从价值观角度来看，这样做是有逻辑的。为什么？没有一种企业文化和价值观能够覆盖到产业链的各个环节，管理工人、做好制造要求高度的一致性，而管理用户体验需要照顾大家不同的感受，管理研发又需要鼓励大家的创新，追求有所不同，怎么可能一家公司建立一种价值观把这三件事情都覆盖呢？富士康有员工跳楼，大家是一种感受，苹果公司如果有员工跳楼会有多震撼呢？这背后有更加深刻的因素。

商业模式不是仅靠概念描述就能够定义清楚的，从来都是要靠执行及其效果来体现的，而执行要靠机制和文化来支撑。一家以用户体验为核心竞争力的公司，就需要建立适应这种商业模式的机制和文化。传统汽车公司当然不是说不可以做这些事情，实际上现在传统汽车公司的实力都很雄厚，还有很多合资公司或者国有企业。但是，这些汽车公司早已形成了自上而下的机制和文化，这样的机制和文化是很难支持企业成为一家以用户体验为核心竞争力的公司的。所以，不是传统企业不想做，也不是因为没有资金、技术和人才，而是因为机制和文化不匹配。如果传统车企想做的话，只有一条路——重新建一个体系，那就是一家新的公司了。

移动互联网时代的核心是服务用户

现在，整个时代有了新的变化。如今已经是移动互联网的时代，这个时代到底将如何重新构建企业和用户的关系？必须要基于技术的进步，但是更要超越技术进步本身来思考。

有很多已经不太合理的情况，例如，不管是特斯拉还是传统汽车公司，基本的逻辑还是在于卖新车，取悦新的用户。移动互联网时代是否还应该如此呢？汽车公司安身立命的根本其实是那些买了汽车产品的用户，如果努力和这些用户建立关系，努力服务好这些用户，是不是就可以有完全不同的回报？这种考虑在移动互联网出现之前，可能在经济上是不理性的，因为企业很难这样做，或者这样做不一定能得到足够的收益来抵消自己的投入。特斯拉往前走了一步，比如快速充电桩是免费的。但是再往前走，涉及与汽车用户相关的事情还有很多，能不能做到只要车辆出了问题就立即帮用户解决呢？在移动互联网时代，如果企业把整个重点全部放在服务用户上的话，用户一定会非常肯定你，而且会很方便地为你传播口碑，从而实现新用户的增加。这是移动互联网时代典型的场景，依靠对用户全心全意的服务和良好的用户体验来积累口碑，把整个公司建立在服务用户的基础之上，把产品做好，把服务做好，这就和以前的售车逻辑完全不一样了。

这个逻辑听起来可能并不是太“高大上”，但其实离开移动互联网技术普及和应用所带来的变化，离开电动汽车需要重新构建基础设施所带来的机遇都是难以做到的。所以，这是“电动汽车 + 移动互联网”带给我们的新机遇，让我们可以重新定义汽车的产业链，重新定义汽车的用户体验，也重新定义车企与用户之间的关系。这才是终极的变革方向，而不仅仅是电动汽车、智能网联汽车产品形态的改变。

未来确保用户体验的关键是重新定义汽车

关于用户体验，这其中有几种可能性。第一，很多人说传统汽车企业不重视用户体验，其实在传统汽车产品设计研发直至投产的过程中，无时无刻不在关注着如何让用户满意；而像 J. D. Power 这些调研机构也在随时调查用户满意度，并向汽车企业反馈。所以并不是说传统汽车企业就忽视用户体验，只不过现在依托于移动互联网有了新的可能和机会。过去在办公室、家里都能实时在线，在汽车里却不能，成了互联网的孤岛；而随着 4G 以及后续 5G 技术的发展，移动的车辆也有了实时在线的可能性，在行驶过程中就可以通过联网获得各种各样的服务，既包括体验、导航等初级服务，也包括车辆诊断、信息反馈、预警、安全保障等更高级的服务。所有这些功能都将完全呈现出一种崭新的面貌，因为车的数据可以被实时获取和分析处理了，对于汽车企业来说，这是第一个很大的变化。

第二，由于移动通信技术的发展和应用以及互联网思维的影响，汽车行业现在有一个热门的关键词就是汽车共享。在汽车共享的模式下，可能会衍生出新的机会。未来汽车不再是一个人长时间的拥有，而是变成多个人短时间的拥有甚至是单次的拥有，从而大大提高汽车的利用率。实际上，今天汽车的使用方式是很大的浪费，用户花钱买了汽车，但是有很多功能对于这辆汽车的所有者来说都不是必要的，至少不是本次出行所需要的。今天所有的汽车，不管多么强调个性化，95% 仍然都是同质化的，因为需要对综合功能进行妥协。如果汽车不再是目前这种长期拥有的模式，是不是可以针对单次出行，或者针对某种常规出行的场景，把单一功能或少数功能做到极致，而不是追求所有的功能而不得不有所妥协？如此一来，汽车产品就会被完全重新定义。相应地，市场也将发生变化，现在的小众市场会更加得到重视，形成多元化的细分市场，机会就会出现。洞察到机会，然后从产品、技术出发对汽车功能进行重新定义，用户体验就会完全不同。因为用户体验不是一个名词，而是一系列实实在在的功能，要提供用户所需要的功能，先要把这些功能充分识别、重新定义出来，这才是未来汽车用户体验的真正变革。

未来汽车需要新的分类标准

今天越主流的汽车就越对综合功能妥协，因为所有的功能都要具备，所以每一种功能都不是极致，这是一种“随大流”的主流。但是未来恐怕不是这样了，所以需要把某些特定功能做到极致，而把那些用户使用过程中不那么关心的功能弱化甚至取消掉，从而完成对汽车的重新定义。

经常有人问到汽车的级别，是 B 级车、C 级车还是 D 级车，是轿车、MPV 还是 SUV？但是这种分类本身，就已经落入传统汽车功能定义和用户体验的模式里去了。既然说了未来汽车会是一种全新的用户体验模式，那么一定是按 A、B、C、D 这种级别划分吗？一定是按轿车、SUV、MPV 这种类型划分吗？汽车为什么一定要定义成 A 级、B 级、C 级、D 级，一定用轴距尺寸区分？为什么不能是宽度尺寸？为什么不能是高度尺寸？

又为什么不能有更多的跨界和重新组合？如果说要做颠覆性的智能化、网联化的汽车，结果一讨论却又落入到传统汽车的定义中，那就不要宣称是互联网思维了。

电动汽车给新创车企带来机遇

传统汽车公司在研发和设计方面的沉淀值得尊重。客观地说，如果今天让新创车企去造一款传统的燃油汽车，无论发动机、变速器，还是其他很多核心零部件的研发，都还是很难的，壁垒非常高。但是，现在有了电动汽车，在这件事情上大家基本是在同一条起跑线上，而且新创车企可以招揽到全世界最优秀的人才，可以投入得更加坚决，也就可以和最好的公司竞争。所以说，电动汽车给了新创车企这样一个机会。

而对于传统汽车公司来说，不是造不出特斯拉那样的电动汽车，以它们的能力完全能够造出来。但是它们是否愿意花全部精力、把最优秀的团队放在这样的产品上，是不是给打造这样产品的团队犯错误的机会？毕竟它们有太多的选择和关注，比如销量目标和排序、各个细分市场等。所以它们很难把最精英的团队都抽出来做新能源汽车。

新创车企最大的难点在于销售和品牌

对于新创车企而言，设计车和制造车很难，但还是有经验可循的。实际上，技术问题通过花时间、花钱都是可以解决的。资金问题也可以解决，因为如果你做的车是实实在在的，而且有持续的成果或者进步呈现出来，资本方是看得到的。

真正的难点在于销售车和树立品牌。新创车企需要打造一个自主的、高端的、新能源的汽车品牌，这个目标的实现面临着销售和市场的压力。而在这种压力背后，其实最根本的挑战是理念上的挑战，包括我们自身的理念、合作伙伴的理念、调动资源的理念，也包括消费者、政府政策制定者和很多相关协作方的理念。当然，我们在努力引导这个理念，尽量说服各相关方，包括消费者在内，来接受我们打造品牌的理念。不过这仍然是难度最大、风险最高的地方。

线上渠道与线下交流要相互结合

要做好销售一定是几个要素的结合。第一，一定要和用户面对面的交流。什么是体验？什么是感知？归根结底是用户情感的体现，这种情感必须面对面才能深入地理解，这不是在线交流能够取代的。当然，不是说就不用线上方式，但一定要有线下的交流。

第二，一定要充分利用互联网渠道，例如电商模式。其实，我们如果拥有互联网的电商模式和体验中心，就不会去建 4S 店。4S 店是什么？4S 店很大程度上是传统汽车企业生产的库存、资金的蓄水池，当然也提供了售后服务的保障，这就是传统 4S 店。我们要把 4S 店的功能拆分开来，弄清楚在做新能源汽车、智能网联汽车时哪些功能仍然是必要的，比如售后服务、修车保障。而又有哪些功能不是必要的，比如说正常的保养，因为电动汽车和汽油车的保养频次差不多是 10 倍的关系，如果汽油车 5000 公里做一次保养，那么电动汽车可能 50000 公里做一次保养就可以了。而且未来制造系统会越来越柔性，因此就没有必要再向 4S 店压库存，让 4S 店成为产量的蓄水池了。另外，在做新能源汽车、智能网联汽车时，由于用户体验要求的提高，可能还会有一些新的功能需要赋予 4S 店，比如软件在线升级等。所以与重新定义产品同步，我们也需要重新定义 4S 店的功能。未来的 4S 店一定要有体验中心，而且这个体验中心不再只是为了卖车，不是用户在购车时来开一下、坐一下，而是要提供一种全生命周期的体验，用户只要成为我的车主，这里就永远是你的家。这个体验中心必须提供持续的服务，而且这种服务必须是面对面的。

过去汽车企业非常看重销售环节，因为这是产生利润的环节。而现在销售不仅是产生利润的环节之一，更是持续提供用户服务的环节，后者正是我们必须要做好的事情。所以这就不仅仅是 4S 店转型的问题，更是汽车企业重新定义自身的问题了。

在线互动服务才能提供良好的用户体验

过去用户把车买回去之后，与整车厂的连接就变得很弱了。后面整车厂很大程度上就与用户失联了，不到几千公里回来保养时，可能都见不到用户和这辆车。同时因为不在线，整车厂想帮用户也帮不上忙。但是现在不一样了，车主在用车过程中的所有情况，整车厂通过互联网基本上都能了解，因此整车厂能够更懂车，也能更懂用户，所以就可以提供更多的支持性服务。

实际上，用户在乘车过程中，开车本身不是目的，顺利出行、到达目的地才是目的。在出行过程中，除了开车以外，其他乘客坐在车里可能无聊地玩手机，也可能打盹，除此之外还能做很多事情。我们为什么不能提供更好的体验？在整个用车期间都可以进行跟踪并提供服务，而且这种服务一定是多样化的、持续升级的，如果不能持续与用户互动，就无法提供最好的服务，这也是为什么要强调汽车网联化。

新创车企造车也要有所为有所不为

汽车工业在研发领域也处于高度分工的状态，我们要思考，哪些事情需要变革创新，哪些事情应遵循原有的基本规律，不可能事事都是自己去做。新创车企只做最核心的研发就够了，比如在“三电”的研发上投入最主要的精力。在其他方面，都要遵循基本规律，或组建非常强的专业团队，或利用最优秀的外部资源，包括顶级的设计团队、零部件供应商。所以新创车企要从全球去找资源，去整合、集成这些资源。实际上，传统汽车公司也不是什么技术都自己做，它们也在做整合资源的工作。

我们可以从这四个方面去策划整个汽车的设计和研发：外观、内饰的设计是一方面，核心的“三电”是一方面，所有车辆都要用的基础技术是一方面，再就是与软件相关的是独立的一个方面。这中间当然要有所为有所不为。必须想清楚哪些要自己去做，哪些要找合作伙伴来做；哪些必须比现有汽车公司做得好，哪些要力争做得一样好。如果说什么都能比现在的汽车公司做得好，那是不现实的。

汽车开发需要进行大量的设计、验证，包括模拟仿真和实车试制试验验证，这一系列工作要一轮一轮地反复，最后才能做出好的产品。我们不仅依靠自身的能力，也寻求两类外部资源的支持：一类资源是高水平的供应商；另一类资源是国外大型工程设计公司，包括在操控、安全等方面经验非常丰富的老牌公司。这两类资源可以帮助我们保障产品最后能够达到所要求的性能和品质，给用户良好的体验。当然，在这个过程中一定是以我们为主，由我们来主导开发。

新创车企是同盟军而非竞争者

做新能源汽车、智能网联汽车的都是新兴力量，所有这些努力都是积极的。也许有的路走得通，有的路走不通。即使最终没有走通，也是非常有意义的尝试，我们应该把彼此视为同盟军，而不是竞争者。大家更应该一起来做，越开放、越平台化、越共享，就越有利于新型产业生态的发展，这才是互联网思维。总是防着别人，什么都自己做，只为形成自己的小圈子，这不是互联网思维，甚至比传统还传统。

院长心声 VOICE

好车本身仍然是基础

新创车企都认为，在当前的新形势下汽车产业有了新的巨大商机，市场也有了新的巨大需求，而传统车企创新需要面对既得利益者的反对，克服固有思维的延续。因此，新创车企应该抓住这个机会涉足汽车业，通过自己的全新理念和努力实践来满足这种需求，弥补这种空白。

虽然互联网思维更强调用户的体验和服务，但汽车首先还得是一辆好车，如果没有一辆好车作为基础，我认为所有后续的体验和服务根本无从谈起。

既然我们首先需要有一辆在市场上有竞争力的好车，然后再谈服务用户的商业模式，那么这辆车由谁来造呢？这也和后续的商业模式有关：是提供好的服务，车坏了就马上修好，还是最好买一辆很少会坏的车？

我们不能简单地把用户体验概念化，应该具体化，弄清楚究竟用户关注的体验是什么，传统汽车为什么做不到或者为什么不做，特别是未来的用户体验究竟是什么。如果能够清楚地定义未来汽车的用户体验，我们就可以通过具体的车型设计、配置定义，最后提供令消费者满意的用户体验。

在电动汽车领域，新旧车企也不在同一条起跑线上

在传统汽车领域，因为有长期的投入而建立了较高的壁垒，所以很难后来居上。从历史发展的角度看，未来终有一天电动汽车会成为主流，它将全面代替燃油汽车。但是这个过程可能会非常漫长。在此之前，新创车企即使在电动汽车方面取得了优势，是否足以战胜在燃油汽车方面优势明显的传统企业？这需要我们深入思考。

另外，谈新创车企在电动汽车方面有优势，是电的方面，还是车的方面？电动汽车也不是简单的电池、电机、电控，同样要有车身、底盘、电子电器和内外饰，所以好的电池厂并不能造出好的电动汽车，还是传统汽车企业把电池买来用好才能造出好的电动汽车。

从这个角度来说，是否集成了全球最优秀的资源做研发，就可以和传统汽车公司处于同一条起跑线上？在电池、电机等方面或许是这样，反正大家基本上都是采购来的，但是在其他方面，诸如车身、底盘、制动、转向等，新创车企凭什么能和传统车企做得一样好？

现在发展电动汽车，有一个误区，总觉得可以弯道超车，但是即使有最优秀的电池，如果造不出优秀的传统汽车，还是很难造出优秀的电动汽车。三星的电池已经很好了，但是三星成不了奔驰、宝马。所以，在电动汽车领域，我也并不认为新创车企和传统车企是在同一条起跑线上。

当然，能够集中精力做新能源汽车，这本身就是新创车企的优势。传统汽车企业对于新能源汽车是不做不行，但对于传统燃油车更是不能放弃。传统车企确实有太多的事情必须兼顾。

做好销售服务、建立品牌远非易事

做一款优秀的产品确实很难，但是要得到市场的认可，产品推出之后要让消费者愿意买单而且持续买单，这个挑战和难度更大。未来的电动汽车可能所需服务会减少，比如机油不用换了；质量更可靠，维修保养频次降低了；还有很多服务可以在线解决，如升级软件等。究竟应该怎样把握这些变化，充分利用互联网的优势，把产品快速、便捷地推向市场，同时又建立起自己的品牌？这不仅是新创车企，也是传统车企必须认真思考的问题。

在汽车整个生命周期里，原来所讲的服务不外乎车辆的维修和保养，而未来的服务则是要在车辆使用过程中提供所需要的各种各样的支持。但是在这些支持里面有多少是汽车企业自己能提供的？又有多少涉及新的产业生态，甚至需要整个社会大环境来支持？对此，无论新创车企还是传统车企，都需要有系统的思考和具体的措施。

跨界造车更应强调融合

未来产业将趋向于无边界，因为需要的资源越来越多。任何一家企业无论规模多大，都没有能力独自开发所有技术来满足未来竞争的需要。作为后来者，新创车企要对汽车心存敬畏，同时要对汽车整体有深刻的感悟和理解。最关键的是能不自己做的就不要自己做，能利用资源的就要充分利用资源。其实，IT、互联网企业与传统汽车企业更应该建立合作关系，大家一起努力实现1+1=3。

传统车企与互联网车企，双方都要认清自己的优劣势，未来必须走相互融合、协同创新的发展之路。特别是“以卵击石”绝不是合适的竞争策略，必须清楚地认识到自己是谁，强在哪儿、弱在哪儿。未来社会不存在一家企业就能包打天下的可能，企业要想获得长远发展，必须扬长避短，必须以包容的心态积极地与不同行业、不同企业进行合作，最终实现共赢。这也是国家推动工业化和信息化深度融合的战略目标所在，是实现“中国制造2025”的必然路径。

从这个意义上讲，新创车企最终可能会成功，也有可能不会成功。但即使不成功，也会为汽车产业的发展进步做出应有的贡献。其实，成功无所谓大小，也永远没有封顶，只要敢于抓住这一轮波澜壮阔的机遇，成功进行了尝试就值得称道和祝贺。

二、企业战略

01 企业战略与企业家精神

汽车产业竞争激烈

在汽车产业工作，最大的感受就是汽车行业的市场化程度非常高、竞争非常激烈。相比之下，钢铁等行业的竞争就没有这么激烈，市场化程度也没有这么高。同时，汽车行业的国际化程度也比较高，只局限于一个国家或区域的市场是不行的，必须放眼全球市场。此外，汽车行业和当今世界各个领域的其他产业，特别是一些创新技术的产业都存在着直接或间接的联系，可以说处在全球经济和技术发展的最前端，不像有些行业，在技术的发展上存在一定的滞后期。

企业战略需要贯彻始终

当汽车企业的董事长确实不容易，忙和累还在其次，最主要的是做决策时，介入深了不行，介入不深、瞎决策更不行，有的时候真的不敢决策。

但是，战略规划一旦制定，那就必须成为整个集团的共识，必须坚决地贯彻执行，绝不能因为管理层的人员更迭或位置变更而发生改变。

企业家要定方向、用好人、找资源

对于领军人来说，第一是定方向；第二是把人才用好、用对，还要用得愉快，不能让大家在一起就产生激烈的化学反应；第三是找资源，比如这支部队需要炮弹，那支部队需要子弹，我们都要准备到位。

院长心声 VOICE

企业战略论

我之前曾经讲过企业成功的三大要素：战略、文化和体系。这其中，战略决定方向，文化统一思想，而体系是战略落地、文化传承的保障。

战略的制定实际上是一个取舍的过程，取容易，舍困难，要舍掉很多眼前的利益，孤注一掷地去追求未来充满不确定性的利益，这就更难了！真的需要破釜沉舟的决心，更需要持之以恒的毅力来真干、实干！很多时候往往是只有“华山一条路”，才有可能成功。

战略是选择，更是共识，一旦决定了之后就要坚定不移地执行。但也不是墨守成规，而是在不断地进行动态调整和优化，因为国家的产业政策在不断调整，市场的情况也在不断变化，我们对产业和技术的判断也必须随之调整。战略的调整不是对此前行动或者计划的一种否定，而是一种新的优化，以确保曾经做出的决定始终保持正确的方向，能够真正地落地。在不断审视自己的过程中，实施战略修正，这非常重要。

不断向前发展和进步，是所有企业都必须面对的核心问题。在发展之初，企业就必须考虑清楚“我是谁”，我具备哪些基础条件，就必须面对所谓的历史积淀问题。而历史积淀又有“精华”和“糟粕”之分，“精华”部分我们必须传承与发展，“糟粕”部分则有可能成为我们发展之路的绊脚石，必须尽快清除；而像理念、文化和体系等方面的差距是很难在短期内弥补的。

战略前瞻性

我一直认为“赢在战略，输在战术”，企业当前取得的成功，是与当初的战略决策密不可分的。因此，企业发展成功与否，很多时候就直接取决于领军人的眼光和决策。同时，看准了机会是一回事，能否真正落地又是另外一回事。

实际上，汽车是长周期的产业，一款产品开发就要三年。对于汽车产业来说，五年只是一个播种期，五年之后才会慢慢迎来收获。因此，企业在今天取得的成绩，其实是源自五年前正确的战略规划，以及五年来持续的踏实努力。

汽车的产业链条长、涉及范围广、关联行业多，人才、资金和技术都高度密集，是民用产品中价值最高的，也是受关注程度最高的产业之一。汽车产业的复杂性也让创新与改革非常困难，往往“牵一发而动全身”。这就更需要企业战略具有前瞻性，能够系统思考、提前布局。

企业家精神

自主品牌的发展过程实际上是摸着石头过河、不断探索进步的过程。说起来好像做汽车很简单，但真正做到位是非常困难的，而且还必须要有一个成长的过程。因此，造车绝不是一件简单的事情，需要有勇气、有决心，才敢于去做。在这个过程中，企业家需要一个对汽车加深认识的过程。对于和汽车相关的各种要素，比如品牌建设等，都要不断有新的领悟与抉择。

而且即便做出了抉择，决心加强品牌建设、提升产品品质，短期内也并不能看到明显效果，还需要时间来验证。如果销量上不去，是否就会降低品质要求，产品差不多就抓紧投放市场了呢？一方面，企业面对市场急需产品的销售压力，却苦于“无米下锅”；另一方面，既然决心做精品就要投入时间和精力，又必须经受住新标准的考验。究竟是选择眼前的短期利益，还是坚持追求长远的效益？这对企业家来说是艰难的选择。

汽车产业的发展有自己的规律可循，成千上万个零部件，涉及众多领域，牵一发而动全身，不能只关注眼前的短期利益，而应以企业乃至社会长远的可持续发展为重。在这个过程中，企业家要深深认识到自己的使命，身体力行，带领企业不断发展。最重要的就是把大方向把握住，而且要把大方向坚持下去。当然，讲道理容易，真抓实干、执行到位并不容易，而要做到极致，更是需要“头悬梁、锥刺骨”的精神，其中的辛苦可能只有当事人自己才知晓。在骨子里坚信自己的选择，敢于打破常规，进行创新突破，而不是人云亦云地随大流，我认为这是一位企业家和领军人非常难能可贵的品质。

像新能源汽车这样全新的产业，不仅仅需要对新技术进行了解学习，更需要用新的理念和思维来引领企业发展。企业领军人尤其要有全局观念，既要看得清，更要看得准。这不是说要去研究电池的薄膜技术，研究控制的逻辑，更不是去研究电池的某一种新材料等细节，而是要在大的方向上进行把关，做好决策。同时，任何新事物总是机遇与挑战并存，正所谓“无限风光在险峰”，因此又需要领军人的胆识与情怀。一方面，要响应国家政策，成为国家战略的推行者；另一方面，又要实实在在开发出满足客户需求、适应市场行情的产品。这些都和技术有关，但更重要的是运筹帷幄的能力和勇往直前的勇气，否则难免裹足不前，企业最终也会在领军人的纠结、徘徊中错失良机。

02 发展自主

发展自主品牌才能建成汽车强国

中国汽车产业要想由大变强，不干自主品牌是一点可能性都没有；中国汽车产业要走出国门，实现国际化，不干自主品牌是一点可能性都没有；发展新能源汽车，不干自主品牌也是一点可能性都没有。艰难的自主品牌发展之路，应该走，也必须走，这是“凤凰涅槃”的必经之路。

过去我们在自主之路上积累了一些经验，也进一步看清了自己的不足，现在我们要拿出“重走长征路”的气魄，以坚定的信心来重新出发。未来的自主之路依旧艰辛，还需要经历一个漫长的阶段，才有可能走到一个新的高度，可以和国际大牌汽车企业一较高低，真正做强中国汽车产业。

自主品牌发展形势喜人

自主品牌今年整体上是一片欣欣向荣之势，其中大环境的改变很重要。在国家层面，这几年中央提出了五大发展理念：创新、协调、绿色、开放、共享，同时很多政府高层领导带头乘坐自主品牌汽车，示范作用明显。在消费者层面，很多中国人看待自主品牌的观念正在转变。

另一方面，国内一些大汽车集团以及一些民营企业，在自主道路上都已经取得了长足的进步。中国汽车已经告别了早期的模仿时代，现在进入了正向开发的新时期。今后中国汽车产业将进入中国品牌和外资品牌同台竞技的时代。

就产品开发或者产品本身的性能而言，自主品牌现在已经和合资品牌处在同一水平线上了。从用户角度来看，江浙这些发达地区市场调研显示，这些地方比较富裕，过去对自主品牌的认可度比较低，大概只有10%、20%的人会考虑自主品牌。但在最近的调查中，有80%到90%的人愿意考虑自主品牌，这是最大的改变，也说明了自主品牌的进步。

今天的汽车工业和2000年前后的家电行业处在同样的状况，未来随着产品品质的提升，自主品牌的市场份额将逐步增大，“12连降”将一去不复返，不敢说把外国品牌全部赶出去，但是自主品牌会逐渐成为中国市场上真正的主力军。

诞生世界级的自主品牌是可能的

实际上相对而言，这些年来国家对自主品牌并没有给予太多保护，这在全球范围内都是不太多见的。当然作为企业，我们不应抱怨，这也是特定环境下形成的特定情况。反过来讲，任何事情都要辩证地看，也正是因为我们的开放，所以全世界顶尖的汽车产品、汽车技术，也包括汽车品牌和文化，都被带到了中国，为中国奠定了良好的产业基础。

从这个角度来说，中国企业在十年之内打造出一个世界级品牌，这并不是不可能的事情。例如，丰田1964年年销量约20万辆，到1969年就达到了100万辆，而且这100万辆当时在全球就已经具有很大的影响；宝马到现在年销量也就是100多万辆。我们中国企业如果能够持续打造出一系列有价值、有魅力的车型，就可以在全球范围内产生一定影响。同时，中国本身拥有巨大的市场，再加上当前国家“一带一路”战略的引导，扩展海外市场也有很好的契机。这些都是自主品牌加快发展的有利条件。

我们更应认识到，汽车产业代表着先进技术，代表着未来社会，也代表着经济增长，涉及面非常广，影响力非常大。一旦汽车产业发展起来，就可以带动众多产业，甚至可以说，汽车产业是高端制造业的核心，是“中国制造 2025”最佳的试验田。

合资品牌同样面临挑战

合资品牌其实同样面临挑战，它们在中国应该做精、做高，不要在普通车型领域去抢市场。因为在普通车型领域竞争，合资品牌肯定比不过自主品牌。以日本为例，日本汽车市场也有很多全球高端品牌，但是常规车型基本上都是日本的品牌。韩国、美国也都一样，这是普遍规律。合资品牌，尤其是高端的合资品牌，如果在中国市场片面追求量，实际上也面临精力分散、品牌受损的风险，而这个风险对自主品牌就是一个机会。

对自主品牌而言，之前是合资品牌占主流，我们在低端竞争，即使慢一步可能还是有机会的。但是现在自主品牌已逐渐占据主导地位，下一个阶段是自主品牌之间的较量，这将决定每个品牌的命运。从全球来看，其他国家的主要品牌一般最多也就是 3 ~ 5 家，所以很可能做不到前五位的自主品牌，就会越来越艰难。最终，落后的自主品牌将逐渐失去生存空间，只能是昙花一现。

自主品牌需要更上一层楼

曾几何时，中国轿车几乎有被放弃的感觉，当时大家普遍认为，汽车是西方文明发展的产物，中国交通不发达，石油匮乏，不可能像外国那样大规模地普及家用汽车，中国只造货车就行了。所以说，在那个年代能把车造出来，让老百姓买得起，确实已经很了不起了。而现在我们必须造比别人还要好的中国车。

要做好自主品牌，必须做好以下三点。第一，要遵循汽车产业的发展规律，结合社会大环境的发展趋势，制定适合企业自身情况的长期发展战略。可以适时进行一些战术上的调整，但大的战略方向轻易不能动摇，这是最为重要的。第二，要强化管理体系建设。稳固的体系才能确保企业在发展过程中不会偏离航向。第三，要构筑健康的企业文化。企业文化和精神的培养与传承是一个企业的灵魂，唯有如此才能让大家向着共同的愿景和目标，孜孜不倦地追求。

同时，自主品牌在宣传展示方面还应该做得更多，这样既能提升品牌的知名度，又能很好地体现企业精神，展现我们自主汽车不断向上的风貌。例如自动驾驶技术，应该既要踏实地开展技术研发，也要积极地进行品牌推广。

自主品牌如何快速发展

第一要聚焦。因为资源是有限的，所开发的车型一定要符合目前市场的潮流以及下一阶段潜在的潮流，所以在车型的投放上要有先有后。同时，在品牌方面要突出自己的特点，要充分体现在产品上。

第二要持续创新。只有不断与先进的企业对标，未来才有机会。一方面要通过品牌推广来持续提升品牌竞争力，另一方面要向中高端发力，同时也要向中低端覆盖。要在尽可能短的时间里，给顾客提供满意的产品，这样顾客对自主品牌就会产生牢不可破的良好印象。现在不少合资品牌的产品在中国都进行了减配，而自主品牌切不可减配。如果未来合资品牌放弃减配战略，可能会重新拉开与我们的距离。而在此之前，也就是这两年的时间，对自主品牌就是机会。当然，只宣传品牌没有规模，是没有用的；同时只有规模，而不能在产品品质和性能等方面取得领先，也是没有用的，因为这样卖得越多对品牌的伤害就越大。

第三要与时俱进。汽车潮流正在不断变化，新一轮科技革命的影响越来越大，同时中国的节能和环保压力也越来越大。今后自主品牌要想有更大的发展，必须在新能源、智能网联等方面取得突破。智能网联汽车虽然在全球范围来看也才刚刚兴起，而且完全实现可能还需要较为长远的时间。但是不能因为长远现在就不去做，也不能因为别人遇到一些挫折自主品牌就不去做。

第四要从大环境进行引导。目前，国家顶层设计正在形成积极效应，领导带头乘坐自主品牌已经成了一种惯例。长久下来，对于一些精英人士，再到普通大众对自主品牌的认识和评价，就会产生积极的影响和良好的氛围。

总体而言，未来5~10年对于自主品牌将是非常好的发展时期。如果按照比例来说，将来自主品牌与合资品牌至少要形成五五分，甚至可能达到六四分，其中60%是自主品牌，40%是合资品牌。

长远规划、稳步发展

自主品牌未来要在世界汽车产业格局里占据什么样的位置，对这个问题之前我们往往看得太短，五年或者十年规划。现在由于培育人才的需要，我们也在考虑15年、20年后的规划了。无论是技术路线，还是市场销售，都开始设定了很具体的目标。但是我们也不要将自己固化住，其实更应该追求企业的平衡发展。有的企业追求很大的销量，到头来却有很多的负债，实际效益并不好，反而可能成为一种负担。

在目前阶段，自主品牌还是不要做得太多，要做得专，聚焦于一点，把有限的资源都用好。中国经济的持续增长和新一轮科技革命带给我们前所未有的发展机遇，自主品牌没有理由不好好把握，但如果盲目冒进、四处“摊大饼”，又怎么可能成功？能够做汽车是自主品牌的幸运，尤其是现在有这么好的机会，如果不能把中国的汽车品牌做到世界顶级水平，让中国的汽车产品畅销于全球市场，那将是所有汽车人最大的遗憾。

把握时机、加快发展

从宏观的角度来看，中国加入WTO之后，对于汽车产业设置了一定的宽限期。但是这个宽限期是有限的，预期到“十三五”末就会有所变化。这也意味着进入到2020年以后，很可能竞争的态势要比现在更激烈，这个“海”会更红。

同时国际大牌汽车企业给自主品牌的竞争压力日益增强，留给我们发展自主品牌的时间也是有限的。因此，抓住“十三五”这几年宝贵的有利时机，全力把自主品牌提升到更高的水平是当务之急，否则到时候自主品牌很难和人家正面较量。

加强合作、协同发展

相对而言，目前中国汽车市场的行情还比较好，所以企业的一些不足还没有充分暴露，这也使部分企业进行合作的紧迫感不强。而当市场出现危机时，就会迫使一些企业在合作方面加大力度。实际上，即使市场没有出现危机，自主品牌想往上走，也必然需要彼此之间加强合作。这种合作不是政府能够强制的，还是应该也只能是在市场竞争下自然形成。不进行有效合作的企业，恐怕很难抢占中国市场的前几名。

对于中国企业来说，还有一点值得注意，合作是需要文化和环境支撑的。中国人不管是企业之间合作，还是企业内部管理，普遍都喜欢自己当老大、说了算，这样是很难有效合作的。因此，要在企业文化层面先解决这个问题。另外，一些体量小一点的企业，往往担心在合作中得不到尊重，这也需要我们在文化和制度方面进行完善。

中国企业如何有效合作是个大话题，也涉及国企下一轮改革要怎样走，职业经理人队伍要怎样培养，资本和运营要如何做到既结合又分离等。如果这些问题不能有效解决，即使企业间进行了合作，可能也只是“摊大饼”，无法实现集优效应，打造出真正的强企。所以我们还需要长远的规划和长期的努力。

创新驱动、以我为主

要做好自主品牌，最重要的就是创新驱动。不管是在产品开发上，还是在生产组织方式上，又或者是架构体系上，也包括在用人机制上，创新都非常重要。而创新最终只能靠自己，合作伙伴水平再高、相处再好，核心技术也不会提供给你，因为一旦把你培养起来，就相当于自己多了个竞争对手。这在全世界都是一样的，并不是针对哪一个国家，因此不能一味地指望合作伙伴。

其实，与外方合作已经给了我们学习的机会，因为与我们合资的外方伙伴都是世界有名的企业。学习使我们在制造、品质控制等方面有了一些条件和基础。但是也要避免任何“先入为主”，不能直接借用别人的模式作为标准模式，而是要“以我为主”，真正建立起自己的体系。

兼容并蓄、发挥所长

对于国资企业，可以按照这样三句话持续进行企业文化建设与体系整合：国企的平台、民企的效率、合资的流程。这里不提民营企业的机制，因为民企的机制不好学，国企也学不来，同时民企机制也不都是对的。所以首先一定要借助好国企的平台，与民企不同，国企员工不是为一个人打工，而是在共同打造这个平台。现在国企也在改革，就是要让大家都受益于这个平台的发展。

其次要改变国企一些不好的地方。很多国企存在人浮于事的现象，不干活的人很多，效率低下，最后导致没有竞争力。而民企往往比国企更注重效率，对市场的敏锐度非常高。所以，要向民企学习，必须要有高效率，必须对市场极其敏锐，否则不可能成功。

最后是合资的流程。合资企业有时候看起来决策要慢一点，但是在中国为什么非常成功？因为合资企业用制度和规则确保大家都在个正确的方向上共同努力，而不是各行其是。而我们总有很多“创造力”丰富的人，不愿意照章办事，认为这样太慢。所以更要建设体系，严格按流程办事。例如，人事任免不能仅凭大领导随心所欲，人或多或少总会受情绪影响，所以就要设计制度去进行规范。一个组织一旦带有个人利益，这个组织就没有战斗力了。我们要打造的是有战斗力的组织，全体员工都只有一个共同利益，或者说梦想和追求。

不排斥合资，但一定为了自主

国内有很多合资企业，大致可以分为两种：一种是国家引进的合资企业，另一种是企业自己选择的合资企业。无论哪一种，一定不能忘记初心——合资的目的是为了发展自主。但是往往一合资就把自己的身份忘记了，很多企业合资之后就产生了依赖，自主这一块反而可有可无了，这是很大的问题。如果自己不干了是不行的，还是要坚持打造中国自己品牌的汽车。也就是说，要自己干，但不排斥合资，合资是为了更好地支持自主发展。

通过建立合资品牌，一方面可以借助国外的大品牌来提升自主品牌的影响力；另一方面也可以通过这样的合作渠道来培训我们自己的干部，转变他们的老旧观念。双方深入的人员培训和广泛的互动交流，可以让我们团队的造车理念发生根本性变化，让大家对于流程、体系的重要性领悟得更加透彻，也将国外那种更加开放的合作精神带回到自主品牌。但不管是否合资，我们发展自主品牌的目标都必须始终铭记于心，努力打造出在国际上都响当当的中国品牌。

院长心声 VOICE

发展自主品牌势在必行

中国建设汽车强国，必须要把本土企业做强，否则大而不强的局面不可能改变。不只是一两家企业，各家自主品牌都要努力做强，最终才能形成气候。

为此，我们一方面要对自主品牌充满信心，因为中国拥有如此巨大的市场，而自主品牌更了解自己的市场；另一方面也要有很强的紧迫感，虽然自主品牌的溢价力在不断提升，但是我们面对的压力也越来越大。而且我们也不能只追求在中国占了多少比例，因为中国再大，也只占世界的1/3，外面的市场更广阔，我们也要占有一席之地。纵览全球，如果在世界市场上没有一定的份额，是称不上汽车强国的。过去几十年，特别是近些年来，中国自主品牌已经取得了长足的发展，不过还有很多方面需要进一步提升。

发展自主品牌异常艰难

作为后发者，自主品牌本来就已经困难重重，但我们还不是简简单单地比原来做得好就行了，因为中国汽车市场强手如林，各国车企在中国遍地开花，我们还要不断追赶他们。真正去做自主品牌，要面对“巧妇难为无米之炊”的巨大压力；要摸着石头过河，而且摸不到石头也要过河。因此，发展自主品牌尽管非常艰难，也一定要坚持！

合资是为了更好地发展自主品牌

合资也罢，合作也好，应该是为了找一个伙伴式的老师，互相借鉴、共同进步，尤其是学习国外企业品牌和管理方面的经验。不仅经济上要实现互利，更重要的是学习借鉴也一定要达到目的。

从商业运作的角度考虑，为了企业更好地发展，为了反哺自主品牌，也为了给地方政府带来国内生产总值的提升，自主品牌选择合资路线，这本身无可厚非。但是，财力、人力、物力等方面，一定还是要坚持聚焦自主。

发展自主品牌需要全面提升

对于自主品牌的发展，我们不能只关注一些短期的结果，或者临时的现象，更要关注企业家的长远谋划。

我一直认为，自主品牌要想成功，绝对不是做好某一件事或某一款产品就可以的，一定要有坚持不懈的精神。因为一款产品在市场上热销，绝不是某一个人、某一个部门做对了一些事情，而是研发、采购、销售等方面共同的努力，是整个企业综合竞争力的体现。

人们往往关注销量，其实销量只是一个结果，支撑其背后的是产品的品质，是研发的体系，是制造的精益，是完善的销售网络，是最终良好的用户体验。也就是说，企业在方方面面都必须提升。而核心就是形成自己独特的体系，既充分借鉴合资企业的优点，又不能简单地照搬照套，要结合自身文化的特点，实现国际化与中国特色的有效结合。另外，虽然有些问题我们改变不了，比如体制、机制，又比如大的环境和文化，但是我们可以努力地取其精华、规避劣势，并把优势发挥到最大。

如果大家觉得未来的时代是中国的，那就请相信中国一定能诞生一个甚至几个强大的汽车品牌，这不仅是我们汽车人的愿望，也是我们共同的使命。在这里，我也想呼吁广大国人发扬“众人拾柴火焰高”的精神，一起支持自主品牌，我们大家都要有这个使命感。

03 自主研发与体系建设

自主研发、打造平台

自主研发和技术购买的对错其实也不能一概而论。在企业发展之初，实力尚且弱小时，当然可以借鉴全球现有的技术；但是在企业发展到一定阶段、有了一定实力时，如果要成为世界一流的汽车企业，就必须具备自己独特的研发能力和核心技术。面对未来的蓝海，谁能占领技术制高点，谁就能占领市场，并最终提升企业的盈利水平。

在研发上我们大致经历了两个阶段：第一阶段，引进、消化、吸收；第二阶段，明确以市场为导向，充分根据市场的需求来定义产品，后续的车型都是正向开发，形成了自己的平台体系。这样做可以确保平台的先进性。引进的平台再好也有缺陷，而自己打造的平台是全新的。不但可以为后续在非常短的时间内连续推出多款车型奠定基础，而且由于是自己的平台，还可以不断完善，不断地往前发展。这就是平台化、模块化的优势所在。

建设体系、完善流程

企业要想持续提升产品品质，最终还是要从体系、流程上着手。过去，自主品牌在体系建设、流程管控方面是比较弱的，体系和流程并没有真正成为约束企业行为的行动准则，真正落实到产品打造上可能完全是另外一种方式。就好比虽然有一本拳谱摆在边上，但是自己打拳的时候还是自由式，并没有按照拳谱的套路去打。所以，必须花大力气打造体系、建立流程，并不断完善。

由早期的逆向开发流程转到正向开发流程，不是一朝一夕的事情，开发全新的平台、建立全新的流程都需要很长时间，前期的准备工作也非常重要，工作量巨大。这个过程是没办法缩短的。但是一旦开始走向正规，随着产品开发成本的下降，开发速度和开发效率的提高，早期投入的成本都会赚回来，而且我们的产品质量将获得很大的提升。

多国布局要有清晰的逻辑

多国多地的研发布局背后必须有系统的规划和明确的分工。境外研究中心可以更多地利用当地资源，针对一些超前的、面向未来的技术开展研发工作。比如无人驾驶技术，尽管我国也有大量的人才和机构在从事这方面的研发，包括很多汽车企业自身也在进行研发，但是不可否认的是，美国在这个前沿领域所拥有的技术积累、创新人才，仍然是其他国家目前无法比拟的。

当今时代全球的资源都可供利用，中国的汽车产企业当然应该当仁不让。特别是，如果我们能够身处前沿技术的“腹地”，就可以第一时间了解世界最新的技术动态和方向，及时进行分析和研究，加快推进自己的发展和进步，这是非常有价值的。

至于异地管理和技术交流的问题，包括日常的项目推进方面，由于互联网技术的高速发展，现在已经可以通过视频会议、视频电话等方式有效解决了。因此，研发战略布局不必过多考虑地域限制，而是要根据公司发展的需要因时因地制宜地不断进行调整。

院长心声 VOICE

汽车产业是多种复杂技术集成在一起的产业，如果没有自己的技术研发能力，只是购买技术，那只能解决一时之需。而没有自己核心技术的企业，最终是很难在市场上形成自己的核心竞争力的。

汽车研发的特点之一是集成式创新，需要多个领域的不同团队协作互动。1+1并不一定等于2，做好了可以等于3，做不好可能只等于1.2。同时，研发本身也是一个动态调整、动态优化的过程，资源分散也加大了实时同步创新的难度。因此，在系统清晰规划总体研发布局的同时，更必须通过体系建设确保各方资源能够有效形成合力，从而使自主研发实力不断得到提升。

04 人才工程与团队合力

愿景导向、平等团队

企业应该为不同层次的人才树立不同的目标，让大家在实现目标的过程中发挥自己的最大价值，并增强对企业文化的认同。尤其是新引进的人才需要一个适应的过程，要让他们能够很快融入企业的文化氛围中，理解企业的发展愿景和战略目标，形成大家共同的理想和奋斗的意愿，这样才能真正保障人才队伍长期、稳定的良性发展。也就是说，要让员工明白自己是在做一件伟大的事情，而不仅仅是在为企业打工，激励大家为中国汽车产业的振兴，为塑造一个伟大的中国品牌做出自己的贡献。当然，这种境界可能不是人人都能达到的，但也并不是说只有职位非常高的人才能具备，实际上到了一定收入层次的员工，都是可以具备这种情怀的。

说到底自主品牌需要一支什么样的团队呢？应该是学习型的团队，团队成员相对平等，从而能够集思广益。虽然绝对平等也不可能，但是如果部下天天提心吊胆，还怎么商量问题呢？如果我们想把事业做成功的话，一定要把自己的工作伙伴变成朋友，一定要去聆听那些学有专长的人的意见。最终不一定会采纳，但是一定要去倾听。另外，不同的意见也可能会促进我们现有方案的完善。

尊重是人才工作的核心

企业对于人才的尊重，不是只体现在言语上或者个别领导的要求上，而是要从制度体系上形成规范，设计适合不同人才发展的通道，进而上升为一种企业文化。无论是海归人才，还是企业自身培养起来的本土人才，之所以大家都能够长期稳定地为共同的事业奋斗，很大程度上就取决于这份“尊重”。

人才工作其实也是一种用户思维，只要解决了人才需求的痛点，就能确保他们更好地工作。当然，最重要的是尽可能为他们打造一个能够充分发挥自身作用的平台，实现他们的最大价值，也让他们找到实实在在的归属感和成就感。而待遇只是第二层次的问题。

中国有句古话，“用人不疑，疑人不用”。既然用了就大胆地放权，给他们创造好的环境，鼓励支持他们的工作。如果发现不行，那就把位置让给更合适的人。

新创企业如何实现团队融合

首先，必须有非常强的认知，团队融合是一个很重要的问题。所以，在一开始招人时，就会刻意寻找那些价值观一致、容易磨合的人才，要考虑这个人是不是合适，特别强调志趣相同，想问题、看问题要一致，而不是说挑选名气最大的。

其次，要通过不断讨论来凝聚共识。在搭建团队之初，就充分讨论要成为一家什么样的公司，大家共同认可的价值观到底是什么，要梳理形成什么样的共同的工作流程。就像打地基一样，之后不停地去迭代积累。此后还要定期召开旨在统一大家思想和工作方法的会议，这些都非常重要。

最后，要给员工提供一个解决问题的框架和方法。有冲突的时候怎么办？到底是自上而下化解，还是鼓励自行去解决问题。一种有效的办法就是让大家回到共同价值观的基础上，共同面对问题、分析问题、解决问题，从而让大家真正协同起来，形成良好的工作氛围。

未来产业发展需要新型复合型人才

人才需求也是与时俱进的。当整个社会的大环境和竞争的大格局发生变化时，企业的人才战略势必要进行相应的调整。车企现在特别需要新型复合型人才，因为，未来汽车产业必须从传统的汽车产品提供商向“汽车服务商+出行方案解决者”转型升级，我们迫切需要兼备软件和硬件知识的双料复合型人才，他们可能更加适合企业未来的发展。

比如，当前由于互联网的高速发展而带来的新的销售模式、消费模式变化，应该用什么样的人才来应对？又如，如果自主品牌要“走出去”，在海外市场建立自己的基地，就要从研发到采购、制造、营销、服务、金融等方面都建立起配套的管理体系，而这方面的人才又在哪里？所以，汽车产业对于复合型人才的需求正越来越迫切。

过去自主企业可能更多需要的是技术专家，一些顶尖的技术人才；而今天可能更加缺乏结构性的复合型人才。缺乏适应未来发展需要的新型人才，已经和企业的升级战略出现了某种程度的错位，成为自主企业面临的一个新难题。

对此，一方面要重点引进一些外部的跨界人才，另一方面必须加强内部复合型人才的培养，对某些重点岗位的人才制定新的要求，即必须有技术、营销等方面的多年经验，才能升到更高的管理层来开展新的工作，发挥更大的作用。最终，通过对人才机制和结构的不断优化和调整，逐渐建立起适应企业发展需要的人才梯队和成长体系。

互联网思维不等于互联网人的思维

互联网思维是一种思维，并不是一种人，不是说来自互联网公司的就一定有互联网思维，也不是说来自传统企业的就一定没有互联网思维。互联网思维是很重要的，但是互联网思维和互联网企业这两者并没有必然的联系。如果说互联网思维是开放，是重视用户，是从用户的需求来重新定义汽车产品功能，那么非互联网产业的企业同样可以具有这样的思维。相反，即使某些人是来自互联网企业的，但是如果思维方式是自说自话、以自我为中心、封闭而不开放，那他们也并不具备互联网思维。

人才流动无伤大局

人才流动总体来看是有利于世界进步的，汽车行业的人才流动也有利于汽车行业的发展，这是正常现象。当然，人才流失也是企业必须面对的挑战。不过，一个企业的发展情况最终是由其核心价值观决定的，只有以正确的核心价值观武装起来的企业才能走得远。简单地挖到一两个人才，不一定能够帮助企业取得更好的发展。反过来讲也一样。

整合资源、凝聚合力是重大挑战

中国有句话说得好，“十年育树，百年育人”。做好人才工作，构建起良好的人才发展体系，并逐渐形成企业健康的人才观，这对于中国汽车产业来说，不仅是利在当代，更是利在千秋的大事。

在跨界融合的新时代，汽车企业面临一个重大的挑战，即如何集合全球资源来助力自身发展。我自己多年来做研发感受到的最大挑战，就是如何解决优秀的人才放到一起的兼容性问题，以及如何凝聚核心竞争力的问题。即使有互联网的工作模式，可以全球互动，同步设计，这依然是很难的。可能有很多人才，看好车企的平台以及提供的发展机会，愿意汇聚在一起。但是如何把这些人才有效整合为一个整体？如何打造统一的企业文化？从整个公司的发展及运营角度来说，这都是必须解决的问题。

因此，人力资源最核心的工作不是招来人才，而是招到合适的人才。如果这些人才没有共同的价值观，不适应企业文化，就容易导致一山不容二虎的问题；但如果两只虎都在努力保护这座山，他们就会形成合力，就会产生 1 +1 大于 2 的效果。

互联网思维不具专属性

拥有互联网思维是很重要的，但并不是说，互联网领域来的人，就拥有互联网思维。从这个角度来说，传统车企也完全可以拥有互联网思维，要让传统思维和互联网思维相互融合、互相挑战，共同满足未来的需求。

在互联网企业里有一部分人思维并没有那么开放、共享，而传统企业中也有人一直在强调开放、共享。很多人都觉得似乎一个人曾经有过某种背景就会有这种思维，其实思维是因人而异的，并不是螃蟹在阳澄湖的水里过一下，就有阳澄湖大闸蟹的鲜美味道了。

跨界人才有了新内涵

跨界人才，尤其是新型复合型人才至关重要。实际上，汽车产业本来就是非常复杂的系统工程，涉及技术、采购、制造、质量、销售、管理、金融等不同领域，这本身就是一种跨界。而未来汽车产业的跨界人才有着更为广泛和深刻的内涵。不是说之前的就不是复合型人才，而是需要新的更多维度的复合型人才，即能够全方位地看不同领域的人才。比如可以站在机械制造的角度看IT，也能够站在IT的角度看机械制造。

同时，汽车产业现在和互联网、IT产业的人才竞争是非常激烈的，后者往往不吝给予工资、股权激励。传统汽车企业，特别是国资企业，如果能在股权激励上迈出尝试性的重要一步，我想，对于复合型人才的外部引进和内部培养，都将大有裨益。

用好海归是中国企业的一条捷径

企业决胜的关键在于人才，刚开始由于中国汽车产业起步比较晚，水平也比较低，解决人才短缺问题最直接有效的办法，就是从美国、德国、日本请回来一批海归专家。这就如同先移植过来大树，在大树的遮风挡雨之下再培育小树苗，最终这些小树苗也成长为大树，成了公司的骨干。当然，必须确保海归人才和本土人才能够真正有效融合，发挥合力。

其实在海外建立研发分支，我想企业最看重的也还是那里顶尖的人才，因为在那里有大量能够接触到世界级一流技术和最前沿信息的优秀人才。这和延揽海归人才有异曲同工的目的。

往往有些人片面理解了海归人才的角色，认为海归人才就像老专家一样负责审核图纸、指导技术就够了。实际上，用好海归人才更应该让他们带团队、培养人，编流程、建体系，以及参与集团重大战略决策的制定。

海归人才能够用好，并且能够实现与本土人才的融洽相处，可能有很多原因，但最重要的是对他们的尊重。让他们真正感受到被欣赏和被认同，这是一种用人的境界和胸怀。通过构建自己的人才融合机制，通过尊重人才的理念和人尽其才的平台，确保团队的稳定与合力的形成，这对于企业的未来影响深远。这是非常宝贵的企业文化，一定要尽快形成并坚持下去。

05 海外发展与并购

中国车企"走出去"需谨慎

车企可以尝试海外发展，但是一定要谨慎，因为"走出去"是不容易的，甚至可以说是很艰难的。即使看上去已经取得了一定的成功，但事实上挑战还是很大的。而且这个成功也只是初步的成功，真正的成功还需要更多要素的积累，需要更多目标的实现。

最主要的困难是文化和价值观的差异，不同的国家、不同的民族有不同的文化，不同的企业也有不同的价值观，这是决定融合能否成功的关键。这种文化和价值观的差异问题不是开一个会议、签一个合同就能解决的，而是一项漫长的工作，需要非常细腻的处理。

海外发展不能只靠并购

中国企业"走出去"不能简单地靠并购，并购当然是一种手段，但是不能把并购看作中国企业"走出去"的唯一途径。实际上，海外并购要占据天时地利人和，并不是随时都有这样的大势和机会。很多事情有共性之处，但也有个性的地方，我们不能简单地把一个点当成一个面来看，也不能把一件事当成所有事来看。同时，在不同的历史时期，情况也不一样。正所谓"此一时、彼一时"。所以并购是不能复制的，历史总是一去不复返。要想真正成功地"走出去"，首先必须提高自身的竞争力。如果自身的竞争力不足，想靠并购实现"走出去"，这可能有一点理想化。

院长心声 VOICE

现在国内的企业也都跃跃欲试想"走出去"，一方面因为国家产业政策的推动，另一方面很多企业也有了足够的资本和能力，希望能在比国内更大的国外市场上有所作为。这种尝试本身值得鼓励，也是中国通向汽车强国的必由之路。但是具体到某一家企业或者某一国市场，情况各有不同，还是需要冷静思考、谨慎前行。

同时必须清楚，海外并购并不是有了钱、有了机会就能买下来的，而且买下来之后的道路还更漫长，跨国成功运营远非易事。这个过程中有痛苦，有挫折，需要有充分的准备和足够的耐心。企业家一定要审时度势，机会到来时坚决不能放掉，但是没有机会时，也不要盲目地去做，否则可能会碰得头破血流。

三、品牌建设

01 品牌的重要性

提升品牌是掌握内需、赢得外需的关键

一家企业做大是容易的，可以不惜血本地低价销售，但是要做强是很难的。本土车企必须生产高品质的汽车产品来增强我们的品牌影响力，占有一定的市场份额。目前，中国已经开始进入了中等收入国家的行列，老百姓生活质量显著提高，消费水平也在不断升级，人们追求品牌的意愿越来越强，而低质低价对于品牌的伤害力是最大的。

为什么很多国家陷入了5000美元的“中等收入陷阱”，很重要的原因之一就是本国用户越来越需要有品质、有品位、有品牌的产品，但是本国企业制造不出这样的产品，用户的目光就转向了国外企业，购买它们的高品质产品，也就是所谓的内需变外需的问题。中国汽车市场是有巨大内需的，但在合资品牌与外资品牌的激烈冲击下，自主品牌的生存空间不容乐观，如何才能真正掌握内需？甚至像日本和德国一样把全世界的需求都变成自己的需求，即把外需变成内需呢？答案就是品牌。而品牌的基础实际上是品质，如果品质不能保证，谈何品牌？

过去的低质低价给我们的品牌塑造带来了很多的“后遗症”，本土车企为此也付出了沉重的代价，痛定思痛，我们必须进行转型。希望广大消费者能够再次接纳我们自主品牌，感受到我们品质的变化，一改往日对自主品牌的认知。

中国车企打造品牌正当其时

本土企业打造出有市场竞争力的品牌绝不是一朝一夕的事情，需要通过高品质的核心产品来支持品牌不断往上走。一方面，中国汽车产业虽然这些年来不断发展壮大，但是如果一直走同质化的路线，做低质低价没有特色的产品，就会陷入低价恶性竞争，对社会也是不负责任的。另一方面，我们与国外的那些大品牌接触得越来越多，对于汽车的理解也越来越深。在这种情况下，是有信心坚持做自己的品牌的，这也是要给子孙后代留一份基业，不能只考虑短期内的产值，品牌才是最大的财富。

中国汽车工业发展到现今这个阶段，必须进行改革。不调整思路，不早做准备，未来我们将损失更大。必须摒弃以往急功近利的做法，踏踏实实打好基础，生产优质产品，塑造我们自己的品牌。

为此，我们必须准确地把握中国汽车工业或中国制造业目前发展到了什么状态。就生产汽车来说，我们现在已经是跟国外差不多处在同一条水平线上了。而在供应商方面，中国供应商水平的提升也是比较快的。一方面，很多国外大牌都进入中国市场，带动了中国供应商水平整体的提高；另一方面，很多民营企业发展速度非常快，特别是江浙一带的零部件企业。很多零部件企业的进步甚至超过了整车厂的进步。事实一再证明，中国人的聪明才智不输于任何其他国家的人。

以前，自主品牌向国人证明了我们自己也能够造车；现在，则要向国人证明我们自己也能塑造品牌。实际上，国外的那些大品牌，当初也都经历过这个阶段。中国目前已经到了打造自己品牌的时候了，制造出优质的产品，树立我们自己的品牌，是中国制造业未来的希望。中国的企业家们理应形成共识，提升产品品质，共同打造我们自己的品牌。

以质量和诚信铸就品牌

自主品牌经过过去十多年的摸爬滚打、酸甜苦辣，已经闯出了一条具有中国特色的中国民族品牌汽车发展之路。总体来看，这十多年的工夫没有白费。现在部分企业的一些产品甚至已经可以和合资企业的产品相提并论了，当然这样的产品还比较有限，自主品牌的总体水平仍然处在市场的中游偏下，低端的产品更多一些。但正是这十多年的积淀，为我们未来把握产业发展的战略机遇奠定了良好的基础。

然而，我们面临的挑战也更多更大，不仅仅是产品品质的提升问题，品牌的塑造也越来越成为现实问题，而且这将是一个漫长的提升过程。品牌塑造靠什么？主要取决于两个要素。第一是质量。这是品牌最根本的基础，没有过硬的产品质量赢得消费者的信赖，何谈品牌塑造？第二是诚信。做企业一定要讲诚信，不能只看眼前的利益，或者为了某个目标不讲诚信地做事。大家知道当前整个产业都在转型，向什么转型？向服务经济转型。而服务靠的是什么？也是诚信。只有诚信，才能让人家对你的品牌放心和信任，才能认可你的服务。

海尔从20世纪90年代的默默无闻到现在成为业界翘楚，甚至享誉国际，这一路走来也是历经风雨，称得上是品牌塑造的典型案例。为什么海尔最终能够取得那么好的口碑？其实就是狠抓产品质量，强调诚信，同时提供好的服务，慢慢地就把品牌做出来了。我们打造自主品牌，也要走这条路，以“质量+诚信”，一点一点地进行培育，努力做好每一个环节。

塑造品牌的核心是提升产品品质

塑造品牌，必须通过产品力的提升来弥补品牌力的不足，这也是中国汽车工业发展到现阶段理应选择的提升路径。当年，日本汽车的品牌力也无法令其在美国市场立足，但日本人在考察美国汽车的生产线后，并没有直接采用美国人的汽车生产模式，而是另辟蹊径，战略性地选择了适合自己国情的生产方式，也就是后来备受推崇的精益生产，提供性价比更高的产品，最终让日本汽车在美国站稳了脚跟。韩国汽车也是一样，为了能够在北美市场占领一席之地，现代汽车甚至采取迂回路线，先进入加拿大然后再打入美国，在价格及保修等方面采取了很多极端措施，让消费者充分感受到其产品的优良品质，最终使韩国品牌在美国获得了认可。这条路也是中国要走的，只不过我们可能要花费更多的辛苦、心血，将产品做得比别人更好，才能弥补先天的不足。现在，我们不仅要关注外观造型，更要注重内在的提升，通过平台化、模块化来造车，不放过任何一个细节问题。换句话说，就是要苦练内功，最终通过提升产品品质来塑造品牌形象。

品牌代表着一种生活方式

为什么很多合资品牌的利润那么高，而自主品牌要想获得高利润却是很难的事情？这就是品牌的作用，尤其是豪华品牌的作用。为什么会出现豪华品牌？因为人们崇尚的就是那种很优雅、有情调的生活方式，而这种生活方式反映到汽车上就成为豪华品牌。现在中国也要逐渐向这种生活方式转变了，这就有了诞生中国豪华品牌的基础。

其实，中国与西方人的需求有明显的不同，西方人一般习惯自己开车，有坐后排需求的人群占比不大。而在中国，坐车的人比较多，专职司机的比例也比较高。只要是有专职司机开的汽车，坐车的人都希望视野开阔，能够办公、就餐、娱乐，以及躺下来休息。归根结底，我们产品的创意必须先从满足中国用户的需求出发，我们品牌的打造必须围绕着中国人的生活方式开展。中国的消费者在很多时候是更挑剔、也更有个性的，而这种挑剔和个性恰恰就是市场机遇。

我们要充分估计到塑造品牌的困难，这和汽车的工程技术部分能够通过攻关或者延揽人才来解决问题是完全不同的。原因一是西方国家生产汽车的历史比我们长得多；二是西方人的生活方式和中国人的差距很大。所以，中国车企要打造出世界级的品牌，不是说看看书或者请咨询公司分析分析就可以了。真正世界级的中国汽车品牌，需要接国内的也需要接国外的地气，让人感受到不同的生活方式与消费理念。

高定位的新品牌拉动制造体系升级

不是中国企业造不出好车，而是因为我们的品牌定位不需要造那么好的车，这中间有制造升级的内在动力问题。当前整个中国都在谈先进制造，国家也出台了“中国制造2025”，大家都在讲向智能制造升级，这是大势所趋。但是升级总要有一个契机，不可能一款售价五万元的车型还要用最先进的制造基地，而如果是一款定位比较高的车型，进行这样的升级就很自然了。

院长心声　VOICE

品牌溢价力不足是目前中国车企最大的瓶颈

自主品牌的差距是多方面的，我觉得目前最大的问题就是品牌的溢价力不足。即使一些企业销量有了大幅提升，可从利润看仍然不容乐观，主要还是因为品牌溢价力的差距。但是品牌要往上走，不断提升美誉度，并非易事。所以这其实是自主品牌整体上如何突破瓶颈，取得更大发展的问题。

当初的低质低价是为了能够打开市场，打开销路，一旦市场打开之后，还依然走低质低价路线是很难获得长久发展的，必须通过产品力的提升打造强有力的品牌，才能长期占领市场。然而，品牌重塑谈何容易，绝不可能一蹴而就，中国企业家必须心中有定力，才能走得远、走得久。

中国自主品牌从无到有的问题现在已经解决了，必须要解决从有到好的问题了。只有先将产品做得比别人好，才有可能接近和超越别人的品牌。

品牌提升之路贵在坚持

既要遵守行业发展的规律，又要积极探索创造奇迹的机会，但是也不能止步不前地等待奇迹的到来，而是踏踏实实做好眼前的工作。实际上，这两者并不矛盾。奇迹不会平白无故降临，而且如果没有“十年磨一剑”的恒心与毅力，即使奇迹到来了，也把握不住。

品牌溢价力是需要长时间的积淀才能最终形成的，需要很多款优质产品的支撑，需要几代人几十年持续的辛苦耕耘，最后才在消费者心目中建立起来一种成型的价值观。因此，做品牌必须平衡现在与未来，务实与务虚，不断进步，不断提升。

自主品牌一定要学会坚持，因为造车就是一场马拉松比赛，需要打持久战。做自主品牌一定要有坚持的恒心与耐力。

感受自主品牌的进步

十年前，能把车造出来、能参加车展，已经是相当令人自豪的事情了。而今天，随着中国汽车工业的不断发展，自主品牌也在与时俱进，不只关注造型，更注重核心技术的研发，注重产品品质的提升，这就是我们的成长与进步。

“要想知道梨子的滋味，首先要尝尝梨子”，只有真正体验过产品，才能感知自主品牌汽车的变化。自主品牌汽车产品品质的显著提升需要更多国人去亲身体会，近距离地感知这种成长与进步。也唯有如此，自主品牌才有可能不断提升自己的品牌溢价力。

02 品牌提升的路径选择

新品牌的成长必经漫长历程

过去我们对品牌的理解是很肤浅的，认为有好的产品就能打造出好的品牌，销量自然也会跟着提上去。但是实际上，如同 Mini、Smart 等当年一样，新品牌要想进入高端领域，过程都是很漫长的。一开始销量也就是几千辆，慢慢上升到一两万辆、四五万辆，最终才会被认可。这个逐渐向上走的过程是任何新品牌都跨越不了的。事实证明，尽管中国市场很大，但欧洲的行业惯例很难突破，或许也突破不了，这本来就是创造新品牌，尤其是豪华品牌的难点所在。

中国的自主品牌和合资品牌之间隔的不是一条线，而是一条河，一条比较宽的河。自主品牌做到最好也还是在河的这边，但是设立新品牌就有望直接置身在河的对岸了。落在了合资品牌那个区间，这本身就是中国自主品牌的一种成功，剩下的就是接受时间的检验了。

自主品牌一定能够打造出属于自己民族的豪华汽车品牌。相信凭借踏踏实实的企业文化、低调内敛的做事风格、对中国汽车市场的充分了解以及国人越来越多的认可，我们最终一定能够赢得胜利，彻底结束外国产品在中国汽车市场的暴利时代。中国的汽车市场最终还是应该由我们中国自己的产品来主导。

新品牌必须物超所值

我们的产品一定要物有所值、物超所值，要让用户切身感受到新品牌带来的自豪感，认为自己没有买错、选错。所以这就要求产品一定要给用户带来非常极致的消费体验，要让用户切身体会到买这个产品没有错，让用户觉得划算。最终用户和市场的认可是关键，只是自己说产品好是没有用的。

当初像奥迪、雷克萨斯等品牌开始挺进高端时，也是用超高的性价比来实现的，现在一些自主品牌企业也想尝试走这条路。实际上，直到今天，雷克萨斯品牌经营了这么多年，依然和奔驰、宝马在终端销售价格上相差至少10%～15%，这也可以说是一个规律，是后发品牌都要经历的必不可少的过程。自主品牌也不会例外。我们打造高端品牌首先要传递出产品的价值观，然后不断地从精神、情感等方面进行品牌积累，最终通过多轮产品的完善，不断塑造我们的品牌，提升整体的品牌影响力。我们别无他路，只能从这里起步，一直坚持走向终点。当然，现在老牌的高端品牌已经占据了主要市场份额，后发者非常困难，所以自主品牌企业也是“尽人事，听天命”，最终发展到什么程度，只能拭目以待。

新品牌必须截然不同

对于一个新的品牌而言，品牌的背后是什么非常重要。品牌不是商标，商标可以随便画一个，到工商局注册了就是商标。品牌是有生命的，是在变化的，品牌的背后是技术、品质、产品、服务、用户体验，具备了这些才能称之为品牌。我们发布一个全新的品牌，其背后的技术、品质、产品、服务、用户体验，必须和现在的品牌完全不一样。如果说只是同样的内涵换了一个造型，那就称不上是新的品牌，“换汤不换药”或者“挂羊头卖狗肉”，是肯定不会有出路的。也就是说，对于新品牌的打造，必须做到技术是新的、标准是新的，产品也是新的，服务和用户体验也不一样，这才是最核心的。

我们要通过造型、高科技、智能网联等，来打造年轻和时尚的品牌特性。包括很多引领世界的技术内涵，像整个产品的架构、模块都是可迭代升级的，其电子架构、软硬件都是可以迭代升级的，这和传统概念上的底盘、平台是完全不同的。

当然，旧品牌也会逐渐向这种互联网架构靠拢。但是新旧品牌是不会同质化的，因为定位、造型、配置以及开发标准都不一样。就像三星、华为、小米手机都是基于安卓系统开发出来的，但是品牌、市场定位、配置及开发标准都是不同的。

同时，新品牌可以打造一个非常好的产品平台，并且要能与母品牌共享，这样母品牌的销量也能够帮助新品牌把量做上去，把成本降下来。如果这个平台很快实现规模效应，整个成本结构就会发生改变，成本可以下降很多，这就是共享的优势。

不断加深对品牌的理解

我们需要集中力量强化新品牌的建设。为此，我们要建立一个国际化的公司，不拘于哪一个部门、哪一个位置是不是由中国人在负责，而是在全球范围招揽人才，这个位置谁更适合就由谁来担任。从研发到采购、制造、销售，每一个环节都尽全力去吸引各类专业人才的加盟。并且在海外也进行战略布局，比如在日本、欧洲、北美，都建立起了真正意义上的研发中心。同时在内部不断加大人才的培养力度，聘请一些顶级专家来担任骨干员工的导师，从而带动我们人才梯队素质的提升。在这个基础上，我们的视野就会更加宽阔，对技术的理解就会更加深刻，而且对品牌概念的认识也就会更加清晰。

例如，我们现在对豪华品牌有了自己的理解：豪华不是镶了金边，嵌了珠玉，或者是加了什么吸引眼球的表面东西。豪华是一种品位，一种生活的品质。正因如此，我们必须投入大量的精力做人才建设的工作，同时在硬软件方面的投入也不遗余力，并且不是只投入不做检验，而是要有能力的切实提升。

无论如何，为了真正支撑豪华品牌，我们还是得先做好车。与此同时，我们也要强化自己品牌的宣传。自主品牌在几十年的发展历程中也有很多故事，只不过此前专门的提炼总结和传播还做得太少。以后，我们也要为塑造自己的豪华品牌而有所改变。

品牌提升没有捷径

在同一品牌下做高端产品，或者重新打造一个高端品牌，这两条路应该都是可行的。但是无论选择哪条路线，都关系着企业未来的发展和命运，必须极其慎重，要对企业自身的实力和发展的能力，有一个清晰准确的评估。如果企业还不具备经营两个品牌的能力，就应选择在同一品牌下发展高端产品来寻求突破。

品牌向上发展是任何一家中国自主品牌都必须坚定不移、努力追求的方向。而品牌的塑造需要一系列保质保量的产品来支撑，没有捷径可走。如果非要说捷径，那就是“坚持、坚持、再坚持”。唯有踏踏实实做好核心技术的攻关和掌控，确保每一款产品都做到品质优良，不断积累，不断提高，才是品牌向上之路。未来，我们自主品牌也可能在某项核心技术上取得重大突破，品牌的美誉度也会随之迅速提升。但无论有没有这种“跃升”，我们都要做好自己的产品，做好自己的服务。

院长心声 VOICE

自主品牌开始全力提升品牌

自主品牌发展到今天，从模仿设计开始做起，到逐步实现对核心技术、产品平台的掌握，也包括在企业文化建设上不断完善，已经取得了难能可贵的进步。下一步的核心问题是，到底怎样实现品牌力的提升，再上一个更高的台阶。

目前，一些自主品牌车企推出了全新的高端品牌，实际上，以往国内企业也在推高端品牌上尝试过几次，但效果都不是很好。同时，还有一些车企坚持在现有品牌下不断投放越来越好的产品，以提升品牌形象。

总体而言，自主品牌的品牌力还不能令人满意，无论采取哪种方式，都一定要努力提升品牌的溢价能力，最后让消费者愿意多花钱来认可我们努力打造出来的精品。

豪华品牌是长期传承下来的价值

豪华品牌的塑造不是简简单单地拼性价比，或者说产品物超所值。品牌塑造一方面不是只靠一两款产品，而是要靠一系列高品质产品的持续支撑，另一方面也需要经历岁月的打磨。我们之所以认可奔驰、宝马，在很大程度上也是其品牌百年传承下来所形成的固有价值。比如说“二战”之后，德国很多大品牌车企在连年征战的炮火中化为废墟，除了品牌名字之外，真的是什么都没有了。但是一旦重建恢复生产之后，品牌的美誉度很快就让这些品牌又重新回到了原来的地位。

因此，豪华品牌的塑造不仅仅是造出几款好车的问题，还要让消费者认同品牌的内涵，甚至和这个品牌享有同样的价值观。也就是说，新品牌的产品必须能够满足消费者在情感上的不同诉求。

那些汽车大品牌的品牌价值为什么那么高？很重要的一点在于它们善于讲述品牌背后的故事。当它们讲一百多年前企业是如何从小作坊起家，历经战争的浩劫也没被摧毁，而是不断地创新与变革，经受岁月的洗礼和考验，才终于走到今日，这类故事本身就彰显出了品牌历史的厚重。

中国打造高端汽车品牌的机遇

有些事情说到底就是要勇于尝试：不迈出这一步，你永远也不会知道最后的答案；迈出了这一步，就有可能离成功的彼岸更近一步。其实，很多时候并不是没有成功的机会，而是因为没有坚持到最后的恒心与毅力而导致失败。

不能说奔驰、宝马做了一百年才有今天的品牌影响力，我们也要等一百年再去打造自己的高端品牌。实际上，我认为我们现在打造新品牌，应该说比以前更有优势了。原因一是互联网的普及，使品牌的传播速度远远高于以往任何一个时代；二是中国消费者对某一个品牌极度忠诚的汽车市场格局还远没有形成；三是新的消费群体正在不断涌入，带来新的变化，尤其要注意抓住80后、90后新生代消费群体的需求，开发出适合他们的产品，这至关重要。在这个过程中，后发者比以往的机会更大。

说到底，品牌决定着一个企业最终的生命力和发展的高度。品牌的提升与传承，不仅仅是企业生存的关键，更是一个企业及企业家在为整个社会留下“遗产”。

以中国品牌传递我们特有的价值观

品牌在很大程度上传递的是企业赋予产品的价值观，在全球化的今天，整个社会都在快速地变化，可能我们这代人和我们孩子的价值观完全不一样。因此，首先新的品牌必须明确自己的目标消费群体及其价值观，打造相应的品牌内涵。其次要把功课做足，让消费者感受到物超所值。最后，打造中国自己的高端品牌，虽然只有技术是不够的，但是技术却是必要条件，如果不把技术做到位，这个品牌就会成为空中楼阁，尤其是品牌的受众主要定位于80后、90后的新生代消费群体，他们对于新技术是非常关注的。

发布全新的高端品牌，这是一种决心，也是一种态度，更是一种责任。不得不说，这其中也存在着很大的风险。但是行动本身就很了不起，体现了企业家的魄力和执着。一定要坚信自己是正确的，坚持做到最后。如果有这样的定力，中国品牌完全有可能成为世界上有竞争力的高端品牌。

四、技术路线

01 节能与新能源

中国新能源汽车产品迎来窗口期

一方面，我们认为从2018年到2020年是一个时间窗口，现在大家能够看到的一些相对主流的高端品牌，都不一定能在这个时间段拿出特别适合中国的电动汽车产品，这是我们时间上的一个机遇。三年的时间窗口，国外的汽车公司也要应对中国的政策和法规的问题，它们的挑战也很大。客观来讲，如果没有这样一个时间机遇，中国企业确实会非常艰难。

另一方面，现在正是政策红利的时间窗口，因为即使不算补贴，在北京、上海等一线城市对新能源汽车的税收优惠、牌照优惠以及不限行不限购优惠，这些就已经值十几万元了，这就是新能源汽车的溢价空间。

最重要的是，中国的消费者已经变得成熟了，更认产品本身了。华为有的手机也卖得很贵了，也包括其他很多国产的好产品，大家也开始愿意承担溢价了。现在正好又处在一个产品升级和品牌升级的过程中，汽车行业当然也有这个机会。不同于原来中国品牌的传统汽车公司，力图拔高自己而获得机会，对于新创于电动汽车风口、智能汽车风口、产品和品牌升级风口的公司，只要在这样的时间窗口里把好的产品做出来，真正实现给用户的承诺，新创公司就有机会一举奠定自己的品牌形象。

新能源汽车发展的三大方向

目前中国新能源汽车主要有三大发展方向。第一是新能源汽车的核心技术。除了大家熟知的“三电”外，还有轻量化技术。轻量化在新能源产品中的应用效果最直接、最明显。而且不仅新能源汽车需要轻量化技术，传统汽车也同样需要。轻量化应该是未来汽车产业的一个大课题。第二是整个行业的智能化。未来在新能源汽车领域，智能化可能会应用得更广泛、更直接。第三是汽车产业的新业态。预计在新能源汽车领域，新商业模式的变化、创新也将比传统汽车领域来得更快、更猛。

我们发展新能源汽车，首要的还是要投入“三电”技术的攻关与发展，“三电”里面最重要的是电池。中国明确把发展新能源汽车作为国家战略，动力电池是其中亟待解决的最重要问题之一。现在我们和国际、国内多家领先的电池企业开展合作，不是采购链条上下游的买卖关系，而是形成了紧密合作的伙伴关系。我们必须掌控世界最前沿的电池技术，不仅要掌握，还要能控制，就是说要有自己最好的电池。电机和电控也是如此。

在新能源汽车技术领域，应该走积极稳妥的路线。积极就是要不断加大研发投入，加强技术应用；稳妥就是短期内不一定追求在销量上数一数二，更应看重稳健地推进产品的市场化。此外，除了“三电”技术，轻量化技术、智能化技术也都是未来新能源汽车的发展方向。在这些技术的共同支撑下，未来电动汽车实现续驶里程500~600公里是完全有可能的。

新能源汽车是大势所趋，但不会一蹴而就

第一，能源结构多样化是全人类的共识，不能只依靠单一种类的能源。第二，能源的清洁化和循环再利用是全人类共同努力的方向。汽车行业同样回避不了这两个问题。完全使用清洁能源和可循环再利用的能源需要一个过程，这期间不仅需要技术本身的进步，还要考虑成本、社会配套设施等的适应性及转换速度。

目前，传统能源还是主要能源，新能源的应用正在普及，但是还需要时间。这不是一夜之间或者说几年时间就能够改变的，需要一个比较

长的过程，而且这个过程可能还有反复。因为大家对新能源和传统能源，以及环境、气候变化的认识，也不是一成不变的。

再过几年，关于能源替代紧迫性的认识是否会发生变化？很难说。不同国家、不同人都有不同的看法。有些人认为碳排放导致了地球温室效应和全球变暖，必须严格控制；但有些人认为不是这样，他们觉得在整个宇宙维度下人类的活动很难产生太大的影响；还有些人认为，碳排放确实导致温室效应了，但这是一千多年来人类活动产生的碳不断积累的结果，而不是近几十年造成的。

不管哪种看法正确，不可回避的现实是，目前碳排放总量已经导致了地球表面温度的上升。但是还有一点需要认识到，碳循环本身也是有平衡的，并不是说一点碳排放都没有了，对地球才是最好的。因此，传统能源和新能源之间合理的使用比例，必须综合考虑为传统能源排放付出的代价和应用新能源所需的成本之间的关系，权衡负面的挑战和正面的影响。

新能源汽车肯定是要发展的，这是大方向。但是成为主流到底需要多少年呢？人类历史长河有几千年甚至几十万年，在这样的时间维度里，为什么我们一定要急于两年或三年就实现什么样的目标呢？以前氟利昂排放导致大气臭氧层变薄，人类限制氟利昂的使用。后来碳排放产生温室效应，人类关注碳排放。这当然是对的，但都不是一两年就能解决的。

而且中国现在最大的问题不是温室气体，而是雾霾。雾霾和碳排放没有关系，主要与颗粒物及其他有害气体的排放有关。尤其是在北京、上海这种大城市，这个问题要尽快解决，否则直接影响到人的健康。因此，我们应该用更加科学、平和的眼光来看待汽车能源结构的问题。

解决环保问题不能只靠推进新能源汽车

新能源汽车一定是未来汽车产业发展的一个方向。但政府更要做到严格执法。现在中国每年大概有600 万辆农用车，还有很多的黄标车，污染严重超标、油耗存在造假，商用车严重超重，这些问题一直没有得到很好的解决。污染问题如果不根治源头，仅靠推广新能源汽车，是很难实现预期目标的。

同时，作为“新生事物”，新能源汽车在中国市场走一些弯路也是正常的，前段时间闹得沸沸扬扬的骗补问题，虽然在一定程度上给新能源汽车的发展带来了一些负面的影响，但并不影响新能源汽车作为未来汽车产业发展的趋势之一。

技术进步的速度决定用户的选择

在新能源汽车方面，目前来看大体方向应该是：第一，小型车将向纯电动路线发展；第二，大型车将发展插电式混合动力。

最终，技术进步的速度将决定哪种技术会被用户选择。目前来看，纯电动技术需要突破的瓶颈是电池能量密度和成本问题。混合动力技术的优势在于它是传统汽车和新能源汽车的一个平衡，但是由于有两套系统，成本必然有所上升。燃料电池技术已经有十几年的历史了，需要突破的瓶颈是制氢、储氢、运氢、加氢等系统的建立，虽然燃料电池更环保，但是成本和挑战较大的加氢问题也是制约因素。

院长心声　VOICE

谈到未来汽车产业的发展，新能源汽车当然是不能不谈的话题。这其中既包括电动汽车，也包括其他替代能源汽车。此外，还有混合动力汽车，以及燃料电池汽车。因此，这场汽车能源革命其实是复合型的。

节能与新能源汽车方面的法规要求正在不断加严，近期国家出台了保留CAFC与NEV双积分并行管理办法（征求意见稿），企业面临着迫在眉睫的压力，如果不生产新能源汽车，传统汽车的销售也会受到影响。也就是说，传统车企必须一方面做好传统燃油汽车，另一方面也要做好纯电动汽车和混合动力汽车。

新能源的“三电”技术，其实远不是一个简单的技术问题。比如电池，整车厂到底是买，还是投？如果投，又应该怎么投？不投可能失控，投又担心技术生变或力不从心。但是必须明白，发展新能源汽车只靠简单地买来电池进行组装，不掌握核心技术，是难以确保长远发展的。

而且，对于新能源汽车，消费者的接受程度、基础设施的发展情况以及技术进步本身都是需要综合考量的因素。

02 智能网联

新能源与智能网联双重机遇同步到来

智能网联是非常贴合实际的，深受消费者欢迎，也是未来发展的主流。未来的汽车会是什么样？一定是高度智能化的产品，一是真正成为人类可移动的办公终端，二是让消费者享受到出行的快乐，三是又不给社会环境带来任何污染。

当前，新能源和智能网联一体化已经成为产业明确的发展方向。之后推出的新产品将会不断引入一些智能网联方面的成果。此外，智能领域的发展不只限于智能汽车，还包括智能制造、智能物流等，将结合自己的生产体系进行规划和投入，争取未来实现突破和引领。

智能网联汽车的发展，首先需要基本的法律法规和相关标准的完善，例如智能交通体系能不能标准化。当然，我们汽车企业在智能网联领域也要进一步加强研究。同时还必须更加灵活、更加开放，要主动地与互联网公司以及其他信息电子类公司开展合作，取其所长。因为很多东西靠自己是做不了的。诸如华为等很多信息电子类企业都想进入汽车行业，在新形势下，这些企业有自己的优势，我们汽车企业应该与之进行合作。

在智能网联技术领域，要不断加大研发投入，推进智能技术的发展与应用，包括智能交互和智能网联等，争取快速将一系列技术成果应用到产品上。同时也要关注相关的法律法规的确立和基础设施建设的过程，根据情况相应做一些有针对性的调整。

新方向总是很让人兴奋和关注，因为充满了前景和希望。虽然未来具体怎样发展还存在太多的未知，但是总会比当年从零开始要容易些。

无人驾驶的道路还很漫长

中国的无人驾驶之路还很漫长，虽然已经引起了社会的广泛关注，但它涉及太多的复杂问题，真正推广应用到私人汽车上还需要很长的历程。这不只是车辆自身的升级，还包括道路环境、基础设施等全方位立体网络的升级。当然，这些问题国家如果投钱，也容易解决。最大的问题还在于能否建立健全的法制社会，形成知法守法的社会风尚。如果人人都能遵守交通规则，无人驾驶的普及就会简单许多，否则做出几辆无人驾驶的汽车很容易，但是却很难广泛应用。比如说红绿灯，在没有装探头的路口，有人驾驶车都敢闯红灯。无人驾驶车遇到不守规矩的车辆，就只能不断制动了。在这样混乱的交通体系下，无人驾驶怎么能有好的体验。消费者要买了无人驾驶汽车就倒霉了，基本上就停在那儿了，走不动啊，谁都跑你前面去了。

实际上，在智能网联方面，多数车企是持完全开放、包容的心态来拥抱新技术的，包括自动驾驶等多个方面。一些汽车企业现在已经应用了很多技术，但由于配套的城市基础设施还跟不上，目前就处于一个比较尴尬的位置。比如，我们研发的车载地图更新非常慢，消费者反而更喜欢用手机地图。

院长心声 VOICE

现在谈到汽车产业的未来，两个很重要的领域就是新能源汽车和智能网联汽车，后者也包括了互联网技术在未来汽车上应用的广阔空间。

我认为，智能网联汽车和新能源汽车，共同为自主品牌汽车实现崛起提供了绝佳的战略机遇。在这些新领域，我们与国外的差距并没有那么大，他们也是在近几年才开始在这些领域发力。尤其是智能网联汽车，目前“方向明确、路径不清”，这对后发者更为有利。在这方面，各家企业拥有的资源基本上相差不多，大家都在摸索如何利用人工智能、虚拟现实等技术来提升自己的产品。

同时，在发展智能网联汽车的过程中，政府的作用将更加重要。例如无人驾驶就涉及诸多复杂的问题，而且很多都是汽车产业自己解决不了的，像整个基础设施、信息平台都要进行相应的重新规划和调整。

03 融合发展

产业生态重塑要求企业密切合作

本轮产业变革是产业生态的重塑。一方面未来的汽车要给用户提供独一无二的体验，但是从另外一个方面来说，整个汽车生命周期里所需求的支持，绝对不能局限于某一款车或者某一个品牌，否则就又封闭起来了。当然，车企必须界定清楚哪些要严控、哪些要开放、哪些要共享，比如涉及安全、性能等的部分一定要严格管理起来，而能够开放和共享的部分，一定要和其他服务的提供商、其他品牌的汽车制造商，充分互动，有效分享，共同提供所有可能的用户服务。这绝对不是某一个品牌、某一家汽车公司自己就能够实现的。

企业不应苛求国家政策，国家无论从法律还是从政策上，都很难做到一定是最领先、最创新的，有时候就是要跟着产业的发展走，只要不成为阻碍就好。更主要的还是汽车企业本身，无论是传统车企还是新创车企，无论是常规造车还是互联网造车，无论是自己生产还是找人代工，都没有关系，只要是在实实在在地做事，都是很有意义的尝试，大家都应该以开放的心态加强合作。

传统车企要与互联网企业加强合作

互联网行业很争气，中国所有行业中可能互联网行业是做得最好的，在世界上已经处于领先的地位，最起码应用互联网系统在中国已经做到很极致了。这个行业的团队值得我们汽车界学习，也值得我们期待，切不可轻视它们。尽管它们对汽车方面的知识和积累不如传统汽车行业的人，可能会把汽车想得太简单了一点。但是它们的行业特点和思维，可能会改变汽车行业的一些固有惯例。

实际上，传统汽车企业一直都在不断地学习中，我们并不排斥与互联网企业合作。汽车行业本身有足够的包容度，或者说自我修复能力是很强的，到目前为止还没有因为任何技术而被取代。所谓互联网思维最大的特点就是合作共赢、资源共享，甚至是共生，这是一件非常好的事情。我们尊重他们，也愿意与他们合作。

通过让互联网企业拥有一部分蛋糕，我们一起把整个蛋糕做大，这远比自己将来失去整个市场好。而且互联网企业也不是万能的，无形的东西一定要与有形的东西相互结合。汽车产品最后还是汽车，即使有了很多改变，但如果汽车产品本身不好，也不可能成为有魅力的汽车。就像好的葡萄酒，既要种好葡萄，也要有优秀的调酒师。我们传统汽车人，大可不必对自己失去信心。

院长心声 VOICE

加强合作、抱团取暖是必由之路

产业的边际越来越模糊，需要的资源越来越多，所谓的核心技术也正在被重新定义，我们不可能什么资源都拥有，要参与竞争只有靠彼此之间的合作。国外企业之间，共享整车平台、共享动力总成，都是很常见的。我们国内企业也有过一些尝试，但总的来说效果不佳。未来市场竞争会越来越激烈，法规也会越来越严，企业必须投入得更多，而这将产生一种由市场驱动的兼并重组。到那个时候，企业如果没有实力，甚至可能无法成为被兼并的对象，只能落入破产的境地。因此，即使不能成为兼并其他企业的霸主，也必须拥有自己能够提供的独特价值，这也是很多企业的领军人必须认真思考的问题。

中国汽车市场不可能始终保持高速增长，而车企所需要的节能、减排、互联、智能等核心技术又越来越分散。如果自主品牌企业始终以年产销几十万辆的规模，与年产销几百万辆的外国企业展开竞争，确实面临很大的困难。因此未来企业整合的压力会更大，而无论是否整合都需要我们的企业开展真正有效的合作。这就必须解决好我们面临的体制、机制及文化等问题。这些问题不解决，中国汽车产业就很难最终做强。

传统车企理应借力互联网

历史一再证明各个领域的进步都被汽车采用或者说同化了，当前汽车企业要借助互联网的力量把汽车造得越来越好。

汽车企业与互联网企业合作是很正常的，汽车制造属于硬件，但也需要软件。虽然车企也有软件，但主要是来自于供应商，而互联网企业作为软件供应商会帮助传统车企把汽车做得更强大。未来汽车将由带有电子功能的机械产品，变成带有机械功能的电子产品，显然有了互联网企业的帮助，汽车企业可以做得更好。

传统汽车产业的发展需要互联网的支持，反之，互联网企业想要造车也需要传统汽车业的支持。我们有我们的优势，他们有他们的优势，两方应该优势互补，共同把产业做得更健康。当今社会的发展趋势，就是在协作中竞争、在共享中获利，关键是谁能真正做到理想状态中的共享。

产业重构不是颠覆是融合

当前中国汽车产业的发展已经和世界同步，所以我们必须适应世界潮流。新一轮的科技革命必然重塑汽车产业，汽车要加入更多的智能，这就需要更多互联网产业的元素。汽车作为移动工具的本质属性不会改变，但如何让汽车拥有更多的智能，真正成为人类的伙伴，确实不能只依靠传统汽车业的同仁们来完成，而是需要更多业外精英来参与创新的浪潮。

因此，说谁颠覆谁都是错误的，一定是相互融合，一定是大家合作。研发可以考虑整合各方资源，形成自己的特色；制造可以考虑充分利用产能，有效分担投入；而从用户体验的角度，我觉得其实没有办法能够简单定义什么才是用户最需要的体验，只能“仁者见仁、智者见智”，但只要消费者愿意买单的就是成功的产品，销量高的就是良好的用户体验。我们切不可用固有的观点来看待不断进步中的汽车产业。

从这个角度讲，我认为汽车产业需要更多互联网行业的人才，一方面抱有敬畏之心，另一方面更敢于冲击、挑战经历了一百多年沉淀的汽车企业。传统自主品牌企业经历了二三十年的发展，已经有了长足进步，现在我们也期待着中国汽车产业能够出现更多新的自主品牌企业。当然这个过程中恐怕很多人最后会成为“先烈”，但这些尝试以及这些人才进入汽车领域本身，就是对中国汽车产业的巨大贡献。二十年前，谁也不会想到中国能诞生今天的阿里巴巴，而我相信汽车产业未来也会诞生新的“阿里巴巴”和“马云”。

五、商业模式

01 代工之辩

制造环节不是互联网车企的突破口

我们谈创新、变革，首先要知道变革的到底是什么：哪些事情是需要变也可以变的，哪些事情是不需要变的，还有哪些事情是肯定没有现有企业做得好的。这就涉及企业在整个产业价值链中如何定位的问题。

传统汽车公司把更多的精力放在了制造方面，而互联网企业，如果在制造方面去追求变革，建更“高大上”的工厂，用更多的机器人，管理得也更好，且不说这是很难做到的，就是能做到也不应该做这些事。互联网车企更应该把自己定位在产业链的两头，一方面根据用户的需求来研发、设计产品，另一方面注重用户体验，做好用户服务。

在制造方面，怎样才能比现在的汽车公司做得更好，这并不是互联网车企擅长的。不要说宝马、奔驰，就是比长城做得好，恐怕也需要生产出一百万辆、两百万辆汽车之后才能有这样的底气。像特斯拉的 Model 3 预订单很多，包括 Model X 也不少，为什么生产不出来？一家擅长做软件的公司去做硬件制造，会有优势吗？在汽车制造方面，有必须尊重的基本规律。所以，传统汽车公司将来也不会消亡，它们一样可以发展得很好，保持自己的制造优势。但是新创公司也可以找到属于自己的位置。现有汽车公司和新创公司之间，大家应该分工协作，应该融合共赢。

新创车企选择代工要确保受控

从展示出来的概念车到能行驶的功能样车，再从小规模试生产的工装样车到大规模量产车，这中间每一个环节的每一个进步，难度都会递增很多。因此，要实现质量稳定的大批量生产，是非常困难的事情。新创车企选择代工时需要从几个方面入手来确保受控。

第一，设计团队开展工作时，不能天马行空。所以要找有经验的团队，而不是只有理论知识或者一心只想着颠覆的人。在设计时就要充分考虑生产和制造工艺的可行性，要尽可能避免去提根本没有办法量产的方案，这需要团队的经验和理念去保证。

第二，要组建制造方面经验非常丰富的专业团队。这个制造团队不是管一线工人的，而是熟悉工艺、质量控制以及整个流程等方面的资深人员。他们的主要经验就是在制造方面，负责和设计部门之间非常紧密地配合。

第三，要和制造合作伙伴之间非常紧密地交流，从生产线设计之初开始，包括一些工艺怎样做、工人怎样培训，都要充分交流，必须建立起这样的机制。

新创车企造车到底是完全自己来做，还是与制造伙伴两家一起来做更合适，并没有绝对的对错。只要把顺畅沟通的平台建立起来，就不会有太大的区别。假如我们要建一座楼房，是自己盖，还是找专业的建筑公司来盖，到底哪个效果更好，其实很可能是后者。自己制造相当于既是业主又是施工方，质量管理要打折扣；而代工制造，委托方只是业主，在质量管理上严格要求和监督施工方，所以产品质量往往会更好。

IT 企业的经验类比

从 IT 行业看，最早的 IT 公司也都是什么都自己做的，包括板卡、芯片都是自己生产，之后才开始逐渐分工细化，开始有专门的生产方了。手机也一样，一开始摩托罗拉、诺基亚都是自己生产，而这些企业后来都失败了，现在智能手机还有哪家公司是自己生产？华为这么强的硬件实力，都不自己生产。虽然 IT 产品与汽车产品的制造肯定是不一样的，但也不能说造芯片就那么容易，苹果的芯片也是交给三星生产，虽然它们是竞争对手。IT 行业就是这样，最后自己生产产品的“IT 大鳄”都会出问题；而自己做两头，把生产交给别人的，反而没有问题。

制造业在本质上应该是一样的，汽车产业现状没有改变不代表未来不会发生改变，或者不应该改变。只不过汽车比 IT 行业历史更长，也更复杂，所以变化也会更慢。

新创车企必须建立自己的技术标准

我们先类比一下看，富士康既给苹果生产，也给小米生产、生产苹果手机和生产小米手机的工艺肯定是不一样的，甚至生产线也可能是不一样的，但是很多管理模式是一样的，因为富士康掌握着制造这个行业中很成熟的一部分要素，所以能够游刃有余。

而对于汽车产业来说也是一样，不管是与谁合作，最终合作制造出来的产品一定要达到我们自己的标准。不可能现在的生产水平是什么样，就根据制造方的能力来设计产品，这就本末倒置了。比如一个轻量化的车身，必须具备碳纤维的技术、全铝车身的技术，那就要达到这样的标准。如果生产线做不到，就要去升级，甚至去重新建设一个能够达到产品技术标准的先进制造基地。

代工模式可以共享优质产能

现有的汽车企业也在考虑做电动汽车。电动汽车是和原有汽车不一样的产品，是不是大家合到一起来做更好？这对于合作双方来说就不是简单的“谁投入多、谁投入少”的问题，而是合作投入、合作分担。比如生产线升级完成后，既可以给新创车企代工生产，也可以自己使用。

从这个角度来讲，不管第一笔钱是谁投的，本质上我们都可以分担成本。每家企业建一万辆的产能是毫无意义的，都会开工不足，产能就应该共享，建一个先进的更高标准的电动汽车生产线，把产能集中起来满足大家的需求，这从经济理性的角度分析是成立的。现在中央也在大力提倡去产能，说明中国传统汽车产能已经有过剩的风险。在新能源汽车这一领域，如果还是要求分别建新产能的话，这将是更大的风险。

用户体验需要综合得分最高

用户体验是综合性、整体性的，很难说是具体的某一部分。比如拿智能手机来讲，现在为什么大家愿意买苹果？是因为总体上苹果的用户体验比别人好，既包括软件、硬件，也包括服务的一体化。比如说软件的高度一致性，又比如说对于 UI（User Interface），也就是用户界面的控制和审核非常严格，所以使用起来更顺畅、更方便；再比如说硬件有温润感，拿在手里感觉非常舒服。还有苹果直营店的体验肯定也不是其他品牌所能比的，所有这些给用户提供的是一种总体的体验。

这个总体的体验在有些方面也许不是最好的，比如苹果手机的通话质量不是最好的，摄像头像素不是最高的，处理器性能跑分测试也不总是最高的，但是总体体验最好。其实在汽车行业，最后用户也是关注总体体验。你的车不好，三天两头出现故障，软件再好也没有用。或者说你的车体验再好，但是服务一塌糊涂也不行。

新创车企也需要自建新工厂

新创车企也需要投入四大工艺、生产设备，要自己建工厂，原因在于以下两点。

第一，产能过剩是伪命题。中国汽车产业产能确实存在过剩，但是究竟是什么样的产能过剩呢？是行业里面的垃圾产能过剩，是造不出好车的产能过剩，现在被闲置的产能都是粗制滥造的产能，是没有竞争力的产能，而能够造出好车的产能始终是不足的。生产高品质的产品、真正能够和跨国公司品牌在品质上竞争的优质产能一点不过剩，甚至是稀缺的。

第二，新能源汽车将带来汽车产业的全面变化，特别是由于产品成本结构的改变使汽车对于轻量化的要求完全不同，这也导致了对汽车的轻量化材料、工艺和工装设备有了新的要求，比如说相比于传统钢板材料，大量轻质化的材料如铝镁合金、塑料、碳纤维等开始越来越多地应用到电动汽车上。在这方面，我们必须站在未来发展的角度来看待这些变化，必须紧紧围绕着新的材料和新的工艺来安排整个生产过程。传统四大工艺是钢板的冲压、焊接、油漆和总装，而新能源汽车需要做的是复合材料、碳纤维、铝合金的制件与焊接，以及新材料的涂装、总装。拥有新四大工艺的产能目前不仅中国没有，全世界都没有。在这种情况下，我们除了自己建设新工厂之外别无他途。因为目前的工厂所具备的工艺、设备以及整个制造体系，都只是针对现有的汽车，不具备制造未来新型的电动化和网联化智能汽车的能力。

产品技术很重要，但是除了产品技术之外，制造技术也有大量技术诀窍（know-how）。所以我们需要在新的工厂里，把未来电动化、网联化、智能化汽车整个制造过程的技术诀窍都摸索出来，真正掌握，否则也不敢外包给某个工厂去代工。试想如果富士康没有掌握优质的生产能力，苹果公司敢让它代工吗？代工说起来很简单，但是其实技术含量很高，难度一点都不小。

院长心声 VOICE

代工成立的前提是对方具有适宜的制造能力

汽车代工早就存在，但是在汽车一百多年的发展历程中，除了个别情况，像麦格纳代工过一些小品种产品以弥补整车厂的产能不足之外，主流的情况都还是整车厂自己进行四大工艺、整车生产线的投入，而且会在多个地方复制建设新的工厂。

当前，新一轮科技革命带来了资源组合方式变化的可能，或者说生产模式将由集中式变成分散式，所有的资源都将网联在一起，这样就可以更容易地借助别人的资源了，所谓的“轻资产”也因此可能成为未来的主流。一些新创车企也因此提出了代工模式，希望以传统车企为合作伙伴，代替自己完成产品生产。

我们不能简单地用同一种思维、概念来判断企业的决策是否正确，而是要多角度挖掘其内涵，才能理解企业所做决策背后的战略思考。现在确实提倡轻资产，但轻资产并不意味着使用别人的设备和工厂制造与原来一模一样的产品。如果有人能够提供你所需要的制造能力，那自然不必投入，但是不能因为没有而降低自己的标准。如果需求的是一种全新的制造能力，那么除了自己投入之外恐怕无从获得。因为，简单的冲压、焊接工艺可能不再满足未来新能源汽车制造的需要了，而再好的用车体验也要基于高品质的汽车产品本身。

代工需要解决设计和制造协同问题

新创车企也一样需要定义好产品、设计好产品，并制造好产品。这里面有一个很大的挑战，优秀的设计图样并不意味着就能造出优秀的汽车产品，在设计的过程中就要考虑如何把车造出来，实际上设计本身就包括了制造工艺和设备的选择与协同，设计团队和制造工厂之间要有密切的配合，而在新创车企还没有自己的工厂时，要怎样实现这种协同与平衡呢？

假设有传统车企来帮新创车企代工，那在制造和设计之间就需要互动，设计部门和工艺部门之间的吵架是免不了的。说得更直接些，设计出来了制造方面说造不出来，或者制造出来的很多东西都和设计的不一样，这都是很常见的情况。

代工需要考虑谁投入、谁主导的问题

究竟根据什么样的制造设备及工人水平，也包括质量检测体系，来因地制宜地进行设计呢？这部分工作如果做得不够，就需要生产制造设备为设计方案进行升级或调整，或者改变设计方案以适应制造水平。也就是说，是按照合作伙伴制造设备的水平来设计产品，还是将来合作伙伴会根据设计方案来更新升级自己的生产制造能力？

如果新创车企要做更高端的产品，现在代工的伙伴能力上有可能做不到，届时必须要求合作伙伴提升水平达到更高的产品标准，那么这部分的投入谁来出？假设自己出，为什么不干脆自己建一条生产线好了？如果让合作伙伴来投，他们会愿意吗？

从品牌定位的角度看，要做高端是一回事，让消费者感受到高端又是另外一回事。实际上，品牌很大程度上就是一种感觉，这种感觉必须通过对于产品的深刻理解和具体实现来传递给消费者。如果不能确保制造出来的产品能够体现所需要的品牌特性，代工还有什么意义呢？这样看来，互联网轻资产的造车模式或许不一定能成立。

汽车品牌的内涵是硬软件结合体现的

以用户服务为核心的企业，品牌的立足点到底是什么？有人说，以软件为主的汽车产品在市场上将成为主流，也就是智能化的汽车。从大方向上讲，以前的汽车是拥有电子功能的机械产品，未来的汽车是拥有机械功能的电子产品。但是汽车产品最终会不会只以软件来定义呢？未来的汽车品牌会不会只立足于软件性能呢？

就像大家购买苹果手机，比较认可苹果的品牌，究竟是因为苹果的硬件建立了品牌，还是因为软件建立了品牌？如果是软件建立了品牌，为什么有些小品牌的产品软件更丰富，但是并没有像苹果那样受追捧呢？在我看来，尽管软件在汽车中的比重会越来越大，甚至可能会超过硬件，但是汽车品牌的内涵依然是通过硬软件结合来体现的。

02 C2B 探索

尝试 C2B 模式符合未来发展趋势

在互联网时代，我们必须积极探索业务模式的变化。而依托互联网技术的 C2B 商业模式，可以满足消费者的定制化需求，是未来很重要的发展趋势。

一直以来，在 B2C 模式下，整车企业分析市场，定义产品，设计开发，然后销售产品，用户在整车企业定义的产品范围内进行购买，最多只能做选装。而在 C2B 模式下，用户和整车厂一起定义产品需求，甚至可以共同定义开发过程及产品价格。总的来讲，就是从原来车企自上而下做决定的业务模式，转变成由外（用户）到内（车企）做决定的业务模式。

一些汽车产品，如房车等，是高度个性化的产品，小批量多品种的生产方式导致成本上升，同时也面临对用户需求的响应速度慢、用户的个性化满意度低及售后服务滞后等一系列问题。尤其应该考虑基于用户需求做智能化定制，即按照需求，跟踪每一个零件从设计到制造的全过程，摆脱靠库存支撑的传统模式。

C2B 模式给用户以更大的选择自由度

在具体实践 C2B 的过程中，我们发现，用户的选择是呈正态分布的。总体来看，用户可以大致分为三种。第一种是个性化很强的用户，如果用计算机类比，这是一类会自己选择硬件组装计算机的用户。现有模式完全不能满足他们的需要，所以他们中的很多人选择自己改装汽车。第二种是选择性很强的用户，希望自己能够提出需求。在 B2C 模式下，他们没有选择的空间，只能退一步在整车厂给出的选项中做出选择。这类用户只要给他一个平台，他就能充分参与进来并施展才华。第三种用户只追求选择本身的感觉，即使他选择的只是车厂提供的固定配置，也很乐意接受。而对于目前我们所看到的这三种用户，重点关注中间分布的这部分用户，就能取得最好的效果。

所以，我们根据主要的用户需求，提供了舒适、舒享、精英、豪华和旗舰等多种版本，实现了产品型系的全覆盖。同时打破传统划分方式的边界，我们只对极少数电子架构约束和底盘结构进行限制，其他配置，用户都可以自由选择。比如一个入门级产品，用户也可以选择无钥匙进入，一键启动；高级别的产品，也可以不要娱乐设施，只选择自动变速器（AT）。随着这些工作的不断推进，我们积累了很多经验，也得到了用户、行业及媒体的认可，大家普遍认为这是真正推动汽车行业变革的重要创新。可能目前这只是 C2B 尝试的一小步，但未来也许是带动汽车行业变化的一大步。

C2B 模式产生的收益是多元的

从用户端看，推行 C2B 的条件已经成熟了，但是用户仍然需要一个适应变化的过程，因为对用户来说，从 B2C 到 C2B 是前所未有的体验。

而一旦用户开始习惯 C2B 模式，认为汽车就应该是这样定制的，这个产业就会发生革命性的变化。C2B 有边际成本的问题，因为绝大部分用户可能都不愿意加钱增配，但是肯定也会有用户愿意为自己选择的特色功能或独特配置买单，尤其是 90 后、00 后群体，他们更追求与众不同、自我认可。C2B 可以带给这部分用户完全不同的购车感受。

C2B 还有一个优势就是智能供应链系统。我们可以让供应商在网络平台上与用户互动，一起完成产品设计。让用户从产品设计到定价全方位地参与，甚至让用户而不是整车厂来选择供应商。这样一来，C2B 一方面会给供应商带来冲击，但另一方面也给他们带来了巨大的机会。在原来的 B2B 模式下，零部件供应商只能和整车厂进行沟通，然后由整车厂做出决定。今后在 C2B 模式下由用户做决定，零部件企业就可能通过直接满足用户端的需求来形成自己的品牌，这是产业变革带给供应商的历史机遇。

实际上，用户是分群的，在不同的维度上，用户也不一样。对价格敏感的用户确实存在，C2B 也会给这些用户带来价值，他们可以将不需要的配置减掉。比如有个用户讲，他的车后排基本不坐人，整车厂配置的电动加热座椅基本不会使用，这几千元的成本就浪费了。从这个角度讲，C2B 不仅可以节约用户的成本，同时也可以降低社会的成本。

C2B 能否落地的关键是 B 端能力

做 C2B 困难重重，要突破的难关很多，有些并不是技术性的问题，而且每个都非常棘手。反过来讲，这些问题一旦得到解决，也将是巨大的突破。对 C2B 模式带来的挑战，我们从定性和定量两个角度进行过认真梳理，得出的判断是这些挑战都可以界定和应对。

整车厂原来对用户的了解，基本上都是基于经销商采集的数据，或者基于咨询公司进行的有限样本、有限区域的调研。而在互联网技术进步的条件下做 C2B，企业可以也必须和几十万、几百万甚至更多的用户进行直接的沟通与交流，这本身就是巨大的挑战与机遇。

总的来说，用户方面已经准备好了，因此目前做 C2B 的基础条件是成熟的，最大的挑战还是在企业端（B 端），在企业的内部。也就是说，C2B 业务的实施，企业端的能力是能否成功的决定因素。而企业端能力本身并不会因为从 B2C 向 C2B 转变就有所变化；只是整个业务体系包括流程等，从原来从上到下的决策方式变成了从外向内的决策方式。

从流程和体系的角度讲，过去市场调研结束后，整车厂就把未来三年乃至四年后上市的产品冻结了，然后按照预计的目标进行工程设计开发并组织生产制造，同时在此期间整合供应商参与。未来实施 C2B 模式，虽然操作起来更加复杂，但是用户也不会接受超过现有模式下的开发周期及成本。这就是 C2B 模式的时间和成本边界，企业必须在这个范围内提高响应用户需求的速度和针对性。因此，为了实现 B2C 向 C2B 的转变，产品设计开发以及验证的流程和规范等，都必须变化，这不是简单的梳理调整，而是全新标准和流程的再造。

C2B 模式是真正意义上的“以用户为中心”

现在每家企业都认为自己是“以用户为中心”的，但决策其实都是企业自己做出的。而在 C2B 体系下，决策是用户来做，是真正的“以用户为中心”，用户根据自身需求来决定配置、造型以及性能。

这样，用户的满意度会大幅提升，而用户对企业的认同本身就是更大的价值。同时，自主品牌企业也可以通过 C2B 模式，吸引更多用户选择其产品，突破现在合资企业在市场上占据主导地位的局面。更进一步讲，这种模式还将带来行业的变化，一旦用户开始习惯“我的汽车我做主”，而不是整车厂做主，就会有越来越多的用户只肯接受 C2B 模式。

我们的目标是建立覆盖面很广的全互联网平台，吸引百万数量级的用户参与进来，然后对这些用户产生的几十万、数百万的结构化及非结构化数据进行建模分析。再根据分析结果，基于技术、时间、成本和企业现在的能力，判断我们可以响应其中的哪些需求。我们当然不可能满足每一个用户，我们能做的是在目前的技术边界内满足尽可能多的用户，即选择正态分布中间的这部分用户。然后不断从中间向两边扩展，满足更多的用户。

C2B 也是品牌传播的有效手段

从商业角度上讲，要突破发展瓶颈，C2B 是很好的业务模式和创新工具。比如我们按照常规模式做市场宣传，让用户了解我们，进而实现美誉度的提高，这将是一个多么漫长的过程。要达到 100 万、500 万用户的规模，可能需要数亿元的投入。而推行 C2B 模式后，互动平台上数以十万计的用户，特别是那些建议被采纳的用户，就会自发地成为我们的宣传者。

这样通过满足用户需求得到用户认可，我们就可以积累用户口碑。未来的品牌宣传已经不是多打广告、多做发布就能有效果，更需要依靠用户口碑来建立，要充分借助社群营销的力量、新媒体传播的力量。同时，和用户互动的过程也是企业能力提升的过程。由此企业很快就会有脱胎换骨的变化，实现巨大的商业价值，形成和用户双赢的局面。所以，尽管知道困难重重，但还是要勇敢地尝试一下。毕竟只要方向对了，出发就是前进。

C2B 中 2 的重要性及其实践

C2B 中 2 这个环节就是要实现整车厂和消费者的沟通，而且要不断提升这种沟通。构建互联网平台就是我们实现 B 和 C 连接交互的主要手段，包括在自己的网站以及第三方都广泛设立相应的接口，这其实是一个网状的结构。与此同时，内部的组织也要向网状改变，我们的员工分布在不同的组里，面对不同的用户。

从技术手段上讲，在 2 环节我们应用了虚拟现实（VR）技术，因为用户没有工程师这么专业，所以需要有一些直观的呈现方式。在互动中，我们根据用户反馈进行改进，再传回给用户，直到最后用户满意认可，我们再进行下一步。

实施 C2B 模式的价值与难点

用互联网思维改造传统制造业是目前的共识，而互联网思维很重要的一点就是以用户为中心，C2B 的出发点正是以用户为中心。这种商业模式如能有效落地，必将极大地提高企业的竞争力。特别是在自主品牌企业与合资企业一较高低的时候，如果更能抓住用户和市场，可能会成为品牌重新塑造和提升的一个最核心的出发点。这已经不是某一个技术的问题，而是一种理念的革新，是基于技术、超越技术去改变企业乃至每个人做事方式的方法论。

但是 C2B 模式如果没有企业内部体系和外部供应商的支撑，就只能是空中楼阁。特别是一些需求的满足是很困难的，比如将底盘调校向消费者开放，要想实现就很不容易。因此推行 C2B，需要在产品设计、采购、制造、质量等方面实现全方位的升级，才有可能满足用户千差万别的需求。同时，这种升级还需要供应商的配合与改变，否则连整车装配都无法实现了。

如果说原来的 B2C 是计划经济，那么 C2B 就完全是市场经济了。用户总是千差万别的，如果所有消费者的需求都予以满足，就等于为每一个消费者单独做产品设计，作为 B 端的企业面临的挑战之大恐怕超乎想象。产品从设计到生产涉及几百家供应商，整车厂如何和这些供应商互动？还有产品公告问题，涉及安全件、关键件的部分不能随便改动。另外一些和安全不太相关的造型件，一旦改动又会改变产品的外形。这些都是 C2B 模式不得不面对的重大挑战。

尝试 C2B 模式本身就有意义

C2B 的概念并不新，大家都知道它的好处，但是因为有太多的挑战和困难，很多企业就望而却步了。应该说，C2B 对很多企业来说目前还停留在概念阶段，甚至可能很多人对它的内涵都还没有完全理解。

任何企业都有自己的发展愿景，但愿景不是说给别人听的，而是用来指导自己的行动的，任何宏伟的目标最终都要靠企业上下同心协力的行动来支撑。产业的发展史不是某一个人或某一家企业能够改变的，但是一些先行者从不同的角度去尝试，最后叠加在一起，历史可能就会因此而改变。因此，敢于克服种种困难，积极地尝试用一种新的方式来改变多年以来汽车制造的传统模式，这本身就值得肯定。

C2B最大的挑战在于很难满足所有人千差万别的消费需求，这就涉及边界怎么选定的问题。实际上，起步时满足大部分用户的大部分需求，这就已经是成功了，没有必要也不可能满足每一个用户的每一个需求。

对C2B模式需要面对的各种问题，我们必须有清晰的认识，更要有具体的行动，包括网络平台的建设、内部组织机构的调整以及与供应商互动方式的改进。当然最终还是"以成败论英雄"。

探索C2B模式永无止境

互联网技术正改变着我们的生活方式和行为方式。原来造车就是整车厂一厢情愿地认为消费者需要什么，然后进行开发。尽管也会做一些客户之声（VOC）的调研，但都是非常有局限性的少量市场取样，面对千家万户不同消费者的需求，却往往只提供几种配置选择。而像房车等产品的个性化需求更强，消费者更想买到按照自己需求定义的一款车，如果企业的支撑跟不上，就没有办法满足这种需求。在这种情况下，我认为实践C2B模式是找准了突破口。

当然，这个过程一定会有很多的困难。特别是需要有更灵活的设计能力，即设计能力本身的提升；还需要有更灵活的供应链协同能力，即供应链能力本身的提升。未来这种变化产生的影响将更加不可估量。

另外，我认为C2B本身是永无止境的。什么叫实现了C2B？实现20%与没有尝试相比就是一个进步，实现50%就比20%更有价值，实现70%就是相当成功了，而100%的C2B或许永远也实现不了，而且可能也没有这个必要。因为任何一家企业也没有能力满足所有消费者的所有需求。选对一个市场，定好一个边界，实现与用户的直接互动，这本身就值得期待。我相信这种经营模式一定不会仅仅限于某家企业，而是最终会在整个制造业普及。因为本轮制造业转型升级最核心的问题不是B2B，也不是B2C，一定是C2B。

最后，我想强调一点，C2B 不是 C2M，因为 B 里面既有整车厂，也有供应商和经销商，如果只是指整车制造商 M 就太局限了。因此，我们既要充分了解 C 端的需求，也要努力做好 B 端的协同，把不同的 B 组合好。同时 2 也很重要，2 是手段、是工具、是媒介，更是平台，而不只是简单的数据库建设，2 本身的完善也是一个互动的过程。正是互联时代的到来，才使得 C2B 成了可能。

03 换电模式

优先发展电动出租车有助于解决城市空气污染

发展新能源汽车，清晰的思路非常重要，不管是国家、政府，还是行业、企业，都要明白我们推广使用新能源汽车的根本目的。其中排第一位的，应该是解决环境污染问题，甚至能源结构问题都可以放在环保后面。尤其是人口高度集中的大中城市，大力推广新能源汽车，以解决大气污染问题是非常紧迫的。根据环保部门监测的数据，造成城市大气污染的源头有工业污染、无组织排放、施工扬尘、汽车尾气等，其中汽车尾气占大气污染物总量的 20% ~30% 左右，大体上是这样的比重。此外，汽车尾气是最接近地面的大污染源，其他污染源大都是高空排放。在两米以下的底层空间，污染物被吸入到肺里的比例更高，因此汽车尾气的危害度恐怕还要高于 20% ~30%，解决汽车尾气排放是非常重要的。

那么在大城市中，哪些汽车的尾气排放贡献度更大呢？主要有三个领域，分别是公共交通、出租车和城市物流用车。这三类车的使用强度，也就是每天行驶的里程数，要远远大于一般的社会车辆和私家车。以出租车为例，此前曾有一个权威的调查，结论是 1:7 左右，就是一辆出租车相当于 7 辆私家车的排放。当然，因为城市大小不一样，数据也会有差异。此外，出租车基本都是行驶在市区人口密集的地方，很少跑去郊外，所以出租车的污染是最严重的。因此，大力推广新能源汽车，理应优先广泛应用到公交车、出租车和城市物流用车上，而不是优先普及应用到私家车上。在这三者中，污染危害最大的还是出租车。

换电模式可以加速电动汽车在出租车领域的推广

出租车两班倒，每天要跑接近 20 个小时，而电动汽车即使快充也要占用很多时间，这样就会影响出租车的使用效率。北汽通过对国内外市场的大量调研，也做了很多前期的准备工作，最后为出租车市场专门推出了一款纯电动产品，既带充电模式，也带换电模式。特大和大型城市的土地资源非常宝贵，要建大量的充电站谈何容易，停车都没有地方，何况充电呢。换电也必须解决这个问题，北汽与加油站的出资方——中石化和中石油合作对北京城区密集分布的加油站进行改造，在每个加油站里腾出一小块地方，大概二三十平方米，建一个换电站，出租车来了之后开进去，两分多钟就能换完电池。这个时间基本和加油时间一样，换完电池就可以直接开走。这一模式得到了出租车司机非常好的反馈，也解除了里程忧虑问题。

先集中在出租领域推广电动汽车还有一个重要原因，这涉及商业模式的问题。电动汽车的电池成本很高，大概接近全车的一半。而新电池和旧电池的寿命相差甚远，谁会买了一辆新车开去换电，把新电池换成旧电池？换了电池后，我的好电池跑到别人的车上去了，这怎么行？因此，换电这种商业模式在私家车领域目前是很难走下去的。未来有可能能行，不过这得等产业发展到一定的程度，至少还要再等几年。

但在出租车上，现在就可以实现换电的模式。因为北京就几家大的出租车公司，出租车都是属于这些公司而不是个人的，所以可以在一个相对封闭的范围内进行换电，反正新电池和旧电池都是出租车公司所有的。

未来私家车也有可能实现换电

未来随着财政补贴的退坡，个人购买新能源汽车时，很可能只是买这辆车，而不买电池；而电池集中属于某一公司所有者，这样私家车就可以进行换电。这就像我们家里换煤气罐一样，罐不是你的，而是煤气公司的，你去换气，只需要交气钱。未来你开新能源汽车时，电池不是你的，电池是电池所有者的，你开到换电站去换电池，根本不关心电池新旧的问题，而是关心电池里充的电量够不够。而且充了多少度，就支付多少度的钱即可。在这样的商业模式下，换电就可以广泛应用到私家车领域了。当然，这还要有一个过程。在此之前，可以先用出租车来培育市场、积累经验，同时也可以不断完善我们的商业模式。

院长心声 VOICE

换电模式曾经有一段时间备受关注，某些很有名的外资企业也曾在这方面做了大量的推广工作，但后来遇到很大的困难。因为总想着一下子就实现“世界大同”，梦想一夜之间所有整车厂的电池都能互换，但这就涉及标准、通用性、电池新旧以及电池所有权等一系列问题，所以这条路就走不下去了，在一定程度上遭到了否定。

但是，重新深思熟虑后，选择抓住一个特定领域即出租车来推行换电模式，或许就具有了可行性。因为这个特定的消费群体，也就是出租车司机，通常只使用而不拥有车辆。他们无须承担任何前期的投入成本，同时又解决了困扰他们的充电难和充电时间长的问题，这样的换电模式他们当然乐于尝试。

什么叫创新？别人失败了并不意味着你没有机会，别人成功了下一次成功也不一定轮到你，换电就是很好的例子，我相信换电模式曾经的失败可能已经作为案例写入管理学院的 EMBA 课程了。但此一时的换电和彼一时的换电不一样，时间不同、需求不同、应用不同，技术细节也不同，这样一定会带来结果的不同。

附录

嘉宾简介

一、凤凰汽车及主持嘉宾

01 凤凰汽车

凤凰新媒体（纽交所代码：FENG）是全球领先的跨平台网络新媒体公司，整合旗下综合门户凤凰汽车（www. ifeng. com）、手机凤凰汽车（3g. ifeng. com）及移动客户端、凤凰视频（v. ifeng. com）三大平台，秉承“中华情怀，全球视野，包容开放，进步力量”的媒体理念，为主流华人提供互联网、移动互联网、视频跨平台整合无缝衔接的新媒体优质内容与服务。

作为凤凰网众多频道中专注于汽车行业的频道，凤凰汽车力求打造最准确、最详尽、最专业的车型数据及报道产品，提供最新行情及走势分析，将媒体平台与产品服务平台相结合，深度满足汽车用户需求，并与互联网移动化的趋势同步，打造 PC + 手机的全媒体服务平台。

目前，凤凰汽车 PC 端日均 UV363 万，PV6717 万，月度覆盖人数 4700 万，移动端日均 UV371 万，门户汽车排名第二位，用户份额和黏性在不断提升。

凤凰汽车品牌栏目群英荟萃，《轩辕坛》，梳理车市智慧，指点轩辕人生；《对话车迹》，车企高端访谈，指点业界江山；评论栏目《车晓》，直击热点，更有百名评论员麻辣点评，共同打造凤凰汽车媒体影响力。

《购车消费评价》《汽车达人秀》《设计众议院》《砖家不知道》《LADY咔咔》等栏目，让你的产品硬实力不被淹没在模棱两可的表达中，让实力不在没有标准的测评中变得平凡。

目前，凤凰汽车布局区域构建新渠道，为汽车网站发展提供新机会。凤凰汽车已在全国开设106个城市分站，通过以看车、选车、买车于一体的无缝式服务体系，向不同地域的汽车消费者提供本地化、零距离的全程关怀式购车服务。凤凰汽车以全新的理念迎接汽车市场变革，以地区为核心、城市为基础，建立覆盖全国各地的地方站网络系统，深耕二三四线城市，扩大用户群，强化品牌影响力。

02 主持嘉宾

赵福全博士，国家“千人计划”特聘专家，清华大学汽车工程系教授、博导，汽车产业与技术战略研究院（TASRI）院长。目前主要从事汽车产业发展、企业运营与管理、技术发展路线等领域的战略研究。

在美日欧汽车界学习、工作近20年，曾任美国戴姆勒-克莱斯勒公司研究总监（Research Executive）。2004年回国，曾先后担任华晨和吉利两家车企的副总裁、华晨宝马公司董事、吉利汽车（香港）执行董事、澳大利亚 DSI 控股公司董事长、英国锰铜公司董事，以及浙江汽车工程院院长等职。2013 年 5 月加盟清华大学。

现任世界汽车工程师学会联合会（FISITA）主席（2018—2020），世界经济论坛（达沃斯）未来移动出行理事会理事，国家电动汽车总体专家组成员，美国汽车工程师学会会士（SAE Fellow），中国汽车工程学会首届会士、理事长特别顾问、技术管理分会主任委员，中国汽车精英智库联合执行主席，中国汽车人才研究会副理事长，以及多个地方政府及主流车企的首席战略顾问。

赵博士主持开发过近 20 款整车及 10 余款动力总成产品，拥有授权发明专利 200 余项，已出版中英文专著 6 部，其中两部英文专著已被译为中文，发表英文、日文、中文论文 300 余篇，在主流报刊媒体上发表产业评论 50 余万字，在重大国际国内论坛上发表主题演讲 200 余场次，获省部级以上奖项 20 余项。

二、第六季《赵福全研究院》嘉宾简介

01 尹同跃

奇瑞汽车股份有限公司党委书记、董事长

尹同跃先生出生于1962年11月，安徽巢湖人，中国共产党党员。现任奇瑞汽车股份有限公司党委书记、董事长；奇瑞控股有限公司党委书记、董事长。1984年，尹同跃从安徽工学院（现合肥工业大学）汽车制造专业毕业后，加入中国第一汽车集团，赴美国、德国学习，曾参与一汽-大众的前期筹备工作，获一汽“十大杰出青年”称号。自1996年11月加入奇瑞公司以来，先后担任奇瑞执行副总经理，奇瑞汽车股份有限公司党委书记、董事长兼总经理，奇瑞控股有限公司党委书记、董事长兼总经理等职务。尹同跃先生是中国共产党十七大、十八大党代表，曾获“全国五一劳动奖章”“全国劳动模范”“全国优秀共产党员”光荣称号。其牵头负责的“整车自主开发系统关键技术研究及其工程应用项目”荣获国家科技进步二等奖，曾获何梁何利2009年度科学与技术创新奖。

先后被评为“CCTV 中国经济年度人物”“中国十大创新人物”“改革开放 30 年中国汽车工业杰出人物”“2014 品牌中国年度人物”“中国汽车功勋人物”“中国品牌人物”“2016—2017 年度汽车人物”等。

02 李斌

蔚来汽车创始人兼董事长

李斌先生毕业于北京大学，获社会学学士学位，并辅修法律及计算机专业。1996 年，李斌联合成立了北京南极科技发展有限责任公司，自 1996 年至 2000 年间任公司董事及总经理。2000 年，李斌联合成立了北京易车电子商务有限公司，自 2000 年至 2006 年担任该公司董事及总裁。2002 年，创立新意互动广告有限公司，并出任董事长及首席执行官。2005 年，李斌担任易车公司董事会主席兼首席执行官。2010 年 11 月 17 日，易车公司在美国纽约证券交易所挂牌上市。2014 年底，李斌联合创办了蔚来汽车，并担任蔚来汽车董事长。2008 年，李斌被中国汽车流通协会（CADA）评为三十年来中国汽车流通行业最具影响力的十大杰出人物之一。2013 年，李斌荣获“2012 年度 AD100 中国网络广告百名风云人物”称号。2014 年，李斌荣获中国汽车流通行业颁发的风云人物奖。

03 陆群

长城华冠、前途汽车董事长

陆群先生是长城华冠创始人，汽车工程领域专家，拥有清华大学汽车工程学士学位，北京大学 EMBA 及美国 Fordham 大学工商管理硕士学位。毕业至今，陆群从事汽车整车设计研发工作已超过 25 年。1990 年大学毕业后，陆群进入中国第一家汽车合资企业北京吉普汽车有限公司工作，历任发动机试验工程师、产品计划科科长和产品工程部经理等职务。1996 年到 2003 年，陆群参与并主持了中国汽车制造历史上唯一由外方出资、中方人员自主设计制造的轻型越野汽车项目——挑战者。2003 年，经过对中国汽车行业现状的审慎思考，陆群决定携手几位长期默契合作的伙伴创立北京长城华冠汽车科技股份有限公司，并担任董事长，为整车制造企业提供全流程的汽车整车设计开发和服务。在陆群的带领下，长城华冠成长为国内优秀的汽车设计公司。2010 年，长城华冠设立电动汽车事业部，全力攻坚电动汽车核心技术。2015 年 2 月，长城华冠成立全资子公司前途汽车，专注纯电动汽车研发、生产、销售及服务，长城华冠从汽车设计公司发展成为新兴汽车产业集团。

三、第七季《赵福全研究院》嘉宾简介

01 徐和谊

北京汽车集团有限公司党委书记、董事长

徐和谊先生出生于 1957 年 11 月，中国共产党党员，1982 年毕业于北京钢铁学院（现北京科技大学），获工学学士学位，中欧国际工商学院工商管理硕士（MBA），华中科技大学管理学博士，教授级高级工程师。现任北京汽车集团有限公司党委书记、董事长，北京汽车股份有限公司党委书记、董事长，北京现代汽车有限公司董事长，北京奔驰汽车有限公司董事长，北汽福田汽车股份有限公司董事长，北京新能源汽车股份有限公司董事长等。徐和谊先生是中国共产党十八大党代表、十二届全国人大代表、十二届北京市政协常委。曾被评为“最佳合资企业 CEO”“中国汽车工业 50 周年最具影响力人物”“中国经济十大新闻人物”“2010CCTV 中国经济年度人物”“2014 年中国最具影响力的 50 位商界领袖”“北京市劳动模范”“全国劳动模范”等，并获得国务院颁发的政府特殊津贴。

02 李书福

浙江吉利控股集团创始人、董事长，沃尔沃汽车集团董事长

李书福先生是浙江吉利控股集团的创始人及董事长。在他的领导下，吉利控股集团目前已经发展为全球性企业，业务覆盖汽车研究、开发、设计、生产、销售和售后全产业链。2009 年，吉利收购全球第二大独立自动变速器公司——澳大利亚 DSI。2010 年 3 月，吉利收购沃尔沃轿车公司 100% 股权以及包括知识产权在内的相关资产。2012 年 7 月，吉利首次进入世界 500 强，成为唯一入围的中国民营汽车企业。2017 年 5 月，吉利又收购了马来西亚宝腾汽车 49.9% 的股份以及豪华跑车品牌路特斯 51% 的股份。李书福先生曾先后获得中国十大民营企业家、浙江省年度十大企业家、中国十大慈善家及其他多项荣誉。他亦是全国政协委员。

03 魏建军

长城汽车股份有限公司董事长、WEY 品牌创始人

魏建军先生是河北保定人，长城汽车股份有限公司董事长、中国豪华 SUV——WEY 品牌创始人。他带领长城人以“每天进步一点点”的精神，稳健经营，做精做专，使长城汽车连续 20 余年实现高增长和盈利的业绩。在国内市场，长城 SUV 车型已连续 14 年保持了全国销量第一；长城皮卡已连续 19 年在全国保持了市场占有率、销量第一。在国际市场，长城汽车品牌知名度和美誉度不断提升。长城汽车旗下哈弗品牌，不仅是中国 SUV 领导者，更成为比肩 JEEP、路虎的全球三大专业 SUV 品牌。国际著名品牌评估机构 Brand Finance 发布的《Auto100 2017》“全球 SUV 专项品牌力”排名中，哈弗品牌力超越吉普、路虎位居第一，品牌等级 AA+；2016 年长城汽车发布中国首个豪华 SUV 品牌——WEY。魏建军先生 2005 年被评为全国劳动模范，2006 年被评为河北省十大新闻人物，2013 年获“对民族产业贡献卓著的民营功勋企业家”荣誉。

04 朱华荣

重庆长安汽车股份有限公司总裁

朱华荣先生1965年生于重庆，中国兵器装备集团科技带头人，中国共产党党员。于1986年毕业于北京理工大学车辆工程系，重庆大学汽车工程学院工程硕士，重庆大学博士生导师，研究员级高级工程师。现任中国长安汽车集团股份有限公司党委副书记，重庆长安汽车股份有限公司总裁，中国汽车工业协会专家委员会专家，重庆市科技顾问团成员，全球汽车精英组织成员等。朱华荣先生领导的科研项目获国家管理创新成果一等奖、中国兵器装备集团公司“科技进步”特等奖、重庆市“科技进步”一等奖等奖励14项。朱华荣先生获“全国五一劳动奖章”“改革开放30年中国汽车工业杰出人物”“中央企业思想政治工作先进个人”等荣誉8项，享受国务院政府特殊津贴。朱华荣先生成功领导探索出一条“以我为主、自主创新”具有长安特色的自主创新道路，被国务院发展研究中心定义为“长安模式”，为我国的汽车工业发展做出了重要贡献。

05 吴松

广汽集团执行董事兼常务副总经理

吴松先生 1984 年 7 月获华中工学院（现华中科技大学）机械系工学学士学位，1989 年于西安交通大学管理工程专业研究生班管理工程专业毕业，高级经济师。现任广汽集团执行董事兼常务副总经理、广汽智联新能源汽车产业园工作小组组长。同时兼任广汽丰田董事长、广丰发动机副董事长、同方物流副董事长。吴松先生于 2003 年 10 月加入广汽集团，历任广州五羊-本田有限公司董事、副总经理，广汽丰田董事，广丰发动机董事、副总经理，广汽自主品牌乘用车项目组组长，广汽乘用车董事总经理、董事长，广汽菲克董事，广汽乘用车（杭州）公司董事等职务。

06 蓝青松

上海汽车集团股份有限公司副总裁

蓝青松先生1965年1月2日出生，中国共产党党员，1988年本科毕业于上海交通大学，2004年在中欧商学院硕士毕业。1997年6月~2007年1月在上汽通用汽车有限公司担任总监；2007年2月—2007年11月在上海萨克斯动力总成部件系统有限公司担任执行副总经理；2007年11月—2009年2月在双龙汽车股份有限公司担任首席执行副社长；2010年2月—2014年8月在上汽大通汽车有限公司担任总经理；2014年8至今在上海汽车集团股份有限公司担任副总裁。

共绘蓝图

苏瑞琦

本书是“赵福全研究院·汽车强国”系列丛书的第三册，从第一本《洞见汽车强国梦》，到第二本《探索汽车强国路》，再到这本《践行汽车强国策》。赵院长说，这三册系列丛书构成了从“洞见”到“探索”再到“践行”的内在逻辑。同时，我觉得也展示了从“浇筑梦想”到“铺平道路”再到“施展策略”的基本路径。

从第六季《赵福全研究院》开始，我们将栏目方向聚焦到汽车行业中的企业家。

在本季受访的三位嘉宾中，不仅有自主品牌车企“老大哥”奇瑞汽车股份有限公司党委书记、董事长尹同跃，还有一直在行业中默默“潜伏着”的长城华冠董事长、前途汽车董事长陆群，以及怀揣敬畏之心以互联网思维进入汽车行业的蔚来汽车创始人兼董事长李斌。在汽车产业即将面临变革与融合的大背景下，尹同跃董事长背后的奇瑞代表着传统，李斌董事长背后的蔚来代表着新势力，而陆群董事长背后的前途则更像是二者的融合，我们希望看到这样的企业家组合能带给我们什么样的行业新思考。

第七季《赵福全研究院》的嘉宾级别可谓是星光熠熠。从中，我们可以感受到，徐和谊董事长 14 年来带领北汽集团以刮骨般的魄力对企业进行变革创新，经过多年耕耘，如今的北汽浮现出了后发先至的战略地位优势；我们可以感受到，李书福董事长通过使吉利与沃尔沃实现贯通发展，并在当今的市场环境中因地制宜，进行着符合市场情境的企业发展；我们可以感受到，魏建军董事长一方面自信地认为哈弗品牌仍然是自主品牌在 SUV 领域里神话般的存在，可以长立于自主 SUV 之巅，另一方面，也以自己之名带领 WEY 品牌向豪华 SUV 市场发起冲击，这背后的霸气与豪情体现得淋漓尽致；我们可以感受到，朱华荣总裁背后的长安汽车以自主品牌汽车销量多年居第一位的底气彰显着属于长安汽车的强者思维，并在符合长安汽车发展的道路轨迹上实现自己的价值；我们可以感受到，吴松总将传祺品牌扛在肩上多年，带领传祺品牌以后来者的身份审时度势，并找寻到了 SUV 市场这一绝佳的发展机遇；我们可以感受到，蓝青松总带领上汽大通以重新塑造销售者需求的目标，勇于闯入 C2B 业务，在这样一个较小的市场中谱写着上汽大通如何面对自己的机遇与挑战的新篇章。

而这一切的一切，您都可以在《践行汽车强国策》一书中看到。《践行汽车强国策》融合了“赵福全研究院”第六、第七季的九场高端对话，并围绕着产业发展、企业战略、品牌建设、技术路线及商业模式五大主题进行详细梳理。

在本书中，既有“审时度势”的传统自主品牌，也有“风起云涌”的造车新势力。走向成熟的自主品牌车企们已经显露出破茧成蝶、重获新生的强烈发展趋势，这是一个新阶段，也是历史发展的必然。同时，以蔚来和前途为代表的“新势力”也在全新的汽车产业发展机遇下努力实现自己的战略蓝图。

品读嘉宾的观点，是对每一位企业家以及背后企业重新认识的过程。我们希望通过《践行汽车强国策》一书来走进企业家们的内心世界，不仅要关注企业短期的发展结果以及临时现象，更要关注企业家的长远策略。

还记得在《洞见汽车强国梦》一书中，我们与时任北京汽车研究院院长邬学斌、时任奇瑞汽车工程研究总院院长陈安宁、长安汽车工程总院院长刘波以及时任广汽集团汽车工程研究院院长黄向东等研究院院长一同详细介绍了自主品牌的研发水平和技术能力。如今，在这本《践行汽车强国策》中，我们又与北京汽车集团有限公司党委书记、董事长徐和谊，奇瑞汽车股份有限公司党委书记、董事长尹同跃，重庆长安汽车股份有限公司总裁朱华荣，以及广汽集团执行董事、常务副总经理吴松一同聚焦企业的贯通发展与情境应用。从企业技术研发负责人到企业战略操盘手，我们从两个维度综合展示了企业的产品研发和发展战略。

2016 年 11 月，在确认了李书福董事长将和赵福全院长展开一场巅峰对话后，我用“重温不是叙旧，再会即是未来”这句话为这场特别的对话宣传造势。赵院长说，这句话的意义不仅可以诠释他与李书福董事长的这场对话，更是表达了我们为了做“赵福全研究院”这档栏目以及制作“汽车强国系列”丛书的目的所在。

汽车产业的边界正在扩大。当前，我国汽车产业正处在非常特殊的时期，以新能源汽车、互联网技术为代表的新一轮技术革命，正在对传统制造业产生冲击，正在引发产业的转型升级和生态重塑。这是一个以成败论英雄的时代，企业家们也很少提及辛酸和无奈，但我们愿意把这些记录下来，使之成书，依稀盼望成为未来某一个场合上的注脚。多年之后，我们或许不会记得《践行汽车强国策》这本书，但我们也许会在不经意间回想起书中的某位企业家曾经说过的话。

感谢胡津南先生的充分信任和大力支持，正是凤凰网这个平台的光环以及领导的战略引导，才会让这个项目壮大、成熟。身处这个时代，经历、见证中国汽车产业崛起的过程是幸运的，能有机会与赵院长一起完成这件事，是幸运的！

最后，我想说，对于企业来说，其实我们一直是在雾里看花。一直努力前行，希望可以探究事实，寻找答案，但最后发现仍然会有一层窗户纸在那里，够不到、捅不破。或许，永远无法达到的那端，才是媒体一直努力前进的意义。